ullstein

## Das Buch

Was erwarte ich von einer Beziehung? Wie sieht meine eigene Art des Liebens aus, und wie wirke ich auf meinen Partner? Wer passt eigentlich zu mir? Woran scheitern meine Beziehungen immer wieder? Diese und ähnliche Fragen bewegen viele Menschen. Manche sind in ihrer Beziehung unglücklich, andere wollen indes herausfinden, warum sie und ihr Partner so glücklich sind. Gleichzeitig tummeln sich Millionen von Singles auf Partnersuche im Internet.
Die üblichen Redewendungen kennt jeder: *Gleich und gleich gesellt sich gern – Gegensätze ziehen sich an – Jeder Topf findet seinen Deckel* … Aber Kalendersprüche reichen nicht aus, um den passenden Partner zu finden und ein Leben lang miteinander glücklich zu sein. Die Alltagspersönlichkeit eines Menschen sagt wenig darüber aus, wie er sich in Sachen Liebe, Sex und Eifersucht verhält. Julia Peirano und Sandra Konrad haben sich für dieses Buch eingehend mit diesem Thema beschäftigt. Grundlage ihres Buches ist eine großangelegte wissenschaftliche Studie – und diese zeigt Überraschendes. Das Liebes-Ich ist von tiefer liegenden Bedürfnissen, Sehnsüchten und Verhaltensmustern geprägt, die viel mit unseren Kindheitserfahrungen zu tun haben. Die Autorinnen bieten einen ausführlichen Selbsttest an, mit dessen Hilfe man seine individuelle Beziehungspersönlichkeit feststellen kann. Denn es gibt einen direkten Zusammenhang zwischen dem eigenen Code der Liebe und dem partnerschaftlichen Glück – der sich sogar in einer leicht anwendbaren Glücksformel zusammenfassen lässt!

## Die Autorinnen

Dr. Julia Peirano, Psychologin und Psychotherapeutin (Verhaltenstherapie und klinische Hypnose), arbeitet in freier Praxis in Hamburg. Sie ist Mutter von zwei Kindern.
Dr. Sandra Konrad, ebenfalls Psychologin, arbeitet als systemische Einzel-, Paar- und Familientherapeutin in eigener Praxis in Hamburg.

Julia Peirano
Sandra Konrad

# Der geheime Code der Liebe

## Entdecken Sie Ihr Beziehungs-Ich und finden Sie den richtigen Partner

Ullstein

Besuchen Sie uns im Internet:
www.ullstein-taschenbuch.de

Die Kapitel *Sicher gebunden?, Nähe und Distanz, Konfliktbewältigung, Führen oder geführt werden* sowie *Lust, lüstern, lustig?* stammen von Sandra Konrad, der restliche Text stammt von Julia Peirano. Der Test zur Beziehungspersönlichkeit ( ab S. 277) wurde von Professor Burghard Andresen (Universität Hamburg) erstellt und ist urheberrechtlich geschützt. Die Profilbögen auf S. 46 und auf S. 92 stammen von Thomas Oberndorfer. Die Ratschläge in diesem Buch sind von den Autorinnen und dem Verlag sorgfältig erwogen und geprüft. Sie bieten jedoch keinen Ersatz für kompetenten psychotherapeutischen Rat. Jede Leserin und jeder Leser ist für sein Handeln selbst verantwortlich. Alle Angaben in diesem Buch erfolgen ohne jegliche Gewährleistung oder Garantie seitens des Verlages oder der Autorinnen. Eine Haftung der Autorinnen bzw. des Verlages und seiner Beauftragten für Personen-, Sach oder Vermögensschäden ist ausgeschlossen.

MIX
Papier aus verantwortungsvollen Quellen
FSC® C014496
FSC
www.fsc.org

Ungekürzte Ausgabe im Ullstein Taschenbuch
1. Auflage August 2012

Umschlaggestaltung: ZERO Werbeagentur, München, nach einer Vorlage von www.buero-jorge-schmidt.de
Titelabbildung: © Getty Images
Satz: Pinkuin Satz und Datentechnik, Berlin
Gesetzt aus der Scala und Optima
Papier: Pamo Super von Arctic Paper Mochenwangen GmbH
Druck und Bindearbeiten: GGP Media GmbH, Pößneck
Printed in Germany
ISBN 978-3-548-37448-2

# Inhalt

## Teil 2: Die *Lovely Nine*

Ohne Persönlichkeit gibt es keine Liebe,
keine wirklich tiefe Liebe.

HERMANN HESSE

# Vorwort

Liebe Leserinnen und Leser,
wir freuen uns, dass Sie sich für das Thema »Glück in der Liebe« interessieren. Bevor Sie mit der Lektüre beginnen, möchten wir uns vorstellen und Ihnen ein paar Einblicke zur Entstehung dieses Buches geben und Ihnen erzählen, was uns selbst an diesem Thema fasziniert und welchen Bezug jede von uns dazu hat.

*Dr. Julia Peirano:*
Die Frage, wie man in der Liebe glücklich wird und bleibt, beschäftigt mich bereits über mein halbes Leben: natürlich mit Beginn meiner ersten Liebe, dann später im Psychologiestudium und während meiner wissenschaftlichen Forschungsperiode und letztendlich als treuer Begleiter bei meiner täglichen Arbeit als Psychotherapeutin. Dabei faszinieren mich seit jeher zwei Fragen: Wie schaffen es einige Menschen so gut, den richtigen Partner zu finden und mit ihm in einer Partnerschaft ein lebendiges, liebevolles Miteinander zu leben? Und andererseits: Warum haben es manche Menschen so schwer, überhaupt einen einigermaßen passenden Partner zu finden und mit jenem gar eine vertrauensvolle, lang dauernde Beziehung zu führen? Hierauf wollte ich Antworten.

2005 bekam ich ein Angebot, das passgenau auf mein langjähriges Interesse traf: Ich hatte die Möglichkeit, das Thema Liebesglück intensiv im Rahmen einer Doktorarbeit* zu erforschen. Ohne zu zögern sagte ich zu. Der erste Meilenstein meiner wissenschaftlichen Studien war es, einen völlig innovativen Fragebogen zu entwickeln, mit dem man alle Verhaltensweisen, Eigenschaften und Wünsche messen kann, die ein Mensch in eine Beziehung mitbringt. Anschließend untersuchte ich mit diesem Fragebogen 300 Paare, um herauszufinden, an welchen Eigenschaften das Glück in der Liebe hängt. Mein Forschungsdrang wurde belohnt: Die Ergebnisse förderten Spannendes zutage, und die neuen Erkenntnisse erweiterten mein Verständnis von Liebe und Partnerschaft ungemein. Das wirkte sich nicht nur positiv auf mein Privatleben aus, sondern auch meine therapeutische Arbeit profitierte davon. Denn in meiner Praxis begegne ich vielen Menschen, die vordergründig an einer Depression oder an Schmerzen leiden. In Wirklichkeit sind sie aber oftmals an einer lieblosen Beziehung erkrankt oder an ihrer Einsamkeit als Single, und ihre Fragestellungen berühren die Liebe: von Trennungsgedanken über Untreue bis hin zu Entfremdungsgefühlen oder zur Sorge, keinen Partner zu finden. Manche stehen ratlos vor dem Phänomen, warum ihnen immer wieder das Gleiche passiert.

Wie man Beziehungen führt, ist niemals zufällig. Dies hängt maßgeblich von bestimmten Seiten der eigenen Persönlichkeit ab, die tief in einem verankert ist und in der frühen Kindheit angelegt wird. Doch es gilt auch: Setzt sich ein Mensch mit sich selbst auseinander und arbeitet an sich, dann nimmt sein Liebesleben meist einen positiveren Weg.

Durch Forschung und Praxis bestätigt, motivierten mich viele Gespräche mit Kollegen, Freunden und Familie dazu,

* Sie können die Studie kostenlos herunterladen unter: http://www2.sub.uni-hamburg.de/opus/volltexte/2008/3684/pdf/doktorarbeitinternetkurz.pdf

die wertvollen Erkenntnisse, auf die ich während der Untersuchung stieß, zu veröffentlichen – und damit zu diesem Buch, das nach meiner Vorstellung möglichst viele Menschen anregen soll, ihre eigene Art zu lieben zu entdecken, zu verstehen und, wenn es sein muss, in eine positive Richtung zu verändern. Aus meiner Feder stammen der gesamte erste Teil sowie vier Kapitel im zweiten Teil und der Test in Teil drei, der auf meiner Doktorarbeit basiert. Weitere fünf Kapitel im zweiten Teil stammen von Sandra Konrad.

Ich wünsche Ihnen viel Freude beim Lesen und bei dem Versuch, sich zu entdecken und etwas für sich und Ihre Beziehung zu tun.

*Dr. Sandra Konrad:*
Meine Arbeit als Paartherapeutin bringt mich täglich mit Menschen zusammen, die gerade Schwierigkeiten in ihren Beziehungen haben. Wenn die Schmetterlinge im Bauch müde und aus Traummännern und Traumfrauen reale Menschen aus Fleisch und Blut geworden sind, fängt die Beziehung eigentlich erst richtig an. Bedürfnisse müssen formuliert, Grenzen abgesteckt und Verhandlungen über die Ausgestaltung der Beziehung geführt werden. Zwangsläufig entstehen dabei immer mal wieder Missverständnisse und enttäuschte Erwartungen, weil der geliebte Partner nicht all das erfüllen kann, was wir uns gewünscht hätten. Kommt es dann zum Streit, sind wir oft davon überzeugt, im Recht zu sein, während wir dem anderen die ganze Schuld an der Misere zuschieben.

Mit ein wenig Abstand wissen wir alle, dass sowohl an einer glücklich verlaufenden Beziehung als auch an einer unglücklichen Beziehung immer beide Partner Anteil haben. Und um genau diesen Anteil geht es in diesem Buch.

Das, was jeder von uns in eine Beziehung mitbringt, ist Resultat des bisher gelebten Lebens: die Erfahrungen, die wir von Kindheit an gemacht haben, wie wir Schmerzliches verarbeiten konnten, was wir vermeiden wollen und was unbedingt in unserem Leben und unserer Partnerschaft vorhanden sein soll.

Als Therapeutin bin ich neugierig auf das, was sich hinter der Fassade eines Menschen verbirgt. Ich kann gemeinsam mit meinen Klienten herausfinden, was sie unglücklich macht und was sie brauchen, um alten und akuten Schmerz loszuwerden. Ich nehme mir Zeit, zu verstehen, warum ein Mensch sich in eine bestimmte Richtung entwickelt hat, stelle Fragen und bin gespannt auf die Antworten, die mein Gegenüber entwickelt.

Die in diesem Buch von mir geschriebenen Kapitel *Sicher gebunden, Nähe und Distanz, Konfliktbewältigung, Führen oder geführt werden* sowie *Lust, lüstern, lustig?* können Ihnen beim Lesen Anregungen für einen inneren Frage-und-Antwort-Prozess geben. Ich wünsche Ihnen genug Ruhe und einen gewissen Forschungstrieb für diese spannende Beschäftigung, denn Verständnis für sich selbst ist der erste und letztlich auch wichtigste Schritt, um etwas im eigenen Leben verändern zu können.

# Einführung

> Phaidra: Wie steht's mit dem, was in der Welt man Lieben heißt?
> Amme: Es ist das Schönste, Kind, und auch das Schmerzlichste.
>
> EURIPIDES: *Hippolytos*

Liebe ist das Schönste und das Schmerzlichste – besser als bei Euripides können auch heute nicht die unterschiedlichsten Seiten des Liebens und der Liebe beschrieben werden. Nichts fasziniert uns mehr als die Liebe. Sie verschafft uns ein Glücksgefühl, das mit keiner anderen Emotion vergleichbar ist. Wir haben unsere Freunde nach ihren schönsten Liebeserlebnissen befragt. Sofort leuchteten ihre Augen. Und mit ihnen einige Sternstunden der Liebe.

Michael: »Ich erinnere mich an die herrliche Abendstimmung in Thailand, als wir barfuß Hand in Hand am Strand entlanggingen. Danach lagen wir in der Hängematte unter Palmen und erzählten uns Geschichten.«

Katharina: »Ich liebte die vielen Frühstücke auf dem Balkon in seiner Wohnung, während wir Musik hörten und langsam den Tag auf uns zukommen ließen. Wir sprachen über alles: über unsere Träume, was wir als Kinder gespielt haben, über Musik. Wir hatten sogar eine Art Geheimsprache zwischen uns. Und jede Nacht schliefen wir eng umschlungen ein.«

Sarah: »Wir waren zusammen in Italien und gingen nachts durch die Straßen. Plötzlich hörten wir Straßenmusiker. Ohne darüber zu reden, fingen wir einfach an, miteinander zu tanzen, in einer kleinen Seitenstraße, unter den Sternen. Später gingen wir ins Hotel und liebten uns leidenschaftlich.«

Klingt das nicht wunderbar romantisch? Und dabei geht es den meisten Paaren nicht nur um die ganz besonderen Momente der Liebe, sondern auch um eine glückliche, harmonische Partnerschaft mit Zukunftsperspektive. Wir können nicht jeden Tag auf der Straße tanzen wie Sarah und ihr Freund; dafür genießen wir aber andere Momente im Alltag: zum Beispiel das gemeinsame Abendbrot mit den Kindern, das Picknick mit Freunden, den »Tatort« am Sonntag auf dem Sofa oder das Gefühl der Sicherheit, wenn der Partner uns in einem schwierigen Moment zur Seite steht. Und es ist unbestritten: In einer glücklichen Beziehung kommen wir leichter durchs Leben, sind nachweislich gesünder und obendrein entspannter.

Doch wo finden wir dieses Glück in der Liebe? Was ist überhaupt eine glückliche Beziehung? Welcher Partner passt auf den ersten Blick? Und welchen Menschen sollte man trotz aller Anziehung besser aus seinem Leben fernhalten? Was muss man tun, damit man in der Partnerschaft auch auf lange Sicht glücklich bleibt? Und was sind die Tabus, die eine Beziehung zerstören können?

Diese und viele weitere Fragen werden Sandra Konrad und ich in diesem Buch behandeln. Eines ist dabei wichtig: Wir bieten keine Patentrezepte. Vielmehr möchten wir Sie dazu anregen, sich selbst zu betrachten und Ihre persönliche Art des Liebens umfassend kennenzulernen. Denn der Schlüssel zum Erfolg liegt in dieser Selbsterkenntnis.

Je besser Sie sich und Ihre Vorlieben verstehen, desto einfacher ist es, dass Ihre Wünsche erfüllt werden. Die Kernfrage dieses Buches lautet daher: »Wie bin ich selbst in der Liebe? Und welche Art von Liebe tut mir gut?« Sie erhalten viele konkrete Anregungen, wie Sie sich selbst erkennen und gegebenenfalls auch verändern können. Das ist im Übrigen auch einfacher und effektiver, als zu versuchen, Ihren Partner mit mehr oder weniger willkommenen Veränderungswünschen zu bedenken. Wenn Sie an sich arbeiten und Ihre Beziehungsfähigkeit steigern, wird sich das auch positiv auf Ihre Partnerschaft auswirken.

Dieses Buch verschafft Ihnen erstmals die Möglichkeit, Ihre Beziehungspersönlichkeit kennenzulernen und ein Profil Ihrer Eigenschaften zu erstellen, das den Code Ihrer Liebe entschlüsselt. Das Modell der Beziehungspersönlichkeit wurde von Professor Dr. Burghard Andresen entwickelt, der an der Universitätsklinik Hamburg über die Persönlichkeit forscht. Es erweitert die klassische Persönlichkeitsforschung um Aspekte, die insbesondere bei Liebesbeziehungen zum Tragen kommen, und umfasst neun Bereiche, die die Beziehungspersönlichkeit und das Liebesglück nachhaltig beeinflussen:

*1. Bindungsverhalten*
Fällt es leicht, Vertrauen zu fassen und sich einem Partner anzuvertrauen? Oder ist man misstrauisch und hat Angst, im Stich gelassen zu werden?

*2. Nähe und Distanz*
Möchte man jede freie Minute mit dem Partner erleben und alle Gedanken mit ihm teilen? Oder bevorzugt man eine Liebe mit vielen Freiräumen?

*3. Führen und geführt werden*
Möchte man alles bestimmen oder überlässt man die Entscheidungen lieber anderen?

*4. Fürsorge und Hilfsbereitschaft*
Welche Opfer bringt man für seine Beziehung? Und inwieweit umsorgt man den Partner liebevoll?

*5. Pragmatismus*
Inwieweit lässt man sich von Faktoren wie zum Beispiel Geld, Ordnungssinn oder Herkunft für einen Partner begeistern oder von ihm abschrecken?

*6. Konfliktbewältigung*
Ist man selbst die Diplomatie in Person oder eher aufbrausend und cholerisch? Werden Konflikte möglicherweise unter den Teppich gekehrt oder verleugnet?

*7. Geselligkeit und Gesprächigkeit*
Wie viele und welche Kontakte bevorzugt man? Welchen Einfluss haben die Kommunikation und der Umgang mit dem Freundeskreis auf die Partnerschaft?

*8. Romantik, Sexualität und Treue*
Wie stellt man sich die körperliche Liebe vor? Soll sie wild, heiß und leidenschaftlich sein oder bevorzugt man eher »normale Hausmannskost«?

*9. Empfindlichkeit*
Steckt man Kritik und Rückschläge locker weg? Oder ist nach einem harschen Wort des Partners sofort das Selbstwertgefühl im Keller?

Im Rahmen der im Vorwort erwähnten Untersuchung mit 300 Paaren wurde an der Universität Hamburg erstmals erforscht, welchen Einfluss diese Eigenschaften jeweils auf die Zufriedenheit innerhalb einer Partnerschaft haben. Viele Ergebnisse dieser Untersuchung finden sich in diesem Buch wieder. Besonders interessant ist zweifelsohne die »Glücksformel«, die sich aus den umfangreichen Berechnungen ergab. Sie zeigt sehr eindrucksvoll, dass es gerade mal drei Eigenschaften sind, die zusammen allein schon 40 Prozent des Glücks in einer Partnerschaft erklären. Welche das sind, erfahren Sie später.

Im ersten Teil des Buches lernen Sie das Modell der Beziehungspersönlichkeit kennen und erfahren, wie sich diese entwickelt und wodurch sie sich verändern kann. Außerdem zeigen wir konkrete Strategien, wie Sie den Partner finden können, der am besten zu Ihrer Beziehungspersönlichkeit passt.

Im zweiten Teil des Buches geht es um die verschiedenen Facetten der Beziehungspersönlichkeit. Auch hier erhalten Sie viele Hinweise und Tipps, um ihre individuellen Eigenschaften im Sinne einer glücklichen Partnerschaft zu erkennen und, wenn nötig, zu verändern. Egal, ob Sie gerade Single sind oder in einer Beziehung leben: Es geht in erster Linie um die Eigenschaften, die Sie in eine Liebesbeziehung mitbringen.

Wenn Sie wollen, kann dieses Buch für Sie ein Arbeitsbuch sein. Es enthält viele Übungen und stellt zahlreiche Fragen, die Ihnen mehr Klarheit über Ihre Beziehungspersönlichkeit und Ihre Art zu lieben verschaffen können. Je ehrlicher und ausführlicher Sie die Fragen beantworten, desto mehr werden Sie über sich erfahren.

Sie brauchen dazu nur wenig: ein Schreibheft, einen Stift,

einen bequemen, ruhigen Ort zum Nachdenken und Schreiben sowie ein gutes Versteck, damit niemand Ihre Aufzeichnungen lesen kann. Hilfreich sind auch »Souvenirs« aus Ihren bisherigen Liebesbeziehungen, also beispielsweise Fotos, Briefe, Tagebuchaufzeichnungen, Geschenke und Musik, die Sie an die gemeinsamen Zeiten erinnern.

Das Buch kann aber auch einfach eine anregende Lektüre sein, die Ihnen Aufschluss über das oft seltsame und manchmal geradezu paradoxe Verhalten von verliebten und liebenden Menschen gibt.

Im dritten Teil des Buches finden Sie den Test zur Beziehungspersönlichkeit. Ganz wichtig: Bitte füllen Sie den Fragebogen nicht sofort aus, sondern lesen Sie zunächst den ersten Teil des Buches! Dort wird Ihnen empfohlen, wann der richtige Zeitpunkt für den Test und seine Auswertung ist. Als Ergebnis des Tests erhalten Sie einen umfassenden Überblick über Ihre Art zu lieben, und Sie erfahren außerdem, wie die neun Bereiche des Liebeserlebens bei Ihnen ausgeprägt sind. So können Sie auf einen Blick die extremen Ausprägungen Ihrer Liebespersönlichkeit sehen, die Sie in Ihre Beziehungen mitbringen. Wenn Sie bereits in einer Partnerschaft leben, können Sie und Ihr Partner Ihre Auswertungen miteinander vergleichen. Als Single werden Sie erkennen, worauf Sie bei der Partnerwahl besonders achten müssen, um nicht enttäuscht zu werden.

Wir haben übrigens bewusst versucht, Geschlechterunterschiede nicht zu thematisieren. Die Untersuchungen zur Beziehungspersönlichkeit zeigten nämlich ein erstaunliches Ergebnis: Es gibt keine typisch männliche oder typisch weibliche Beziehungspersönlichkeit. In manchen Bereichen sind zwar geringe Unterschiede vorhanden, insgesamt ähneln sich die Persönlichkeiten jedoch sehr stark. Deshalb haben wir es auch vermieden, immer von »Partnerin bzw. Partner« zu sprechen oder die schwierige Schreibweise PartnerIn anzuwenden. Beide, Partner und Partnerin, treten abwechselnd in den Texten auf. Auch sexuelle Präferenzen spielen in diesem Buch keine Rolle. Egal, ob Sie homo- oder heterosexuell sind: Wenn Sie geliebt haben, lieben oder lieben wollen, ist dieses Buch für Sie genau richtig.

TEIL 1

# DEM LIEBES-ICH AUF DER SPUR

# Gestatten: Die Liebenden

Es gibt viele Arten, die Liebe zu gestalten. Und kein Liebender ist wie der andere. Das beweisen auch die Hauptpersonen, die Ihnen im Buch immer wieder begegnen werden. Sie zeigen ihre Schokoladenseiten und Verletzlichkeiten; wir machen Bekanntschaft mit ihren Eigenarten, mit ihren Ängsten und Freuden. Jede von ihnen verfügt über sehr unterschiedlich ausgeprägte Beziehungspersönlichkeiten und Lebensgeschichten.

So erfahren Sie zum Beispiel, was die Stimme von Matthias' Vater mit seiner Fernbeziehung zu tun hat. Sie erleben, wie Mona mit ihrem Humor genauso punktet wie Anna mit ihrem Sex-Appeal. Und Sie erkennen, warum Doris sich bei Günther endlich sicher fühlt.

Unsere Personen werden sich mit Haut und Haaren lieben. Sie gehen voller Erwartungen auf die Partnersuche, landen im Bett, werden ein Paar oder andere nicht; sie haben Spaß miteinander, manchmal gibt es auch heftigen Streit, und einige trennen sich womöglich. Vielleicht werden Sie an diesen Personen einige Eigenschaften feststellen, die Sie bereits an sich selbst beobachtet haben oder aus Ihrem Bekanntenkreis kennen. Es mag auch sein, dass Sie einige Personen überzeichnet und klischeehaft finden. Bedenken Sie aber, dass in der Wirklichkeit häufiger Klischees vorkommen, als man glaubt. Abgesehen davon dienen unsere Figuren als Beispiele für extreme Ausprägungen der Beziehungspersönlichkeit.

### Liebe als Familienglück: Mona und Stefan

Für die 38-jährige **Mona**, von Beruf Hebamme, ist eine glückliche Beziehung so selbstverständlich und einfach wie atmen oder Fahrrad fahren. Vor neun Jahren begegnete sie Stefan wieder, den sie schon als Jugendliche kannte. Sie hatten sich irgendwann aus den Augen verloren, doch die gemeinsame Wellenlänge und das Vertrauen zueinander haben sich heute noch gegenüber der Jugendzeit verstärkt. Mittlerweile gehören Humor, Gelassenheit und Kreativität genauso zum gemeinsamen Leben wie ein großer Freundeskreis. Vor vier Jahren wurde ihre Tochter Greta geboren.

Der 39-jährige **Stefan**, Chirurg, hatte früher einige kürzere Affären und zwei längere Beziehungen. Als er Mona wiedertraf, fühlte er: »Die ist es.« Für ihn ist sie eine Frau zum Pferdestehlen. Er liebt ihre warme, dunkle Stimme. Obwohl ihm seine Arbeit viel Spaß macht und er oftmals zusätzliche Dienste in der Klinik übernimmt, freut er sich jeden Tag auf seine Familie: auf Mona und Greta.

### Liebe als Mittel zum Zweck: Doris und Günther

**Doris**, 45, ist ehemalige Stewardess. In ihrer ersten Ehe lief einiges gehörig schief: Doris wünschte sich Kinder, doch daraus wurde nichts. Danach blieb sie zwei Jahre lang allein. In einer Hotelbar lernte sie Günther kennen, der ihr Leben in geordnete Bahnen lenkte.

**Günther**, 56, Börsenmakler, lässt sich gerne am Steuer seiner Yacht fotografieren, obwohl er keinen Bootsführerschein hat. Auch in Beziehungen steuert Günther gerne. Er suchte sich stets jüngere Frauen wie Doris, denen er alle materiellen Wünsche von den Augen ablas. Seine Beziehung mit Doris ist nicht besonders leidenschaftlich, aber beide glauben, dass die Beziehung ihnen Sicherheit gibt und sie vor bösen Überraschungen schützt.

### Liebe auf Distanz: Matthias und Kerstin

**Matthias**, 45, Rechtsanwalt, ist mit seiner Arbeit verheiratet. Frauen lässt er nicht wirklich an sich heran. Er hatte zwar schon mehrere kürzere Beziehungen, die jedoch von kopfloser Leidenschaft geprägt waren und keine dauerhaften Chancen auf Erfolg hatten. Längere Beziehungen führt Matthias nur mit Frauen, die sich nicht in seiner direkten Nähe befinden. Zurzeit hat er das durch eine Fernbeziehung mit Kerstin wieder einmal geschickt gelöst.

**Kerstin**, 43, Rechtsanwältin, ist gebildet, erfolgreich und hat ihr Leben wunderbar im Griff. Allerdings mag sie gerne etwas Abstand um sich herum. Deshalb ist sie auch die erste Frau in Matthias' Leben, die ihm nicht vorwirft, er sei »unnahbar«.

### Liebe als Gegensatz: Jana und Sebastian

Die 26-jährige Friseurin **Jana** steht mit beiden Beinen fest im Leben. Ihre praktische Art, ihre unerschöpfliche Energie und ihr Ordnungssinn ermöglichen es ihr, Haushalt, Vorbereitung auf ihre Meisterprüfung und einen großen Freundeskreis perfekt zu vereinbaren. Die Beziehung zu Sebastian schwankt zwischen friedlichen Phasen, heftigem Streit und herrlichem Versöhnungssex.

**Sebastian**, 29, Elektriker, gefällt nichts besser, als in den Tag hinein zu träumen und sich Zeit zu lassen. Das Leben an Janas Seite strapaziert ihn, denn sie treibt ihn ständig an, Dinge zu erledigen, die er nicht wichtig findet. Er möchte nach der Arbeit lieber entspannen und könnte auf Janas Gesprächigkeit gut verzichten.

### Liebe als Verführung: Anna

Das Leben von **Anna**, 29, ist vielseitig und abwechslungsreich. Sie studiert gerade Kunstgeschichte, Philosophie und Spanisch, aber das kann sich bald schon wieder ändern. Sie tanzt argentinischen Tango und Flamenco. Aufgrund ihres blendenden Aussehens und ihrer erotischen Ausstrahlung mangelt es ihr nicht an attraktiven Angeboten. Sie genießt dieses Spiel der Verführung und die Leidenschaft. Wie glücklich Anna dabei wirklich ist, bleibt eine interessante Frage.

### Liebe als Qual: Karl

Der 48-jährige Versicherungsangestellte **Karl** ist in seinem Freundeskreis als wahrer Frauenversteher geschätzt. Kolleginnen finden Trost bei ihm und können viel Spaß mit ihm haben. Wenn Karl jedoch verliebt ist, wird es tragisch. Er überschüttet seine jeweilige Partnerin in völligem Übermaß mit Liebe, Nähe und Hilfsbereitschaft. Seine Partnerinnen fühlen sich daher schnell bedrängt, und die nächste Trennung ist nicht weit.

## Liebe als Anspruch: Sylvia

**Sylvia**, 36, Vorstandsassistentin, hat ihr Lebensmodell schon genau vor Augen: ein schönes Haus in der Vorstadt, zwei Kinder und ein begehbarer Schuhschrank. Es fehlt nur noch der passende Mann. Die Suche ist jedoch nicht einfach, und ihre hohen Ansprüche machen es nicht leichter. Ihre Empfindlichkeit und ihre Selbstzweifel stehen ihr immer wieder im Weg.

# Auf der Suche nach der Beziehungspersönlichkeit

## Was hat Glück in der Liebe mit der Persönlichkeit zu tun?

Die meisten Menschen wünschen sich nichts sehnlicher als ein Leben in einer glücklichen und stabilen Partnerschaft. Ein Blick ins Internet, ins Fernsehen oder in Magazine genügt: Überall suchen Millionen von Singles nach einem Partner. Viele haben den Passenden noch nicht gefunden oder halten es nicht lange mit einem Partner aus.

Und auch jene Menschen, die fest in einer Beziehung leben, haben es oft nicht einfach. Viele empfinden ihre Partnerschaft nicht als glücklich. Und so sind sogar die Partner von Paartherapeuten nicht zu beneiden, denn diese haben heute noch mehr zu tun als früher.

Es war nicht weiter schwer, Paare zu finden, die an der Studie über partnerschaftliche Zufriedenheit teilnehmen wollten. Das E-Mail-Postfach quoll schier über vor Anmeldungen. Zweifelsohne ist diese Reaktion ein weiteres Indiz dafür, dass das Thema offensichtlich einen Nerv trifft. Wie stellt man es an, dass der Wunsch nach einer glücklichen Liebe erfüllt wird? Diese Frage treibt offenbar unzählige Menschen um.

Jeder kennt Menschen, die eine geradezu natürliche Begabung für die Liebe zu haben scheinen. Ein Beispiel dafür ist Mona. Sie hat bereits drei längere Beziehungen hinter sich, die von langen glücklichen Phasen geprägt waren. Ihren

Beziehungsstil könnte man als entspannt und kurzweilig bezeichnen. Er ist gut ausbalanciert zwischen Abwechslung und Sicherheit. Vor neun Jahren traf sie ihren Schulfreund Stefan wieder, und sie verliebten sich ineinander. Sie fanden ein passendes Haus auf dem Land und renovierten es gemeinsam. Als Besucher ist man stets willkommen und fühlt sich dort auf Anhieb wohl. Wer die beiden zusammen erlebt, bemerkt bei ihnen eine gelassene Atmosphäre, zärtliche Gesten und viel Aufmerksamkeit füreinander. Das Glück dieses Paares strahlt irgendwie nach außen ab. Vor vier Jahren wurde ihre Tochter Greta geboren. Mona und Stefan erweisen sich als liebevolle Eltern, die dabei auch ihre Partnerschaft lebendig halten. Nicht nur Monas Freundinnen fragen sich manchmal erstaunt, wie Mona es geschafft hat, eine glückliche Partnerschaft zu erreichen – und das gleich mehrmals.

Ganz anders sieht es hingegen bei Karl aus. Für ihn gibt es fast keine größere Qual als die Liebe. Hat er eine Freundin, lässt er alles stehen und liegen, um ihre Wünsche zu erfüllen. Er richtet sich nach ihrem Zeitplan und übernimmt widerspruchslos jede noch so absurde Aufgabe. Als eine seiner Freundinnen fremdging, ertrug er dies stillschweigend – mit Bauchschmerzen und Schlafstörungen. Karl spürt generell eine große Angst, verlassen zu werden, und schweigt deshalb lieber. Er schluckt weitaus mehr, als für ihn gut ist, und neigt dazu, sich aufzugeben. Wenn eine Beziehung endet, ist Karl am Boden zerstört, und es dauert von Mal zu Mal länger, bis er sich erholt und auf ein neues Liebesglück hofft.

## Den Unterschieden auf der Spur

Zwischen Mona und Karl liegen Welten. Es war faszinierend, herauszufinden, warum Menschen so unterschiedlich in ihrer Art sind, Liebe zu erleben und zu gestalten. Was haben, können oder machen Menschen mit positiven Beziehungserfahrungen und Glück in der Liebe? Wie schaffen sie es, einen guten Partner zu wählen? Worauf achten sie bei der Partnerwahl? Und mit welchen Liebeskünsten kriegen sie es hin, die Beziehung nicht nur stabil, sondern auch lebendig und glücklich zu erhalten?

Im Vorfeld der Untersuchungen wurde immer deutlicher, dass diese Fragen auf die Persönlichkeit abzielten. Allerdings nicht auf die *Alltagspersönlichkeit*, sondern auf die sogenannte *Beziehungspersönlichkeit*, die Burghard Andresen ermittelt hat. Er ist Professor für Persönlichkeitsforschung an der Universitätsklinik Eppendorf in Hamburg und war der erste Forscher, der ein solches Modell entwickelte. Bis dahin hatte die psychologische Forschung lediglich ein herkömmliches Standardmodell der Persönlichkeit angewandt, um die Liebe zu untersuchen. Mit den Mitteln der klassischen Persönlichkeitsforschung auf die Liebesfähigkeit zu schließen ist aber ungefähr so, als würde eine Verkäuferin nach der Schuhgröße fragen, um zu sehen, ob die Hose passt.

Eigentlich müsste es selbstverständlich sein, Liebesbeziehungen mit speziellen Fragestellungen zu untersuchen. Schließlich tun wir das in anderen Bereichen auch: Bei der Bewerbung der neuen Sekretärin interessieren den Arbeitgeber ihre Computerkenntnisse, die Sprachsicherheit und ihr Organisationstalent. Und wenn jemand eine Reise bucht, wird man üblicherweise nach seinen Vorlieben gefragt, zum Beispiel wie wichtig Komfort, Sport, Nachtleben, Kultur oder Naturerlebnisse sind. Wenn man also auf der Suche nach einem Partner fürs Leben ist, sollte man eben auch hier entsprechend maßgeschneiderte Fragen erwarten, insbesondere von Seiten der Psychologie und der Persönlichkeitsforschung.

Doch was ist überhaupt die Persönlichkeit? Und wie stellt man sie fest? Dazu schieben wir hier einen kleinen Exkurs ein.

**Crashkurs: Die klassische Persönlichkeitsforschung**

Die Persönlichkeit wird durch Eigenschaften geprägt, die tief in der Natur des Menschen verankert, bei jedem aber unterschiedlich ausgeprägt sind. Diese sind, wenn überhaupt, nur sehr langsam und durch spezielle Maßnahmen wie zum Beispiel Psychotherapie veränderbar. Im Prinzip sind sie das, was wir bei einem Menschen als »typisch« oder »charakteristisch« bezeichnen – sei es die Unpünktlichkeit eines Kollegen, die Lebhaftigkeit der Großtante oder die Unfreundlichkeit des Verkäufers im Bioladen an der Ecke.

In der Psychologie gibt es dazu komplexe Modelle und Testverfahren, die Menschen in ihrem Temperament recht gut beschreiben können – jedoch nur so lange, wie es nicht um Liebesbeziehungen geht. Persönlichkeitstests und ähnliche Verfahren sind der Versuch, ein möglichst objektives Bild über das Verhalten und die Persönlichkeit einer Person zu bekommen.

Bei so einem Test geht es zumindest bei seriösen Verfahren nicht darum, besonders gut abzuschneiden; im Mittelpunkt steht vielmehr das Ziel, ein möglichst vielschichtiges und

genaues Bild der Persönlichkeit zu bekommen und dabei auch unbewusste Verhaltensweisen oder Einstellungen zu erfassen. Dazu gibt es eine Vielzahl von Modellen.
Unser Modell der Beziehungspersönlichkeit lehnt sich an einen Klassiker der Persönlichkeitsmodelle an: das Fünf-Faktoren-Modell, auch »Big Five« genannt. Es wurde Mitte der 80er Jahre von einer amerikanischen Forschergruppe um Paul T. Costa und Robert McCrae entwickelt. In diesem Modell spielen Abstufungen für die Beantwortung der Fragen die wesentliche Rolle. Eine typische Frage lautet: »Ich mag meine Zeit nicht mit Tagträumereien verschwenden.« Die Abstufungen für die Antworten lauten: »stimmt nicht«, »stimmt eher nicht«, »teils, teils«, »stimmt eher«, »stimmt vollständig«. Bei diesem Modell gibt man also an, in welchem Ausmaß eine Aussage zutrifft.
Das Big-Five-Modell untersucht fünf Persönlichkeitsmerkmale:

1. *Extraversion* unterscheidet zwischen geselligen und eher einzelgängerischen Menschen.
2. *Gewissenhaftigkeit* trennt zwischen leistungsorientierten, disziplinierten, zuverlässigen Menschen und chaotischen, nachlässigen Personen mit wenig Ehrgeiz.
3. *Offenheit für Erfahrungen* zeigt an, wie viel Phantasie, Kreativität und Interesse an Gebieten wie zum Beispiel Kultur, Spiritualität und Kunst vorhanden ist. Wer wenig »Offenheit für Erfahrungen« hat, bleibt bei Altbewährtem und interessiert sich nur wenig für spirituelle oder kulturelle Fragen.
4. *Neurotizismus* beschreibt, wie wir mit Belastungen umgehen. Menschen mit hohem Neurotizismus empfinden oft Stress und neigen zu Ängstlichkeit, Reizbarkeit und Depression. Der Gegenpol heißt *Emotionale Stabilität* und

bezeichnet gelassene, ausgeglichene Menschen, die sich durch Belastungen nicht aus der Ruhe bringen lassen.
5. *Verträglichkeit* weist darauf hin, wie gutherzig, großzügig, kompromissbereit und bescheiden jemand ist. Wer wenig verträglich ist, neigt eher zu Egoismus, Misstrauen, Unfreundlichkeit und Feindseligkeit.

Nach der Beantwortung der Fragen erhält man einen Profilbogen mit seinen Ausprägungen in den fünf Merkmalen.
Und was sagt so ein Profilbogen nun aus?
Nehmen wir Anna, die wir bereits kurz kennengelernt haben. Sie hat eine hohe *Extraversion*, eine hohe *Verträglichkeit* und eine große *Offenheit für Erfahrungen* sowie eine mittlere Ausprägung beim Faktor *Neurotizismus* und eine niedrige bei *Gewissenhaftigkeit*.
Schon bei oberflächlicher Betrachtung kann man sich Anna durch diese fünf Testwerte recht treffend vorstellen, ohne sie überhaupt zu kennen.
*Extraversion:* In der Tat ist Anna ein beliebter Mensch mit vielen Freunden und permanent klingelndem Handy. Sie scherzt mit allen, und selbst entfernte Bekannte neigen dazu, ihr im Handumdrehen Vertraulichkeiten zu erzählen.
*Verträglichkeit:* Ihre Mitbewohner kennen Anna stets freundlich und gutgelaunt; Konflikte sind selten. Sie empfindet ihr Team im Studium und bei der Arbeit immer als »ganz schwer in Ordnung«, übrigens unabhängig davon, wo sie gerade beschäftigt ist.
*Offenheit für Erfahrungen:* Anna hat sehr weit gefächerte Interessen: Dazu zählen Musik, Tango tanzen, Theater, Kunst und Meditation; außerdem bevorzugt Anna Fernreisen von nicht unter 13 Flugstunden.
Probleme macht ihr ihre niedrige *Gewissenhaftigkeit*, die

sich zum Beispiel in ihrer Wohnung äußert, die oft einem Schlachtfeld ähnelt. Annas schriftliche Hausarbeiten benötigen regelmäßig Verlängerungsfristen, die sie durch einfallsreiche Notlügen und dubiose Atteste erreicht.
Wie die mittlere Ausprägung des Faktors *Neurotizismus* zeigt, nimmt Anna diese Dinge nicht immer mit Gelassenheit. Es dauert oft eine Weile, bis sie bei Problemen wieder entspannen kann. In schlimmen Notfällen steht ihr jedoch meist einer ihrer zahlreichen Freunde zur Seite, wenn nötig sogar mitten in der Nacht.
Durch diese Beschreibung der Basispersönlichkeit haben wir also schon ein ganz gutes Bild von Anna. Jedoch mit einer Ausnahme: Wir wissen nichts über Annas Art, Liebesbeziehungen zu gestalten. Denn die klassischen Persönlichkeitsmodelle wie das Fünf-Faktoren-Modell sind absolut jugendfrei. Alles, was die Liebe betrifft, ist hier ein großer, blinder Fleck.

## Warum das klassische Persönlichkeitsmodell in der Liebe versagt

Ist Anna gern in einer festen Partnerschaft oder hat sie lieber mehrere Affären gleichzeitig? Klammert sie sich an einen Partner, oder hält sie ihre Partner auf Distanz und legt Wert auf ihre Freiräume? Ist Anna eifersüchtig, romantisch oder dominant? Und nicht zu vergessen: Was mag sie im Bett?

Kaum zu glauben, aber bei Fragen wie diesen sehen wir alle Forscher, die das klassische Persönlichkeitsmodell entwickelt haben, schwitzen, stammeln und ratlos mit den

Schultern zucken. Denn die klassische Persönlichkeitsforschung hat die Liebe bei ihren verschiedenen Modellen einfach nicht bedacht!

Man kann das Problem allerdings nicht einfach lösen, indem man von der Basispersönlichkeit auf die Liebespersönlichkeit schließt. Denn wir können in der Liebe ganz anders sein als im Umgang mit Freunden und Kollegen. Unserem Partner zeigen wir ein anderes, viel intimeres Gesicht, ein sogenanntes Liebes-Ich.

Als Forscher die Zusammenhänge zwischen der Basispersönlichkeit und der Art des Liebens untersuchten, erlebten sie eine Überraschung: Die Untersuchungen zeigten, dass Menschen, die in der Liebe aufopfernd und selbstlos sind, nicht unbedingt auch gegenüber anderen Menschen so auftreten. Wer bei seinen Mitarbeitern für einen harten und aggressiven Führungsstil gefürchtet ist, kann im Ehebett ein gutmütiger Kuschelbär sein. Und die aufmerksame und freundliche Freundin zeigt sich zu Hause vielleicht als nörglerische Pedantin, die ihren Partner regelmäßig herumkommandiert.

So manche Prominente belegen mit ihren mehr oder weniger privaten Doppelleben eindrucksvoll, dass die Basispersönlichkeit nicht der Beziehungspersönlichkeit entspricht. Und nicht selten überrascht der Politiker, der sich eben noch vehement für Ehe und Familie eingesetzt hat, die Öffentlichkeit einschließlich seiner Frau mit seinem nicht gerade familienfreundlichen Engagement in Bordellen oder durch anderweitige Affären. Klingt das nicht fast wie eine Art Persönlichkeitsspaltung?

Der Zusammenhang zwischen der Beziehungspersönlichkeit und der klassischen Persönlichkeit wird nach wie vor untersucht, unter anderem vom Forschungsteam um

Professor Andresen. Erste Ergebnisse deuteten an, dass es nur schwache Zusammenhänge zwischen beiden Persönlichkeitsteilen zu geben scheint. In einer Studie konnte man zwar bei aggressiven Menschen vorhersagen, dass sie in ihren Partnerschaften auch eher dominant, streitbar und aggressiv sein würden, und extravertierte, lebhafte Menschen treten auch in ihren Partnerschaften charmanter und verführerischer auf als introvertierte.

Doch abgesehen von diesen Parallelen können wir folgern: Die Persönlichkeit, die wir unserem Partner offenbaren, kann ganz anders sein als die, die wir Freunden oder Arbeitskollegen zeigen. Denken Sie einmal an Ihren Bekanntenkreis: Wie viel wissen Sie wirklich darüber, was hinter den verschlossenen Türen eines ganz normalen Paares passiert? Und welche verborgenen Seiten leben Sie selbst nur in Ihrer Partnerschaft aus, ohne dass sogar ihre engsten Freunde etwas davon ahnen?

## Warum zeigen wir unserem Partner ein anderes Gesicht als unseren Freunden?

In gewisser Hinsicht kann man sich die Beziehungspersönlichkeit vorstellen wie den Kern der traditionellen russischen Matroschka-Puppen. In einer solchen Holzpuppe verbirgt sich eine kleinere, in dieser wiederum eine kleinere und so weiter.

Die äußere Puppe ist so etwas wie unsere öffentliche Persönlichkeit. Wir benutzen sie für den Busfahrer, für den Verkäufer und vielleicht für offizielle Kontakte im Beruf.

Darunter verbirgt sich dann die schon etwas anders aussehende Schicht für Kollegen und Bekannte, bei denen wir bereits etwas mehr von unserer Persönlichkeit zeigen. Die Schicht darunter ist Freunden oder der Familie vorbehalten. Hier geben wir noch mehr von uns preis, aber selbst hier spielen wir eine gewisse Rolle: Wir zeigen unseren Freunden etwa nicht, wie verletzt wir wirklich von ihrer Unzuverlässigkeit sind oder wie einsam wir uns manchmal fühlen. Wir behalten unsere finanziellen Schwierigkeiten genauso für uns wie unsere Enttäuschung mit dem Partner im Bett.

Genau diese intimsten Probleme und noch unglaublich viel mehr an Abgründen, aber auch an Schönem und Kostbarem aus unserer tiefsten Seele machen die kleine, zarte Puppe im Innersten aus, die unserem Liebsten vorbehalten ist. Sie ist unsere Beziehungspersönlichkeit – unser Liebes-Ich.

Eingebettet in diese Vielschichtigkeit, ist dieses Ich nicht nur absolut geheim, sondern zugleich auch äußerst zerbrechlich. Anders als bei den Beziehungen zu Freunden oder Arbeitskollegen kommen wir in unserer Liebesbeziehung in Bereiche, die mit sehr tiefen Gefühlen zu tun haben.

In der Kindheit sind es meist die Eltern, die uns gefühlsmäßig am nächsten stehen. Im Erwachsenenleben ist es der Partner. Niemand kommt uns näher als er. Er weiß, wie wir riechen, wie wir schmecken und wie wir aussehen, wenn wir krank sind. Er sollte wissen, wie wir berührt werden möchten und wie nicht. Er weiß bestenfalls auch, welche Worte er uns beim Liebesspiel ins Ohr flüstern sollte und mit welchen nichts mehr geht.

Wir suchen beim Partner Schutz und Sicherheit, wie wir sie früher bei unseren Eltern gefunden haben. Seine Hand können wir bei den heftigen Turbulenzen im Flugzeug drücken, er begleitet uns zur ungewissen ärztlichen Untersuchung, und mit ihm wagen wir uns in ferne Länder und fremdartige Lokale, die wir ohne ihn nie besuchen würden.

Kein Wunder, dass wir in unserer Beziehung auch Gefühle spüren, die wir als Kind unseren Eltern gegenüber erlebt haben. Wir wollen den Partner exklusiv für uns allein, niemand anderer soll ihn haben. Deshalb können uns dem Partner gegenüber Verlustängste und Eifersüchte quälen – so wie wir früher zuweilen argwöhnten, die Mutter könnte den Bruder lieber mögen als uns.

Wenn der Partner jemand anderen attraktiv findet, reagieren wir daher ängstlich oder verletzt. Ganz anders sieht es aus, wenn eine gute Freundin sich verliebt hat: Wir können neidlos Fotos von ihrem Neuen betrachten und ihr von ganzem Herzen Glück wünschen.

Auch Trennungen sind um ein Vielfaches schmerzhafter, wenn es um den eigenen Partner geht. Das letzte Treffen mit einem guten Freund kann mehrere Monate zurückliegen, ohne dass damit Konsequenzen verbunden wären. Wenn hingegen unser Partner lange Zeit nicht da ist oder sich gar von uns trennt, sind wir erschüttert und leiden unter Trennungsschmerz.

Hirnforscher untersuchten die Gehirnaktivitäten von Menschen, die gerade von ihrem Partner verlassen worden waren. Dazu zeigten sie ihnen Fotos ihrer Expartner. Das Ergebnis offenbarte, dass Liebe auf das Gehirn wie eine Droge wirkt. Eine Trennung erzeugt im Gehirn ähnliche Muster wie ein Drogenentzug. Es ist daher nicht verwunderlich, dass auf der Liste der Selbstmordmotive die Trennung vom Partner ganz oben steht.

Eine Partnerschaft ist viel intimer und macht uns potentiell verletzbarer als andere Beziehungen. Deshalb gehen wir auf eine besondere Art mit unserem Liebsten um. Das äußert sich bereits in der Sprache. Allein schon die Fülle mehr oder weniger kreativer Kosenamen von »Äffchen« über »Dickie« bis »Zuckerschnäuzchen« offenbart eine Nähe, die den Partnern untereinander vorbehalten bleiben soll.

Für diese Spezialbehandlung gibt es noch weitere Gründe. Denn in einer längeren Partnerschaft sind in der Regel beide Beteiligte mit großen Fragen des Lebens ebenso beschäftigt wie mit vielen kleinen Alltagsentscheidungen. Ein Kinderwunsch kann nur gemeinsam verwirklicht werden, und das gemeinsame Wochenende sollte beiden Spaß machen. Der Lebensstandard hängt ohnehin davon ab, was beide *zusammen* verdienen.

Weil der Partner so wichtig ist, stellen wir an ihn auch höhere Erwartungen als an unsere Freunde. Wir sind in vieler Hinsicht intoleranter und üben in der Regel mehr Druck aus. Darum klingt es in den Wohnungen unserer Republik regelmäßig so oder so ähnlich: »Wenn du dieses T-Shirt anlässt, sage ich deinen Eltern, was wir damals in ihrem Auto angestellt haben.« Oder: »Wenn du heute Abend wieder so schlechte Laune hast, dann gehe ich in Zukunft ohne dich aus.«

Es ist also klar: Weil der Partner innerhalb einer Beziehung eine exklusive Sonderrolle hat, ist in dieser Hinsicht auch ein ebenso besonderes Persönlichkeitsmodell notwendig. Dabei sind viele Aspekte zu beachten, die in unserem Modell erstmals zusammen betrachtet werden.

## Die *Lovely Nine* und was sie aussagen

Die Liebe – oder das, was viele dafür halten – ist eigentlich ein ziemliches Durcheinander. Es gelingt einfach nicht, alles auf einmal im Auge zu behalten, was dazugehört. Wenn man über seine Liebe nachdenkt, geschieht dies meist mit einem Tunnelblick. Man konzentriert sich auf kleine Ausschnitte: die Probleme mit dem Partner oder ein diffuses Glücksgefühl während eines aufregenden Gesprächs an der Bar. Unser Blick auf das Ganze ist eingeschränkt. Und er bleibt es in den meisten Fällen auch.

Auf der Achterbahn der intensiven *Liebesgefühle* erleben wir erhebende Fliehkräfte, wenn wir Sehnsucht haben, den Partner begehren oder stürmische Glücksgefühle verspüren. Im nächsten Moment drückt es uns ganz tief nach unten in den Sitz, wenn wir eifersüchtig sind, Verlustgefühle haben oder der Partner uns gerade verletzt hat.

Es muss aber nicht immer wie in einer Achterbahn zugehen. Manchmal fahren wir auch gern ein Stück Bummelbahn, wenn wir gleichbleibende Wärme, Nähe und möglicherweise etwas Regelmäßigkeit in unserer Beziehung verspüren. Dann ist es behaglich in der Partnerschaft, sie fühlt sich so vertraut und bequem an wie gut eingelaufene Schuhe. Wir fühlen uns damit meistens wohl. Aber dennoch denken wir manchmal: »War das schon alles? Wo sind die großen Gefühle geblieben?«

Fragen wie diese kommen einem stets aufs Neue in den Sinn. Denn unsere *Werte und Einstellungen* werden immer wieder mit Erfahrungen konfrontiert, die zum Zweifeln verleiten, ob diese Beziehung die einzig wahre ist. Vielleicht stört es ihn, dass sie dauernd vor dem Fernseher hockt, anstatt mal ins Theater oder Museum zu gehen. Oder sie hat seine Lederjacke und den ungepflegten Bart satt. Vielleicht hadert man auch damit, dass der Partner eine indiskutable Partei gewählt hat oder aus der Kirche ausgetreten ist.

Darüber hinaus gibt es viele weitere Wertvorstellungen, die die Liebe betreffen: Was darf man in einer Beziehung und was nicht? Wie hygienisch soll die Wohnung sein, wie prall gefüllt das Konto? Welche Werte gibt man den Kindern mit? Oder was schreibt man sich als Paar auf die Fahne?

Es geht sogar noch weiter – wir haben nämlich ein sehr großes Repertoire an typischen *Verhaltensweisen,* die wir bei der Partnerwahl und in einer Partnerschaft zeigen. Günther ist beispielsweise bestrebt, eine Frau zu beeindrucken und den Ton anzugeben. Himmelt sie ihn an, ist er in seinem Element. Wenn er sich nicht ernst genommen fühlt oder ihm widersprochen wird, ist sein Interesse an ihr umgehend erloschen.

Wie können wir all diese verschiedenen Aspekte der Liebe erfassen? Partnerschaften umfassen ja, wie man sieht, sehr unterschiedliche Bereiche, die in der Beziehungspersönlichkeit betrachtet werden müssen. Manche haben sicherlich nicht viel miteinander zu tun. Kann man aus den herumliegenden Socken eines Menschen ablesen, wie leidenschaftlich er ist? Verrät uns die Häufigkeit seiner Anrufe etwas über seine Art, Konflikte auszutragen? Wohl kaum. Es gilt also, diese Bereiche zu ordnen. Und da die Liebespersönlichkeit viel komplexer als die klassische Persönlichkeit ist, reichen fünf Faktoren wahrlich nicht aus, um sie zu fassen. In diesem Buch sind daher neun Bereiche definiert. In Anspielung auf die *Big Five* heißen sie die *Lovely Nine.*

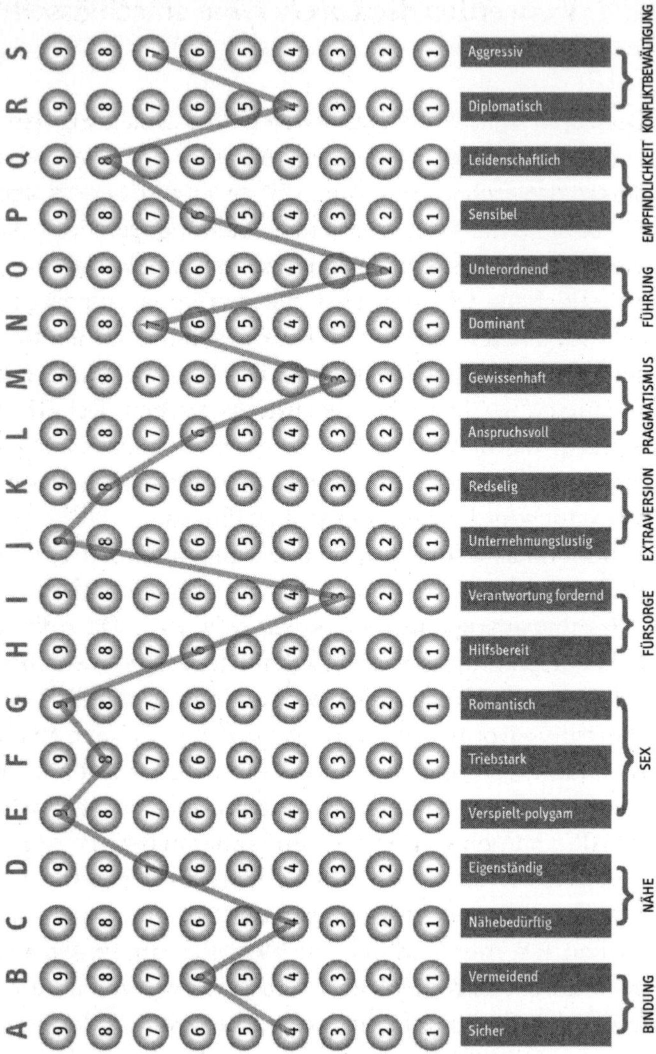


Annas Persönlichkeitsprofil

## Wie werden die *Lovely Nine* entschlüsselt?

Die *Lovely Nine* wurden ja schon in der Einleitung beschrieben. Und wie sie funktionieren, sehen Sie am besten bei Anna, deren klassisches Persönlichkeitsprofil wir bereits kennen. Sie hat ebenfalls den Test zur Beziehungspersönlichkeit in diesem Buch ausgefüllt. Hier sind ihre Ergebnisse:

Betrachten wir zunächst die extremen Ausprägungen, also die Zacken im Profil. Diese besonders hohen bzw. besonders niedrigen Werte und ihr Zusammenspiel kennzeichnen die Charakteristik eines Menschen. Der Grund ist einfach: Wir definieren Menschen anhand ihrer ausgeprägten Besonderheiten und nicht anhand von dem, was durchschnittlich und daher eher unauffällig ist.

Bei Annas Profil sind starke Ausprägungen erkennbar: Ihre extremsten Werte sind die für »Romantisch«, »Unternehmungslustig« und »Verspielt-polygam«. Dazu kommen hohe Ausprägungen in den Skalen »Redselig«, »Leidenschaftlich« und »Triebstark«. Anna ist außerdem ziemlich »Eigenständig«, »Dominant« und »Aggressiv«. Bei den niedrigen Ausprägungen zeigt sich, dass Anna wenig »Unterordnend« sowie wenig »Gewissenhaft« und »Verantwortung fordernd« ist. Alle anderen Werte liegen im mittleren Bereich von 4 bis 6 und müssen daher hier nicht interpretiert werden.

Was sagt uns das? Anna ist eine Frau mit starken romantischen Träumen und Sehnsüchten. Ihr Empfinden ist stark beeinflusst von dem Wunsch, Erotik mit einem Partner zu erleben, der mit ihr auf einer tiefen Ebene verbunden ist. Anna ist sehr aktiv in ihrem Liebesleben und hat fortwährend neue Einfälle. Rollenspiele beim Sex sind für sie ebenso selbstverständlich wie die rosa Plüschhandschellen, die sie bei Bedarf augenzwinkernd einsetzt. Sie sucht sozusagen einen Spielgefährten für ihr Liebesleben. Mit einem sachlichen, phantasielosen oder prüden Partner könnte sie nichts anfangen.

Solange Leidenschaft und Intensität für Höhenflüge sorgen, ist Anna in ihrem Element. Sie flirtet, spielt mit ihrem Charme und amüsiert sich. Wenn sich Alltagsroutine, Banalität und vor allem Langeweile in eine Beziehung einschleichen, wird es für Anna unerträglich.

Einen Widerspruch gibt es da aber noch: Anna liebt die Leidenschaft, aber gleichzeitig ihre Freiheit. Ein Mann darf Anna nicht festhalten oder vereinnahmen. Sie sucht so gesehen eine ganz merkwürdige Mischung: Intensität ohne Ansprüche. Man kann sich vorstellen, dass das nicht einfach zu finden ist.

Anna löst den Widerspruch auf ihre eigene Art: Ihre hohen Werte in der »Verspielt-polygam«-Skala zeigen, dass sie ihre Erotik nicht im Rahmen einer festen Beziehung erleben muss. Anna lässt sich gern auch auf kurze Affären oder mehrere Beziehungen gleichzeitig ein. Sie hält nicht fest und lässt sich nicht festhalten.

Da wir Annas hohe Extraversion schon aus dem klassischen Persönlichkeitsprofil kennen, überrascht es uns nicht, dass Anna auch in ihren Liebesbeziehungen ihre soziale Kompetenz auslebt. Sie ist charmant, witzig und gesellig. Als eine Meisterin des Flirtens kann sie leicht neue Beziehungen eingehen. Überraschend ist allerdings, dass sie in der Liebe sowohl zur Dominanz neigt als auch zu aggressiven Ausbrüchen. Dies war nicht vorherzusehen, denn in ihren sonstigen sozialen Beziehungen ist Anna ja friedlich und eher konfliktscheu.

Sobald Anna sich in ihren Erwartungen an den Partner enttäuscht fühlt, geht sie auf die Palme. Wenn ein Mann sein

Wort bricht, sie kritisiert oder ihr Widerworte gibt, empfindet Anna heftigen Ärger, der mitunter länger anhalten kann. Anna gibt zu, dass sie sich gelegentlich an einem ihrer Liebhaber für sein vermeintliches Fehlverhalten gerächt hat, etwa indem sie die Nacht mit einem anderen Mann verbrachte.

Erstaunlich ist in diesem Zusammenhang, dass Anna außerordentlich eifersüchtig werden kann. Wenn dieses Gefühl einmal entfacht wird, verliert sie jedes vernünftige Maß und wird mitunter sehr verletzend.

Wir sehen hier, dass man anhand der wenigen Skalen schon eine ganze Menge über Annas Art zu lieben erkennen kann. Dieses Profil ist so etwas wie der geheime Code von Annas Liebe. Wer sich für eine Liebesaffäre mit Anna entscheidet, kann sich darauf einstellen, dass es bestimmt heiß und spannend wird, mitunter aber sehr anstrengend sein kann. Auch Anna selbst ist nicht immer glücklich mit ihrer Art zu lieben. Sie genießt es zwar, dass in ihrem Leben viel passiert, aber gleichzeitig kommt sie sich manchmal oberflächlich vor. Kein Mann kommt ihr auf Dauer wirklich nah, und sie ahnt meist schon beim Kennenlernen, dass es bald wieder einen Abschied geben wird.

Vielleicht ist das ein Grund dafür, dass Anna angefangen hat, zu meditieren: Sie möchte lernen, etwas ruhiger zu werden und auch mal schlechte Gefühle auszuhalten, ohne sich mit ihren Affären abzulenken.

Ob dies auch Annas Beziehungen mehr Beständigkeit verleiht, ist offen. Denn die Art zu lieben, also unsere Beziehungspersönlichkeit, ist tief in unserem Herzen und unserem Gehirn verankert. Sie prägt jede Beziehung und lässt sich nicht einfach abschütteln. Wir können uns nicht von ihr trennen wie von einem unpassenden Partner.

# Die Entstehung und Veränderung der Beziehungspersönlichkeit

## Ist man, was man ist? Oder wird man zu dem, was man ist?

Man kann mit Verblüffung feststellen, wie verschieden Geschwister sein können, obwohl sie die gleichen Eltern haben.

Da ist zum Beispiel Sebastian, der als Kind lieber allein spielte und sich hinter seinen Comics versteckte. Seine Schwester Maria hingegen wurde unruhig, wenn sie zu lange allein blieb. Sebastian sparte als Jugendlicher sein Geld für Spielzeug, einen CD-Player oder eine Spielekonsole. Wenn Maria als Kind hingegen Geld in die Finger bekam, war es quasi schon im Handumdrehen wieder weg; egal, ob sie eine Barbie-Puppe im Vorbeigehen kaufte oder für sich und ihre Freundin einen Eisbecher bestellte: Für Maria war Geld nur Mittel zum Zweck.

Maria war in ihrer Kindheit anschmiegsamer als Sebastian und zeigte ihre Gefühle offener. Schon in der Grundschule äußerte sie mit Nachdruck, wenn sie andere Vorstellungen als die anderen Klassenkameraden hatte. Wenn Sebastian etwas nicht passte, zog er sich zurück und verzichtete auf Diskussionen.

Wie kommt es zu diesen unterschiedlichen Charakteren, trotz derselben Eltern? Das hat zum einen natürlich mit Genetik zu tun, also damit, dass sich elterliche Eigenschaften in durchaus unterschiedlicher Ausprägung an das eine oder an das andere Kind weitervererben können. Tatsache ist, dass Maria und Sebastian unterschiedlichen sozialen Einflüssen unterliegen. Sie haben verschiedene Lehrer und Freunde und werden als erstes oder zweites Kind von den Eltern jeweils unterschiedlich behandelt. So gesehen entwickelt sich die Persönlichkeit als Kombination aus der genetischen Veranlagung und dem Einfluss des sozialen Umfelds, in dem jeder aufwächst. Unsere Gene bilden dabei für vieles die Grundlage. War beispielsweise ein Elternteil sehr ängstlich, so ist die Chance verhältnismäßig hoch, dass das Kind ebenfalls Ängstlichkeit zeigt.

Wie groß der Einfluss der Gene tatsächlich sein kann, offenbaren Adoptions- und Zwillingsstudien. So zeigt sich bei eineiigen Zwillingen, die getrennt aufwuchsen, wie ähnlich sie sich trotz unterschiedlicher Lebenserfahrungen als Erwachsene sind. Nicht selten haben beide einen ähnlichen Beruf und die gleichen Hobbys. Sie geben ihren Kindern oftmals sogar die gleichen Namen.

Bei Adoptivkindern erkennt man, dass ihr Temperament, ihr Verhalten und ihre Interessen verblüffend oft mit denen ihrer leiblichen Eltern übereinstimmen, die sie nie gesehen haben. Sie zeigen zum Beispiel ausgeprägte Merkmale wie Lebhaftigkeit oder Humor, die bei den Adoptiveltern in dieser Ausprägung nicht vorzufinden sind.

Neben den Genen spielt aber auch die soziale Umgebung eine Rolle. Besonders intensiv werden wir dabei durch Erfahrungen mit wichtigen Bezugspersonen in der Kindheit geprägt.

## Willkommen zu Hause

Der erste Ort, an dem ein Mensch erstmals Liebe erfahren kann, ist die Familie. Nach wie vor sind die Eltern die ersten Beziehungspartner und die ersten Vorbilder.

Schon in der vorsprachlichen Phase ihrer Entwicklung erfahren Kinder durch die Beziehung zur Mutter im günstigsten Fall das Gefühl, aufgehoben und geborgen zu sein. Mit der Mutter entsteht die umfassendste Erfahrung menschlicher Verbundenheit, die überhaupt möglich ist.

Es ist unumstritten, dass frühkindliche und kindliche Erfahrung das erotische und das Beziehungsverhalten als Erwachsene stark mitprägen. Unsere Eltern erziehen uns und vermitteln uns ihre Welt- und Beziehungsanschauungen, zum Beispiel, wie man Intimität und Distanz ausbalanciert oder in Konflikten kommuniziert. Sie sagen: »Setz dich zur Wehr, lass dir das nicht bieten.« Oder sie raten: »Bleib lieber ruhig. Der Klügere gibt nach.«

In vielen Familien werden Kinder nicht dazu erzogen, ihre Gefühle wahrzunehmen und zu äußern. Diese Tendenz zeigt sich insbesondere bei Gefühlen wie Ärger, Enttäuschung, Wut oder Trauer. Beginnt das Kind zu weinen, so begegnet man ihm mit Unverständnis: »Werd nicht komisch«, »Stell dich nicht so an« oder »Schau mal, was du Mutter damit antust, wenn du dich so benimmst« sind einige der Phrasen, die es dann zu hören kriegt. Je öfter Kinder mit abfälligen Äußerungen wie diesen konfrontiert werden, desto tiefer bleiben sie im Gedächtnis haften und werden Teil der eigenen Persönlichkeit. Die Kinder werden blind für die eigenen Gefühle und erlauben sich nicht mehr, sie wahrzunehmen.

Viele charakteristische Züge aus der Familie färben auf

die Kinder ab: Wer in einer temperamentvollen Familie aufwächst, wird mit hoher Wahrscheinlichkeit später selbst lebhaft sein. Denn Kinder beobachten ihre Eltern viel genauer, als jenen manchmal lieb ist. Und was für die Eltern im Allgemeinen normal ist, halten auch die Kinder erst einmal für alltäglich.

Tatsächlich prägen Eltern unsere Rollenbilder. Wenn der Vater ständig abwesend ist oder erschöpft auf dem Sofa liegt, ist das für die Kinder schon bald ein normales Verhaltensmuster. Und auch dass die Mutter sich im Haushalt für ihre Familie aufreibt, wird innerhalb kürzester Zeit Normalität. Selbst wenn wir dieses Rollenverständnis heute kritisch hinterfragen, hat sich das Vorbild der Rollen tief in unsere Seele eingegraben. Wir sehen am Vater, wie ein Mann oder ein Vater ist, und an der Mutter, wie sich eine Frau oder eine Mutter verhält.

Schon kleine Kinder ahmen ihre Eltern in vielem nach. Und das hinterlässt Spuren, indem sie später die gleichen Verhaltensweisen wie ihre Eltern an den Tag legen. Die Fachleute nennen das *Soziale Vererbung*. Die Partner sind da schon direkter: »Du hörst überhaupt nicht zu. Du bist wie deine Mutter!«

Manchmal müssen Eltern nicht einmal etwas tun, um ihre Kinder zu formen. Denn auch Erfahrungen, die wir in der Kindheit *nicht* gemacht haben, prägen uns erheblich: Wer mit Eltern aufwächst, die ihre Unterhaltungen nur auf das Wesentliche beschränken, dem fehlt als Erwachsener ein Gefühl für nachhaltige Gespräche mit dem Partner. Wer nie erlebt hat, wie sich die Eltern gestritten und wieder vertragen haben, wird es in der Partnerschaft schwer haben, Konflikte anzusprechen und auszutragen.

Auch bei negativen Erfahrungen mit dem Elternhaus prägen Vater und Mutter die Kinder in beträchtlichem Maße. Wenn wir von den Eltern nachhaltig verletzt worden sind oder im Rückblick mit dem Umgang der Eltern miteinander oder der Erziehung nicht einverstanden sind, wiederholen sich in Liebesbeziehungen oftmals die Muster, die von den Eltern und Großeltern auf uns übertragen wurden. So hat es sich beispielsweise herausgestellt, dass Paare, die sich scheiden lassen, überproportional häufig Väter und Mütter haben, die ebenfalls auseinandergingen.

**❤ ÜBUNG**

**Die Eltern sind immer dabei**

Überlegen Sie einmal, worauf Ihre Eltern bei Ihren Partnern achten und welche Vorstellungen Sie von einem »guten Schwiegersohn« bzw. einer »guten Schwiegertochter« haben. Inwieweit lassen Sie sich heute noch davon beeinflussen? Ist vielleicht Ihre Frau ein jüngeres Abbild Ihrer Mutter, oder gleicht Ihr Mann vielleicht Ihrem Vater? Welche Verhaltensmuster Ihrer Eltern haben Sie übernommen? Haben Sie zum Beispiel als Tochter ebenso die Hosen an wie Ihre Mutter? Oder ordnen Sie sich Ihrem Mann unter, wenn Ihre Mutter dies auch bei Ihrem dominanten Vater tat?

Fast schon unheimlich ist ein Phänomen, das immer wieder auftaucht: Es ist nämlich eine Tatsache, dass manche Ängste, Wünsche und Enttäuschungen unserer Vorfahren auch *ohne* unser bewusstes Wissen auf uns übertragen werden können.

Häufig gehen Muster und Überzeugungen der Eltern auf

die Kinder über, ohne dass jemals darüber gesprochen wurde. Vielleicht hatte der Großvater lebenslang eine heimliche Geliebte, die von der Großmutter niemals erwähnt wurde. Der Vater wiederholt dieses Muster, während die Tochter selbst jahrelang die heimliche Geliebte eines verheirateten Mannes ist.

Nehmen wir Matthias, den Rechtsanwalt. In seinen vielen wechselnden Beziehungen hat er es bewusst verhindert, eine Familie mit Kindern zu gründen. Er ist einerseits auf der Suche nach einer liebevollen Partnerin und sehnt sich nach einem lebendigen Familienleben. Andererseits nimmt er immer dann Reißaus, wenn es zwischen ihm und einer Frau verbindlicher wird.

Inzwischen hat er für sich eine elegante Lösung gefunden: Er lebt in einer Fernbeziehung mit Kerstin. So kann er seine berufliche Karriere in der Anwaltskanzlei verfolgen, seine Freiheiten genießen und gleichzeitig in einer festen Beziehung leben.

Diese Balance wird jedoch plötzlich gefährdet. Kerstin offenbart ihm, dass sie zu ihm ziehen möchte. Matthias bekommt es wieder mit der Angst zu tun. Soll er sich nach langer Zeit erneut aus einer Beziehung stehlen?

Diesmal entschließt er sich anders und beginnt eine Therapie. Dort erkennt er, dass sein Weg zu einer erfüllten Beziehung bisher durch alte Geister versperrt wurde. Wie Sie später im Buch erfahren, trug Matthias' Mutter einiges dazu bei, dass er so distanziert ist. Doch die Hauptrolle spielte sein Vater. Unbewusst hatte er auf die Stimme seines Vaters gehört, der ihm immer wieder zuredete, sich von allem fernzuhalten, was seine berufliche Karriere stören könnte. Der Vater selbst war in jungen Jahren und eher ungewollt zum Familiengründer geworden. Er musste den Traum vom Studieren aufgeben, um seine Frau und die Kinder ernähren zu können.

Matthias' Vater bereitete ihn bereits als Kind subtil darauf vor, beruflichen Erfolg an die erste Stelle in seinem Leben zu setzen. Er wollte seinen Sohn damit vor einem ähnlichen Schicksal bewahren. So verinnerlichte Matthias Sätze wie »Frau und Kinder sind ein Hindernis in der eigenen Entwicklung«, »Wenn man sich erst mal richtig verliebt hat, gibt es kein Zurück mehr« oder »Mit Kindern kommt man nie mehr auf einen grünen Zweig«. Sie hielten ihn bis ins Erwachsenenalter unbewusst davon ab, sich emotional auf eine Partnerin einzulassen.

Seit Matthias diese versteckten inneren Leitsätze identifiziert und seinem Vater zugeordnet hat, kann er sich endlich Stück für Stück davon befreien – gut für ihn und auch für seine Beziehung zu Kerstin. Natürlich trug auch die Mutter von Matthias dazu bei, dass er so distanziert ist.

Und wie sieht es bei Ihnen mit familiären Übertragungen aus? Die Beantwortung der folgenden Fragen kann Ihnen helfen, diese zu entdecken. Wenn Sie im Anschluss Ihre Antworten betrachten, werden Sie mehr über die Vorstellungen und Werte Ihrer Eltern erfahren, die Sie vielleicht noch heute prägen.

## Familiäre Übertragungen

Erinnern Sie sich zuerst an Ihre Eltern und an die Beziehung, die Ihr Vater und Ihre Mutter miteinander hatten. Stellen Sie sich typische Situationen im Leben Ihrer Eltern wie die Szenen eines Films vor: Unterhaltungen am Esstisch, Berührungen, gemeinsame Unternehmungen, Familienfeste, Begrüßungen, Streitigkeiten oder Ähnliches.

**♥ ÜBUNG**

**Den Eltern auf der Spur**

- Sind Sie der Meinung, dass Ihre Eltern glücklich miteinander waren? Falls nicht: In welchen Bereichen gab es Schwierigkeiten?
- Notieren Sie, was Ihre Mutter bzw. Ihr Vater über Partnerschaften gesagt hat oder Ihrer Meinung nach vielleicht gesagt hätte.
- Erinnern Sie sich dann an den Moment, als Sie selbst Ihren ersten Freund oder die erste Freundin hatten. Wie haben Ihre Eltern auf Ihren jeweiligen Partner reagiert? Was mochten Ihre Eltern, was kritisierten sie? Wiederholen Sie das für jeden Freund bzw. jede Freundin.
- Wie kommentieren Ihre Eltern Ihre jetzige Beziehung bzw. Ihr Single-Leben?
- Notieren Sie, welche Aufträge für Ihr weiteres Leben Ihnen von Ihren Eltern oder Ihrer Familie gegeben wurden und welches Leben sich Ihre Eltern für Sie gewünscht hätten.
- Schreiben Sie auf, in welchen Bereichen Ihrer Liebesbeziehung Sie sich von Ihren Eltern bzw. von ausgesprochenen oder unausgesprochenen familiären Regeln oder Wünschen geleitet fühlen.
- Achten Sie besonders auf Lebensbereiche, in denen Sie sich unglücklich fühlen. Hier finden sich meist die verborgenen Altlasten, die es anzupassen oder abzulegen gilt.

- Wann haben Sie gemerkt, dass Sie eine Beziehung beenden mussten? Welche Ihrer Grundsätze waren die Ursache dafür? Waren das auch die Grundsätze Ihrer Eltern?

## Aus Expartnern wird man klug

Haben Sie Ihre bisherigen Liebespartner in guter Erinnerung? Oder eher nicht? Genauere Gedanken dazu werden Ihnen weiterhelfen, denn diese Ehemaligen prägen Sie ebenfalls. Der Grund liegt in der Liebe selbst: Sie öffnet uns für neue, unbekannte Dinge wie keine andere Erfahrung. Insbesondere am Anfang einer Beziehung ist der Mensch, in den wir gerade verliebt sind, die beste Chance, dass man sich selbst ändert. Wir lernen schneller, sind offener für Experimente und neue Sichtweisen. Ein neuer Partner kann uns dafür begeistern, den Last-Minute-Urlaub durch eine Reise zu einer völlig unbekannten Insel im Indischen Ozean zu ersetzen. Er animiert uns zu Mixgetränken, die man seriös nicht in unsere Sprache übersetzen kann, oder sie verführt uns im Bett zu mehr Kreativität und Akrobatik. Ob Theaterkurs oder Vorsorgeuntersuchung: Der Partner kann uns dazu bringen, etwas zu tun, das wir schon lange tun sollten oder wollten. Unser Partner kann Seiten in uns wecken, die lange geschlummert haben. Und diese neuen Seiten bleiben uns oft dauerhaft erhalten; in unserer Beziehungspersönlichkeit wird sozusagen ein kleines Zimmer angebaut.

Ein Partner kann uns nicht nur in unseren *Gewohnheiten* verändern, er hilft uns auch auf einer *emotionalen Ebene*, Grenzen zu überwinden. Ein Beispiel ist Miriam, die bei ihren bisherigen Partnern ein hohes Maß an Distanz erfuhr und mitunter betrogen wurde. Sie suchte die Schuld bei sich, reagierte mit Selbstzweifeln und präsentierte ihrem Umfeld eine perfekte Fassade, die wenig mit ihren wirklichen Gefühlen zu tun hatte. Stets war sie geschminkt, sorgfältig und der neuesten Mode entsprechend gekleidet und spielte ihrem jeweiligen Partner eine fröhliche Unkompliziertheit vor, die mit ihrem oft traurigen, einsamen Innenleben wenig zu tun hatte.

Dann veränderte sich alles. Miriam begann eine Beziehung zu einem Kollegen. Er war fürsorglich, verbindlich und verständnisvoll, dachte und sagte »wir« statt »ich« und ließ seinen Worten stets auch Taten folgen. Es war offensichtlich: Er meinte es ernst.

Miriam war zuerst verwirrt: Dieser Mann stellte alles in Frage, was sie aus ihren vorhergehenden Beziehungen kannte. Sie musste sich nicht immer perfekt zurechtmachen, um ihm besser zu gefallen als andere Frauen. Er vergötterte sie auch morgens, wenn sie verstrubbelt aus dem Bett kam. Er steckte sie mit seinem Vertrauen und seiner Offenheit an. Sie entspannte sich und benutzte nun auch immer häufiger das Wort »wir« statt »ich«. Kurz: Während Miriam früher um die Liebe kämpfen musste, flog sie ihr nun quasi zu.

Die Liebe zu unseren Partnern kann aber auch das Gegenteil bewirken. Negative Liebeserfahrungen wirken wie Geröllawinen. Nicht selten gibt es dabei heftige Verletzungen. So wie bei Nadja: Ihr Freund verließ sie nach zwölf Jahren plötzlich und unerwartet. Er hatte Affären mit mehreren Frauen. Seit der Trennung hat Nadja die alleinige Verantwortung für die gemeinsame Tochter. Noch viele Monate nach der Trennung empfindet sie heftige Wut auf ihren Exfreund und fragt sich, wie sie einem Partner jemals wieder vertrauen kann. Sie brauchte tatsächlich mehrere Jahre, um dieses Trauma zu verarbeiten.

Veränderungen der Beziehungspersönlichkeit müssen nicht immer dramatisch und plötzlich sein. Auch in Sachen Liebe gilt das oft strapazierte Sprichwort »Steter Tropfen höhlt den Stein«. Auch in langen unglücklichen Beziehungen kann man sehr unter einem Mangel an Zärtlichkeit, Aufmerksamkeit, Unterstützung und Liebe leiden. Jeder reagiert anders auf eine solche Durststrecke. Viele Menschen entwickeln unter der Lieblosigkeit psychosomatische Krankheiten. Das seelische Leiden drückt sich dann auf der körperlichen Ebene aus.

Wie sehr man auch versucht, sich mit einer unglücklichen Beziehung zu arrangieren: Sie hinterlässt Narben, verbiegt einen und zieht viel Kraft ab. Wenn man lange unglücklich ist und die Chancen schlecht stehen, dass sich daran etwas ändert, gibt es nur einen Weg: Man sollte mutig über eine Trennung nachdenken.

Einige flüchten sich nach Beziehungsenttäuschungen in eine betont selbstbezogene Haltung, nach dem Motto: »Alleine bin ich besser dran als mit einem Partner.« Auch wer das andere Geschlecht sehr dezidiert ablehnt, hat in den meisten Fällen tiefe Verletzungen erlitten.

## Bleibt man, wie man ist?

Unsere Beziehungspersönlichkeit kann sich mit den Jahren leicht verändern. Mit etwas Glück werden wir im Alter reifer und erfahrener und können zum Beispiel beim Streit besser einlenken und den anderen so lassen, wie er ist. Das beobachtet man oft bei älteren Paaren. »Ich kann ihn sowieso nicht mehr ändern, ich muss ihn so nehmen, wie er ist« ist eine klassische Formulierung, die man von jenen mitunter hört. Allerdings werden nicht alle Menschen im Alter weiser. Bestimmt fallen auch Ihnen Menschen ein, die mit jedem Jahr eigensinniger werden und sich keinen Millimeter von ihrem Standpunkt bewegen können.

Die Beziehungspersönlichkeit wird freilich durch bestimmte Lebenssituationen beeinflusst. So kann zum Beispiel die Geburt von Kindern viel verändern. Oft verschieben sich dann die Interessen: Statt Selbstverwirklichung steht nun der Nestbau im Vordergrund. Es geht um Sicherheit, Verlässlichkeit und Fürsorglichkeit. Die Zweisamkeit und der Abenteuerdrang sind eingeschränkt. Die schicke Altbauwohnung wird aufgegeben, und man zieht in ein Häuschen im Grünen.

Doch auch wenn sich der Lebensrahmen solchermaßen ändert: Die Beziehungspersönlichkeit ist relativ stabil und verändert sich nicht von heute auf morgen. Auch wie ein Mensch die Familie erlebt, hängt von seiner Persönlichkeit ab. Einige Menschen reifen im Familienleben und werden verantwortungsbewusster. Sie gehen im gemeinsamen Alltag auf und verzichten problemlos auf viele ihrer Freiheiten. Andere konkurrieren mit dem Kind um die Liebe des Partners und möchten selbst umsorgt werden. Wieder andere fühlen sich durch die Verantwortung gebunden und möchten gelegentlich das Weite suchen.

Diese Unterschiede haben viele Hintergründe. Das Vorbild der Eltern spielt auch hier eine wichtige Rolle. Wer selbst Liebe und Fürsorge genossen hat, kann sie leichter an seine Kinder weitergeben. Es fällt aber auch die Ich-Bezogenheit ins Gewicht: Egoisten gelingt es viel weniger, sich in die zweite Reihe zu begeben und ihre Kinder zu unterstützen, als jemandem, der endlich die lang ersehnten Wunschkinder bekommt.

## Alles vage in Bewegung

Unsere Beziehungspersönlichkeit gleicht mehr einem stehenden Gewässer als einem reißenden Fluss; sie ist bestenfalls träge in Bewegung. So träge, dass Veränderungen nicht einfach umzusetzen sind.

Das kann jeder bestätigen, der schon einmal versucht hat, an seinem Partner etwas zu verbessern. Wer etwa möchte, dass der in sich gekehrte Partner ein aufgeschlossener, gesprächsfreudiger Mensch wird, wird sich die Zähne ausbeißen.

Und auch wir selbst sind nicht so leicht veränderbar. Wir nehmen uns zum Beispiel immer wieder vor, ab morgen gelassener und offener zu sein oder vielleicht endlich mit dieser lächerlichen Eifersucht aufzuhören, von der wir ja selbst wissen, wie unbegründet sie ist. Doch oft fallen wir trotz unserer Anstrengungen bald wieder in die alten Muster zurück. Die Zweifel an der Treue des Partners bahnen sich wie von selbst den Weg, das Handy des Partners hüpft von ganz allein in unserer Hand und wird auf »feindliche« SMS überprüft.

Wenn aber selbst schlichte Verhaltensänderungen im Alltagsleben schwer umzusetzen sind, wie soll es da erst möglich sein, seine ganze Persönlichkeit neu zu definieren?

Wir ahnen: Unsere Beziehungspersönlichkeit ist uns treuer als so mancher Partner. Wir tragen unsere Eigenschaften immer mit uns, und so überdauern sie spielend leicht jede unserer Partnerschaften. Die Liebe kommt und geht, die Persönlichkeit bleibt.

Karl bringt das in seinem Tagebuch auf den Punkt. Nach einer Beziehung, die wieder einmal zerbrochen ist, schreibt er: »Am Anfang einer Beziehung hast du diesen Willen, der das Urteilsvermögen komplett ausschaltet. Er macht dich glauben, dass diesmal alles anders wird. Doch egal, was du machst: Die Situation, die du auf keinen Fall mehr wolltest, kommt immer wieder. Das liegt nicht an mir, und es liegt nicht an ihr. Das Leben ist so, man kommt nicht dagegen an. Es ist tausendmal stärker als ich.«

Ist die Beziehungspersönlichkeit tatsächlich nicht veränderlich? Oder vielleicht doch? Können Einzel- oder Paartherapien in dieser Hinsicht helfen? Und wie lange dauert es, bis man sich ändert?

Leider können wir darauf keine eindeutige Antwort geben. Es wurde noch nicht abschließend erforscht, wie stabil die Beziehungspersönlichkeit ist. Das entsprechende Modell wurde erst 2006 entwickelt; um wirklich aussagekräftige Ergebnisse über ihre Beständigkeit zu machen, müssen einige Jahre verstreichen, bis man die gleichen Personen erneut untersuchen und analysieren kann, wie ähnlich sie sich durchschnittlich geblieben sind.

Aber selbst wenn wir eine Zahl hätten, die ausdrückt, wie stabil einige Eigenschaften sind, so würde dies nur etwas über den Mittelwert einer Gruppe sagen, aber nichts über den Einzelnen. Es geht in diesem Buch jedoch in erster Linie um die Frage, wie weit *Sie persönlich* sich verändern können. Aus unserer therapeutischen Erfahrung können wir sagen, dass Menschen in dieser Hinsicht sehr unterschiedlich sind. Manche Menschen sind recht wandlungsfähig, während andere sich von ihrer Jugend bis ins hohe Alter sehr ähnlich bleiben. Denken Sie einmal an Ihr letztes Klassentreffen – zehn, zwanzig oder dreißig Jahre nach Ihrem Schulabschluss. Da haben Sie einen interessanten Ort, um die Wandlungsfähigkeit von Menschen zu beobachten. Viele sind vielleicht noch genau wie früher, während einige wenige ein scheinbar völlig neues Leben begonnen haben.

Einige Menschen ändern sich durch eine einschneidende Erfahrung sozusagen von jetzt auf gleich. Vielleicht geloben sie auf der Intensivstation am Krankenbett ihres Partners, nie wieder fremdzugehen und aufmerksamer zu werden, wenn dadurch der Partner nur wieder gesund wird – und schaffen es dann später, dieses Versprechen auch wirklich einzulösen. Manche Menschen hingegen machen trotz langjährigen Paartherapien lebenslang die gleichen Fehler und sind so flexibel wie ein schienengebundenes Fahrzeug.

Doch die Erfahrung zeigt: Verändern können wir uns alle, wenn auch nicht immer sofort, sondern in kleinen Schritten. Dazu brauchen wir Zeit, Geduld, Selbstbeobachtung und viel Disziplin. Wir werden uns zwar nicht komplett neu erfinden, aber wir können erfolgreich daran arbeiten, unsere Fehler in den Griff zu bekommen.

Viele Menschen, die in einer unglücklichen Beziehung stecken, spielen mit dem Gedanken an eine Trennung. Wenn nur der Partner ginge, dann könnte man mit einem anderen Menschen neu anfangen, alles besser machen, eine glücklichere Beziehung führen. Doch wie gut stehen die Chancen wirklich, dass mit einem Partnerwechsel alles besser wird?

## Neue Liebe, neues Pech?

Sie kennen es vielleicht aus Ihrem Bekanntenkreis: Ein Freund trennt sich endlich aus einer Beziehung, in der er viel gelitten hat. Alle atmen erleichtert auf. Doch dann verkündet der Freund: »Ich habe jemanden kennengelernt.« Man ist gespannt – und kurz darauf entsetzt. Denn schon bald befindet sich der Freund mit der Neuen in der gleichen Situation wie vorher. Es zeigen sich ähnliche Probleme, nur die Namen sind ausgetauscht.

Der Hintergrund für dieses Verhalten sind meist Erfahrungen aus der Kindheit. Mit dem Partner wiederholt man diese, oder aber man versucht unbewusst, sie in einer Beziehung aufzulösen. Selbst wenn das nicht klappt, bestätigt man damit das eigene Weltbild und gibt sich so Sicherheit und ein Gefühl der Kontrolle im Sinne von »Das habe ich doch gleich gewusst«.

Corinna sucht sich beispielsweise immer wieder Männer, die kein Geld verdienen und auch im Haushalt nicht mithelfen. Sie versorgt diese Männer zusehends schlecht gelaunt, bis sie irgendwann überfordert aufgibt und den Partner vor die Tür setzt. Corinna ist ohne Vater aufgewachsen, ihre Mutter lebte ständig am Rande der Erschöpfung und hatte finanzielle Schwierigkeiten. Insofern kopiert Corinna das Leben ihrer Mutter. Da die Partner zwangsläufig nicht lange bleiben, wiederholt sie sogar das Muster ihrer Mutter, dauerhaft ohne stabile Partnerschaft zu sein.

Ein anderes Beispiel: Hanna ist schon zum fünften Mal mit einem Mann liiert, der anderweitig gebunden ist. Bei ihr steckt dahinter ein schwaches Selbstwertgefühl: Sie kann sich nicht vorstellen, dass jemand sich für sie entscheidet und es wirklich ernst meint. Als etwas pummeliges Kind hätte Hanna gerne einmal über ihre hübsche Schwester gesiegt, die stets alle Aufmerksamkeit auf sich zog. Als Geliebte schenkt der Partner ihr nun viel Aufmerksamkeit und bevorzugt sie gegenüber der Ehefrau. Für kurze Zeit triumphiert sie gegenüber der Ehefrau – ein Triumph, den sie gerne als Kind gegenüber ihrer Schwester empfunden hätte. Hannas Hochgefühl dauert jedoch nicht lange, denn ihr Liebhaber kehrt immer wieder zu seiner Frau zurück.

Es wird deutlich: Wenn wir alte Erfahrungen nicht erkennen und zum Beispiel im Rahmen einer Therapie auflösen, wiederholen wir sie. Es lohnt sich unbedingt, unsere Partnerwahl auf dieses Muster hin intensiv zu betrachten, denn sie ist die halbe Miete für eine glückliche und lang dauernde Beziehung.

## Neuer Partner, neuer Tanz?

Allerdings muss man nach einer Trennung nicht zwangsläufig die gleichen Probleme wiederholen. Manche Probleme erledigen sich ganz von allein, wenn der Partner geht. Wenn die Probleme auf »seiner« Seite lagen, nimmt er sie quasi aus der Beziehung mit wie seine hässliche Kuckucksuhr oder die Schulden auf der Bank.

Eine glücklichere Beziehung kann dann gelingen, wenn man erkannt hat, was einem in der alten Beziehung fehlte, und den neuen Partner sorgfältig danach auswählt, dass er die Eigenschaften besitzt, die man vorher vermisst hat, und jene nicht aufweist, die einem das Leben beim letzten Mal schwergemacht haben.

Mona zum Beispiel fand es schwierig, dass sie mit ihrem ernsten Exfreund nicht herumalbern und flirten konnte. Ihren Humor kann sie erst mit Stefan ausleben, der ihre Witze gut parieren kann. Ebenso wenig durfte ein Bekannter von uns seiner taffen Freundin die starke Schulter bieten, denn die brauchte sie gar nicht. Sie war Feministin, begeisterte Karatekämpferin und wuppte alles mit links – sollte er ihr da wirklich das Fahrrad tragen und ihr in den Mantel helfen? Doch bei seiner neuen Flamme, die als Argentinierin an das traditionelle Frauenbild gewohnt war, konnte er sich als Gentleman ersten Ranges zeigen. Er beschützte sie sogar, während sie ihr Altpapier wegbrachte – am helllichten Tag, 50 Meter von ihrer eigenen Wohnung entfernt.

Unsere Beziehungspersönlichkeit ist für sich allein betrachtet bunt und vielfältig. Sie kann sogar in sich große Widersprüche und verborgene Facetten haben. Umso spannender, wenn wir mit einem Partner zusammen sind, der genauso vielschichtig ist wie wir. Dann kann bei dieser Beziehung etwas Neues herauskommen, das vorher nicht zu erahnen war. Oder etwas, das man sich lange sehnlichst gewünscht hat.

## Futter für den Wolf

Letzten Endes entscheidet das eigene Handeln: die eigene Partnerwahl und die eigene Art, wie wir uns dem Partner gegenüber verhalten. Und wer hat nicht die eine oder andere destruktive Eigenschaft, die man gerne verändern möchte?

Doch wie kann das gelingen? Die treffende Antwort gibt die Geschichte von einem alten Indianer, der zu seinem Enkel sagt: »In meiner Brust wohnen zwei Wölfe. Der eine ist ganz freundlich und gütig. Er teilt gerne und tut niemandem etwas zuleide. Der andere Wolf aber ist habgierig und böse. Er beißt und würde auch töten. Manchmal kämpfen beide Wölfe miteinander und wollen sich durchsetzen.«

Da fragt der Enkel: »Und welcher Wolf gewinnt?«

Der alte Indianer antwortet: »Der, den ich füttere.«

Das gilt auch für uns. Manchmal spüren wir in uns zwei Seiten: eine bequeme, die sich lieber zurückzieht, als dem Partner aufmerksam zuzuhören, und ein freundlicher, interessierter, zugewandter Teil. Oder eine unzufriedene Seite, die jeden Fehler des Partners sofort bemerkt, und eine gelassene, zufriedene, in sich ruhende Seite. Welcher Teil schließlich gewinnt oder welchen Wolf Sie füttern, entscheiden Sie immer wieder selbst.

# Der rote Faden Ihrer Liebe

## Der Fels in der Brandung: Die alltagstaugliche Leidenschaft

Wenn Sie die bisherigen Beispiele betrachten, wird klar: Es gibt einen roten Faden, der sich durch unser Liebesleben zieht und der so unverwechselbar ist wie unser Fingerabdruck.

Doch was ist mit den Menschen, die in ihren Beziehungen ganz unterschiedlich sind? Die zwei Frauen oder zwei Männer gleichzeitig lieben, und zwar jeden auf seine ganz eigene Art und Weise? Oder die sich nacheinander in verschiedenen Beziehungen völlig unterschiedlich geben?

Dafür ist Matthias, der Rechtsanwalt, ein gutes Beispiel, denn er kennt zwei Muster von Beziehungen. Bevor Kerstin seine Freundin wurde, war er mit einer hilfsbedürftigen, sensiblen Frau zusammen, die gerade in einer schwierigen Lebenskrise steckte. Matthias trat als Helfer auf und brachte viel Energie auf, um die Frau zu beraten und zu trösten. In dieser Zeit fühlte er sich sehr lebendig. Das wirkte sich auch auf die Leidenschaft aus: »Ich komme einfach nicht von ihr los. Der Sex mit ihr ist wie eine Droge. So etwas habe ich noch nicht erlebt ...«, verriet damals der sonst so nüchterne Matthias. Die besondere Situation einer neuen Liebe fachte das Feuer zusätzlich noch an.

Doch die Euphorie dauerte nicht lange. Schon nach wenigen Monaten meldete sich der Verstand von Matthias wieder zu Wort. Gleichzeitig rief auch sein Körper um Hilfe, denn die Aufregung zehrte an ihm. Er konnte kaum noch schlafen und sich nur mit Mühe auf die Arbeit konzentrieren. Kurz darauf erwachte Matthias aus dem Liebestaumel und beendete die Beziehung.

Matthias kennt aber auch ein anderes Beziehungsmuster: Mit seiner Exfreundin Gisela und auch seiner jetzigen Freundin Kerstin sind die Beziehungen viel vernünftiger. Kerstin passt in jeglicher Hinsicht besser zu ihm als die Frau, mit der er leidenschaftlichen Sex hatte. Sie ist gebildet, erfolgreich, unkompliziert, und vor allem hat sie ihr Leben im Griff. Während Matthias sich nach den komplizierten Frauen förmlich verzehrte, ist er Frauen wie Kerstin gegenüber sehr gelassen. Er legt Wert auf eine gewisse Unabhängigkeit und geht an der Seite der Frau ungestört seiner Arbeit nach. Die Beziehung funktioniert unaufgeregt. Doch das hat auch gewisse Nachteile für Matthias: Die Leidenschaft fehlt. Es wäre perfekt, wenn er irgendwann einer Frau begegnet, die sowohl alltagstauglich ist als auch die Leidenschaft in ihm entfacht.

Diese Synthese der alltagstauglichen Leidenschaft gibt es übrigens häufiger, als man denkt – als zwei scheinbar widersprüchliche Eigenschaften, die auf wunderbare Weise zusammenkommen. Der aufregende Fels in der Brandung. Die erotische, treue Gefährtin.

Hier noch ein anderes Beispiel für die verschiedenen Beziehungsmuster eines Menschen: Anton, der Mann von Monas Freundin Susanne, hatte früher viele oberflächliche Beziehungen. Seit er Susanne kennt, ist er wie ausgewechselt: treu, verbindlich, ein begeisterter Familienvater. Er verkaufte, ohne nachzudenken, seinen roten Porsche Baujahr 1968 und ersetzte ihn durch einen familientauglichen Peugeot-Kombi. Was meinen Sie: Ist seine Wandlung beständig, oder bricht er irgendwann aus? Hat er in Susanne die Frau gefunden, auf die er lange gewartet hat und für die es sich lohnt, sesshaft und etabliert zu werden? Das kann heute keiner wissen – die Zukunft wird es zeigen.

Wie ist es bei Ihnen mit den Widersprüchen in der Liebe? Waren Sie stets derselbe? Oder haben Sie schon überraschende Brüche erlebt? Gibt es Seiten an Ihnen, die immer gleich sind, und zugleich andere, die sehr stark schwanken können?

Es lohnt sich, diese Fragen genauer zu betrachten.

## Same same, but different

Wer durch Asien reist, kann gelegentlich den Satz »Same same, but different« hören. Er wird gerne benutzt, wenn ein Verkäufer versucht, einem Kunden etwas Zusätzliches aufzuschwatzen, zum Beispiel ein zweites Hemd oder einen zweiten Kurztrip. Ein Verkaufsargument ist, dass die Ware der ähnelt, die man schon hat, und einem deshalb gefallen soll. Das zweite Verkaufsargument ist, dass die Ware aber irgendwie doch auch anders ist und man sie deshalb am besten gleich dazukauft. Übersetzt hieße das in etwa: »Gleich, aber doch irgendwie anders.«

Dieser Ausspruch passt ganz gut zur Liebe. Auch wir sind immer »same same, but different«. Irgendwie gleich, irgendwie doch immer wieder neu. Einige Bereiche der *Lovely Nine* sind bei uns immer gleich, wie ein roter Faden. In anderen sind wir mal so, mal so. Wie Anna.

Anna ist die geborene Verführerin. Dank ihrer spanischen Mutter ist sie sehr attraktiv und hat dazu noch das gewisse Etwas. Anna hat leichtes Spiel bei den Männern und genießt eine unverbindliche Liebelei nach der anderen. Wer einmal von Anna auf dem Konferenztisch verführt wurde, wird das nicht so schnell vergessen.

Nicht nur in Beziehungen ist Anna sehr umtriebig. Sie reist auch gerne mit ihren Freunden in exotische Länder, liebt ausgiebige Café-Aufenthalte und steht auf Partys immer im Mittelpunkt, denn der Gesprächsstoff geht ihr quasi nie aus. Am Anfang einer Beziehung glaubt Anna oft, dass es mit dem neuen Freund diesmal etwas anderes, Ernsthafteres sei. »Er nimmt mich so, wie ich bin«, sagt sie dann. Kurz darauf beginnt sie aber, parallel nach neuen Eroberungen zu suchen.

Dieses Muster zieht sich durch alle ihre Beziehungen. Möglicherweise kopiert sie dabei das Muster ihrer Mutter, die in einer alternativen Wohngemeinschaft lebte und viele wechselnde Partnerschaften hatte. Halten wir also fest: Anna ist immer polygam. Das ist bei ihr das »Same same«. Was aber ist bei ihr »different«?

Annas Bedürfnis nach Nähe hängt stark davon ab, was ihr Freund macht. Ihr Exfreund Mark sah Anna als bunten Paradiesvogel, den er ganz für sich haben wollte. Nach seinen präzisen Planungen wollte er im Alter von 30 Jahren mit Anna verheiratet sein und ein Kind mit ihr haben. Mark war zielstrebig, erfolgreich und liebevoll. Aber genau das war das Problem. Er konnte Anna mit ihrem Lebenshunger kein Gefährte sein. Denn Anna wollte nicht ankommen, sondern weiterlaufen. Durch Mark fühlte sie sich in die Enge gedrängt. Sie sah sich daher wieder nach anderen Männern um. Dieses Muster kannte sie bereits aus anderen

Beziehungen, die ihr zu wenig Spannung und Abenteuer lieferten.

Mit Felix war es völlig anders. Felix drehte Dokumentarfilme in Kambodscha oder Peru. Wenn er in Deutschland war, schrieb er Drehbücher in seinem geräumigen Loft oder traf sich mit spannenden Freunden, fast ausnahmslos Schauspielern und Künstlern. Felix verdrehte Anna so richtig den Kopf, denn er war noch ungebundener und aufregender als sie selbst. Und er hatte ein viel zu erfülltes Leben, um sich selbst an Anna zu binden. Im Gegenteil: Sie musste sich sogar bemühen, um ihn überhaupt zu fassen zu bekommen. Er löste bei Anna Wünsche aus, die sie zuvor noch nicht erlebt hatte. Sie war fast süchtig danach, sich mit Felix zu treffen, und hielt sich bewusst Zeit frei, um ihn zu sehen.

Nicht bei allen Menschen ist das Bedürfnis nach Nähe so unterschiedlich wie bei Anna. Stefan braucht zum Beispiel immer viel körperliche Nähe. Er ist stets bereit für eine Umarmung und schläft nachts nur eng umschlungen mit seiner Frau Mona wirklich gut. Das war auch mit seinen Exfreundinnen so.

Dafür kennt Stefan andere unterschiedliche Facetten in sich. Bei Kontroversen mit früheren Freundinnen wie Claudia ging es hoch her. Sie provozierte ihn und verstand es meisterhaft, das gleiche Reizthema immer wieder anzusprechen. Beide stritten dann lange weiter, weil jeder von ihnen darauf wartete, dass der andere seinen Fehler endlich einsah. So vergingen viele Nächte, bis Stefan sein Bettlager aufs Sofa verlegte – der Anfang vom Ende ihrer Beziehung.

In Stefans Partnerschaft mit Mona hingegen ist so etwas noch nie passiert. Wenn es Unstimmigkeiten gibt, reden beide ruhig darüber. Es wird genau besprochen, wie sich jeder fühlt. Persönliche Angriffe bleiben dabei die Ausnahme.

Dann gehen sich Mona und Stefan bewusst einige Stunden aus dem Weg, und das Thema kann von jedem sozusagen verarbeitet werden. Danach findet eine Annäherung statt, und beide setzen die besprochene Lösung um.

Stefan ist also immer »same same«, was seinen Wunsch nach körperlicher Nähe betrifft, auch wenn sein Wunsch nach Zärtlichkeit ihm nicht immer erfüllt wird. Sein Konfliktverhalten indes ändert sich nach dem Motto: »Wie man in den Wald ruft, so schallt es zurück.« Begegnet man Stefan unnachgiebig, kämpft er mit harten Bandagen. Lässt man ihn zu Wort kommen, ist er recht diplomatisch.

## Die Dynamik steckt im Paar

Je nachdem, welche Knöpfe seine jeweilige Partnerin bei Stefan gedrückt hat, erlebte er seine Beziehungen völlig unterschiedlich. Woran liegt es, wenn eine Verhaltensweise oder ein Gefühl vom Partner abhängt? Psychologen sprechen bei diesem Phänomen von »Paardynamik«. Wir alle haben mehrere Seiten in uns: eine friedliche und eine aggressive, oder eine alberne und eine gereizte Seite. Je nachdem, was unser Partner mit uns macht, bringt er eine dieser Seiten zum Vorschein.

So eine Dynamik sieht man auch bei Sebastian und Jana. Er kann seinen Träumen wunderbar nachhängen. Sie erledigt die alltäglichen Dinge effektiv und schnell. Und so ist im Handumdrehen der Urlaub gebucht oder die Heizung repariert. Hätte Sebastian eine Partnerin, die genauso verträumt wäre wie er, würde er vermutlich selber eher aktiv werden. Zugleich ärgert sich Jana über ihren lebensfremden Freund und wird dadurch tüchtiger und schneller, denn sie ist der Überzeugung, dass sonst gar nichts vorwärtsgeht. Hätte Jana einen ähnlich zupackenden Partner, könnte sie lernen, auch einmal die Kontrolle abzugeben.

Auch Sylvia hat erlebt, dass ihre Partner unterschiedliche Dinge aus ihr herausgekitzelt haben. Mit Dominik hat sie sich sehr sicher gefühlt. Er war liebevoll und immer für sie da. Viele spannende Dinge haben sie jedoch nicht unternommen. Dann kam Ralf. Er war beeindruckt von ihrer Familie, und das beruhte auf Gegenseitigkeit. Sie diskutierten über Politik, Kultur und die Arbeit. Aber sie sahen sich selten und lebten nebeneinander statt miteinander. Schließlich war da Tobias. Er brachte sie dazu, auch einmal das Steuer seines Segelbootes zu halten oder in der Firma deutlicher den Mund aufzumachen.

Wenn Sylvia überlegt, wen von den dreien sie am liebsten mochte, lautet die Antwort: »Eigentlich Tobias, weil er eine Seite in mir verstärkte, die mir guttat. Mit ihm konnte ich viel lachen, das Leben genießen und irgendwie die Zeit anhalten. Diesen Zustand kannte ich von meinen Eltern nicht. Mit Tobias konnte ich meine vernünftige und zielorientierte Seite problemlos in Schach halten. Das tat sehr gut.«

## Reagiert da etwas?

Was bedeutet es, dass Sylvia sich in ihren Beziehungen so unterschiedlich fühlte und verhielt?

Es zeigt, dass wir tatsächlich keineswegs Automaten sind,

die auf einen bestimmten Reiz hin stets die gleiche Reaktion ausführen. Wir interpretieren und bewerten vielmehr zunächst die Situation und handeln erst danach.

Wie unterschiedlich die Reaktion auf ein und dasselbe Verhalten sein kann, zeigt sich bei Anna. Sie macht klare Ansagen, und wenn ihr Partner dann nicht mitspielt oder etwas anderes vorhat, wird sie ungeduldig und wütend. In einer solchen Situation dachte ihr Freund Felix: »Halb so wild. Das gibt sich gleich wieder.« Er blieb gelassen und entschied je nach Stimmung, ob er Annas Wunsch nachkommen wollte oder nicht. Manchmal salutierte er einfach und schnarrte: »Jawoll, mein General, Ihr Wunsch ist mir Befehl.« Somit entschied er sich für Konfliktbewältigung der Sorte C: Chill out & Keep cool.

Jim, ein anderer von Annas zahlreichen Verflossenen, wollte sich hingegen von seiner Freundin auf keinen Fall auf der Nase herumtanzen lassen. Für ihn waren ihre Wutanfälle pure Provokation, und er dachte: »Das lasse ich mir nicht bieten. Ich werde ihr zeigen, wer hier das Sagen hat.« Das führte zur Konfliktbewältigung der Sorte A: Angriff und Anschreien.

Unsere eigene Bewertung der Situation ist also maßgeblich für unsere Reaktion. Es gibt aber noch einen anderen Grund, der zeigt, dass wir nicht nur einfach auf unseren Partner reagieren, sondern eine Beziehungspersönlichkeit haben. Denn das, was nicht da ist, kann ein Partner natürlich auch nicht aus dem anderen herauskitzeln. Der sensible Karl wird niemals ein heißblütiger Latin Lover, selbst wenn er sich noch so anstrengt. Und Anna wird wahrscheinlich nie zur klassischen Hausfrau, die das Reihenhaus ihrer Kleinfamilie regelmäßig den Jahreszeiten entsprechend umdekoriert.

Allerdings können unsere Partner etwas betonen, das schon in uns ist. Sie küssen es wach oder kitzeln es heraus, wie verschiedene Fotografen das gleiche Modell unterschiedlich in Szene setzen können. Sylvia sagte irgendwann den entscheidenden Satz: »Eigentlich geht es in einer Beziehung darum, jemanden zu finden, der das hervorbringt, was man gerne sein möchte – der einen ins richtige Licht rückt.«

## Den nehme ich zum Üben

Wir haben unterschiedliche Veranlagungen in uns, die man mit verschiedenen Rollen vergleichen kann, die ein Schauspieler spielen kann. Welche Rolle in der Liebe guttut, lernt man durch Erfahrung. Gerade wenn wir noch unerfahren in der Liebe sind, probieren wir uns oft aus, so wie Jugendliche, die Kleider und Frisuren testen.

Auch Sylvia hat den kühlen Alexander ausprobiert und anschließend aussortiert. Sie hat mit ihm erfahren, wie es ist, sich abhängig zu fühlen. Das gefiel ihr nicht und passte auch nicht wirklich zu ihr. Sylvia hat also einmal probeweise die falsche Rolle gespielt. Dadurch konnte sie sich in der folgenden Beziehung wieder selber treu werden (und war nebenbei fortan gegen Männer wie Alexander »geimpft«).

Wie ist es eigentlich bei Ihnen? Welche Fehler möchten Sie nicht wiederholen und was nicht noch einmal erleben? Und wo sind Sie selbst in Beziehungen »Same, same but different«?

### ♥ ÜBUNG
**Die Expartner halten den Spiegel vor**

Schauen Sie sich Ihre Beziehungserfahrungen an. Denn Ihre Beziehungspersönlichkeit offenbart sich am besten in der Gegenwart von denen, die Sie beim Lieben hautnah miterlebt haben: bei Ihren Expartnern. Niemand ist besser in der Lage, Ihnen einen Spiegel vorzuhalten.
Für die folgende Übung brauchen Sie nicht die Adressen Ihrer Expartner herauszufinden. Sie können es sich einfach in Ihrem Sessel bequem machen und die Übung in Gedanken durchführen.

- Reisen Sie in Gedanken zu Ihrer ersten Liebe zurück, und lassen Sie die Beziehung vom ersten Treffen bis zur Trennung langsam, Woche für Woche und Monat für Monat, vor ihrem geistigen Auge ablaufen. Erinnern Sie sich möglichst genau an die guten Momente: an die Umarmungen, die Körperlichkeit und den Sex, an gemeinsame Unternehmungen, Gespräche, an den Humor und die Leichtigkeit Ihrer Beziehung. Denken Sie aber auch an die Probleme: an die Konflikte und wie sie ausgetragen wurden, an negative Gefühle wie Enttäuschung, Eifersucht und Traurigkeit.
- Sehen Sie sich dabei einmal ganz in Ruhe durch die Augen Ihres Expartners und betrachten sich auf diese Weise in alltäglichen Situationen, aber auch in den entscheidenden Momenten. Was sehen Sie, wenn Sie die Perspektive Ihres Expartners einnehmen? Fragen Sie ihn bzw. sie in Gedanken:
- Wieso hast du dich gerade für mich entschieden. Was hast du gesucht? Wie hast du mich erlebt?
- Was hast du am meisten an mir gemocht oder sogar bewundert?

- Was an mir hat dir am meisten Probleme bereitet?
- Wodurch habe ich dich verletzt, frustriert, verärgert?
- Was muss ich an mir verändern, damit es mir zukünftig in Beziehungen gutgeht?

Schreiben Sie bitte Ihre Erkenntnisse auf. Wiederholen Sie diese Übung mit den darauffolgenden Partnern, bis Sie bei Ihrer letzten Beziehung angelangt sind.

Als nächsten Schritt können Sie diese Übung noch einmal wiederholen, dabei aber die Perspektive wechseln. Schauen Sie diesmal nicht durch die Augen Ihrer Partner, sondern bleiben Sie bei sich und Ihren Gefühlen. Vollziehen Sie also nach, wie Sie selbst die Beziehungen erlebt haben. Schreiben Sie auf, welche typischen Gefühle Sie in Beziehungen hatten.

Welche extremen Prägungen brachten Sie in Paarbeziehungen mit? Welche davon erwiesen sich als Belastung, welche haben Ihre Beziehung bereichert?

**Wie ähnlich waren Sie sich in all Ihren Beziehungen hinsichtlich der folgenden Eigenschaften?**

| | immer gleich | eher gleich | eher verschieden | völlig verschieden |
|---|---|---|---|---|
| In Ihrer Zärtlichkeit und sexuellen Lust? | ☐ | ☐ | ☐ | ☐ |
| In Ihrem Sinn für Romantik? | ☐ | ☐ | ☐ | ☐ |
| In Ihrer Fürsorge und Hilfsbereitschaft für den Partner? | ☐ | ☐ | ☐ | ☐ |

| | | | | |
|---|---|---|---|---|
| In Ihrer Gesprächigkeit und Offenheit gegenüber Ihrem Partner? | ☐ | ☐ | ☐ | ☐ |
| In Ihrer Art zu streiten? | ☐ | ☐ | ☐ | ☐ |
| In Ihrer Dominanz bzw. Bereitschaft zur Unterordnung? | ☐ | ☐ | ☐ | ☐ |
| In Ihrer Tendenz, sich sicher und geborgen in der Partnerschaft zu fühlen? | ☐ | ☐ | ☐ | ☐ |

Die Tabelle können Sie nun anhand der folgenden Fragen auswerten:

- Wo sind Sie sich in Beziehungen immer wieder ähnlich, wo unterschiedlich?
- Woran lag es, dass Sie sich sehr unterschiedlich verhalten haben? Was hatte Ihr Partner damit zu tun, was Sie selbst?
- Schreiben Sie auf, welche Beziehungserfahrungen Sie nie wieder machen werden. Was haben Sie daraus gelernt?
- Formulieren Sie nun eine ehrliche Kontaktanzeige.

Zum Beispiel verrät Marlene in den sehr amüsanten *Ehrlichen Kontaktanzeigen* der Zeitschrift *Neon* (November 2009): »Ich wirke wie eine Tussi, die sich nur für Kleidchen und beruflichen Erfolg interessiert. Auf 10-Zentimeter-Absätzen stolziere ich durch die Welt und finde Jungs schnell nervig oder schlecht angezogen. (…) Ich bin gar nicht so selbstsicher. Eher verzweifelt auf der Suche nach einem Mann, der

mit mir und meinem dualen Vollzeitstudium (...) klarkommt. (...) Und schlafen kann ich nur in bunten, ausgeleierten Baumwollschlüpfern. Sieht überhaupt nicht adrett aus.«
Beschreiben Sie einmal so unverblümt wie Marlene, wie Sie selbst in Beziehungen überhaupt sind. Was ist Ihre Besonderheit im Positiven und im Negativen?

**TIPP!**
**Machen Sie den Test**

Durch diese Übung haben Sie sich Ihrer Beziehungspersönlichkeit schon etwas angenähert. Wir schlagen an dieser Stelle vor, dass Sie jetzt noch einen Schritt weitergehen und den großen Test zur Beziehungspersönlichkeit ab Seite 277 ausfüllen. Dabei können Sie gleich erkennen, inwieweit Ihr Selbstbild durch den Test bestätigt wird.

## Wie finde ich den richtigen Partner, der meine Beziehungspersönlichkeit ergänzt?

JULIA: »Mein Traummann muss aussehen wie Hugh Jackman, der ›Sexiest Man Alive‹.«
SANDRA: »... oder notfalls auch wie George Clooney.«
JULIA: »Er sollte beruflich erfolgreich und steinreich sein.«
SANDRA: »... aber wenig arbeiten und viel Zeit mit mir verbringen.«

JULIA: »Sein Wesen ist ausgeglichen, er ist intelligent und der perfekte Zuhörer. Sein Humor und sein charmantes Lachen sind umwerfend.«
SANDRA: »Er engt mich nicht ein und lebt ein spannendes Leben mit vielen Freiräumen. Zudem lässt er für mich alles stehen und liegen, wenn ich ihn sehen möchte.«
JULIA: »Außerdem wandert er mit mir durchs Gebirge, spielt Cello oder Klavier und kocht annähernd so gut wie Mutter und Oma.«
SANDRA: »Und natürlich ist er absolut immun im Hinblick auf andere Frauen …«

So oder so ähnlich verläuft ein nicht ganz unübliches Gespräch zwischen zwei Frauen, wenn sie sich bei einem Glas Rotwein über die Eigenschaften eines Traummannes austauschen – die Autorinnen dieses Buches eingeschlossen, wie man sieht. Das Dumme ist nur: Wir haben einen solchen Mann noch nicht kennengelernt. Wir befürchten, dass es diesen Mr Perfect gar nicht gibt.

Ist es überhaupt sinnvoll, sich einen Traummann (oder eine Traumfrau) auszumalen und dann gezielt danach zu suchen? Einerseits sollte man realistisch bleiben. Andererseit: Ohne passenden Partner ist die Liebe unmöglich – das weiß jeder, und auf diesem Planeten laufen einige Milliarden Männer und Frauen herum – Tendenz zunehmend. Die Auswahl ist also enorm. So gesehen sollte man schon wissen, wen davon man sich an seiner Seite vorstellen kann.

Doch wie findet man den Traummann oder die Traumfrau, mit dem oder der die Liebe so einfach wäre? Wovon träumen Sie? Oder haben Sie etwa schon den perfekten Partner an Ihrer Seite? Dann können Sie getrost zum nächsten Kapitel blättern.

Falls nicht, sollten Sie darüber nachdenken, was Sie auf der Suche nach dem perfekten Partner besonders beachten können.

♥ **ÜBUNG**

**Die optimalen Eigenschaften des Partners**

Kreuzen Sie in dem Beziehungspersönlichkeitsprofil auf Seite 292 mit einem Stift in einer anderen Farbe an, welche Eigenschaften der Beziehungspersönlichkeit Ihr Traumpartner haben sollte.

Was meint die Psychologie zu der Frage, wer zu wem passt? Ein Zweig der Psychologie nennt sich Attraktionsforschung und beschäftigt sich seit vielen Jahren mit diesem Thema. Dabei haben sich einige Strategien bei der Partnerwahl als besonders günstig erwiesen. Sie können Ihnen helfen, auch in verliebtem Zustand den Kopf eingeschaltet zu lassen und sowohl sich als auch dem Partner einige wichtige Fragen zu stellen. Denn die Partnersuche ist erfolgreicher, wenn Sie sie mit dem Herz *und* dem Verstand erleben.

## Strategien der Partnersuche

### Reicher Mann sucht schöne Frau

Wenn die Evolutionspsychologie die Liebe erklärt, beruft sie sich gern auf Mechanismen aus der Steinzeit: Der Mann fängt die Mammuts und schleift sie nach Hause, die Frau sitzt am Feuer oder sammelt Beeren. Weil eine Frau deutlich mehr Zeit in das Gebären und die Aufzucht eines Kindes investiert als der Mann, der innerhalb von zwei Minuten ein Kind zeugen kann, sind die Frauen bei der Partnersuche viel kritischer. Kurz: Frauen suchen den Besten, Männer nehmen manchmal auch die Nächstbeste.

Die Aufgabe der Frauen ist es daher, sich starke Männer zu suchen, die treu sind und ausreichend Ressourcen zur Verfügung stellen können. So erhöhen sie die Chance auf einen zuverlässigen Versorger und Beschützer für sich und die Kinder. Der Mann hingegen benötigt in erster Linie eine gebärfähige Frau, um seine Gene weitergeben zu können. Sie sollte ebenfalls treu sein, damit seine mühsam gejagten Mammuts nicht an die Sprösslinge eines Nebenbuhlers verfüttert werden.

Die Treue der Frau kann ein Mann laut dem evolutionspsychologischen Modell am besten an ihrer schlanken Taille erkennen. Mit einem Taillenumfang von 60 Zentimetern sei es schwierig, über längere Zeit unentdeckt das Kind eines Rivalen in sich zu tragen. Und die Gebärfähigkeit der Frau sehe man an roten, üppigen Lippen, strahlenden Augen, dicken Haaren und straffer Haut.

Es wird Sie nicht viel Mühe kosten, diese Theorie in kürzester Zeit zu zerpflücken. Es mag zwar heute noch viele Frauen geben, die sich von Reichtum und Macht eines Mannes beeindrucken lassen. Es gibt aber zu viele Ausnahmen, um aus dieser Theorie eine allgemeingültige Regel für die Partnerwahl zu machen.

Denken Sie an die Menschen, denen es nicht allein um das Kinderkriegen geht. Beziehungen zu Frauen jenseits der Wechseljahre wären ebenso sinnentleert wie homosexuelle

Partnerschaften. Beziehungen zu zeugungsunfähigen oder -unwilligen Menschen würden wenig Sinn ergeben. Und wer in eine gute Beziehung zu den Kindern des Mannes oder der Frau aus einer anderen Beziehung investiert, würde abwegig handeln und seine Ressourcen vergeuden. Wir können also folgern: Entweder diese Menschen irren sich alle – oder die Evolutionspsychologie irrt sich.

Sehen wir es einfach so: Die Steinzeit ist vorbei. Wir Menschen sind heute zu vielseitig für starre Theorien und suchen unsere Partner nach sehr viel komplexeren Kriterien aus.

Allerdings gibt es immer noch Menschen, die sich allein von Geld und Attraktivität beeindrucken lassen. Nicht selten führt das zu vielen Spannungen, wie der nächste Abschnitt zeigt.

## Die Eigenschaften zählen

Schönheit zeigt sich auf den ersten Blick. Deshalb ist sie ein untrügliches Argument für (oder auch gegen) einen Menschen. Um jedoch die Seele kennenzulernen, benötigen wir viel mehr Zeit, und es ist natürlich auch komplizierter als der Blick auf einen knackigen Po oder in ein Paar schöne Augen.

Doch auch wenn Sie aufgrund seiner oder ihrer Attraktivität sofort dahinschmelzen, atmen Sie bitte erst einmal tief durch und bewahren Sie Ruhe. Versuchen Sie, die Persönlichkeit hinter der schönen Fassade zu betrachten. Der Grund dafür ist ganz pragmatisch: Die inneren Werte Ihres Partners begleiten Sie nämlich viele Jahre – auch dann noch, wenn die äußeren Werte möglicherweise schon längst vergangen sind.

Können Sie sich vorstellen, Ihr Leben mit einem zwar gutaussehenden, aber überempfindlichen Einzelgänger zu verbringen? Oder mit einer nörgelnden Diva, die Sie intellektuell unterfordert? Vielen Studien zufolge wünschen sich Menschen in allen Kulturen der Welt einen Partner, der vor allem folgende Eigenschaften hat: Er sollte zuverlässig, ausgeglichen, intelligent sowie liebevoll sein und ein angenehmes Wesen haben. Mit einem Partner wie diesem schlagen Sie gleich zwei Fliegen mit einer Klappe. Er ist gut für Sie, und er würde bestimmt auch Ihren Eltern gefallen.

Doch wie setzt man diese Erkenntnisse in die Praxis um? Es ist zweifellos keine gute Idee, bereits zum ersten Treffen einen Persönlichkeitstest mitzubringen. Aber auch wenn es etwas unromantisch klingt: Bewahren Sie von Beginn an einen kühlen Kopf, und lassen Sie sich beim Kennenlernen viel Zeit. Peilen Sie den Beziehungspersönlichkeitstest einfach in Gedanken über den Daumen. (Auf welche Eigenschaften Sie dabei besonders achten sollen, erfahren Sie ab Seite 103.)

Hören Sie genau hin, wenn er oder sie von vergangenen Beziehungen erzählt. Ihr erbitterter Rosenkrieg mit dem Exmann ist eine ebenso wertvolle Information wie seine abfälligen Äußerungen über seine vielen flüchtigen Bettgeschichten.

Es lohnt sich auch, hellhörig zu sein, um auf verborgene Eigenschaften zu schließen, die scheinbar nichts mit dem Thema Beziehung zu tun haben. Vielleicht sind seine Zerstreutheit und der ständige Zeitdruck, unter dem er steht, seiner stressigen Phase im Job geschuldet. Auf die Beziehung wirken sie sich trotzdem aus, denn Liebe als hastige Nebenbeschäftigung – das klappt nicht.

Bleiben Sie dennoch fair: Jede positive Eigenschaft, die

Sie sich wünschen, hat natürlich ihre Kehrseite. Wer beruflich sehr erfolgreich ist, investiert in der Regel viel Zeit und Energie in den Beruf, und das geht auf Kosten der Beziehung. Dann haben Sie zwar mit etwas Glück seine Platin-Kredit-Karte zur freien Verfügung, aber am Wochenende möglicherweise einen gestressten oder müden Partner zu Hause. Und wer sehr zärtlich ist und viel Nähe gibt, kann möglicherweise nicht gut alleine sein, ist sehr anhänglich und benötigt viel Zuwendung. Das sollten Sie insbesondere dann bedenken, wenn Sie selbst viele Freiräume brauchen. Und Sie müssen damit rechnen, dass ein sensibler Mann mit ausgeprägter Emotionalität vielleicht auch einmal weint. Die Liste ist endlos.

## Fairer Tausch

Laut diversen psychologischen Theorien, die sich »Austauschtheorie« oder »Equity-Theorie« nennen, geht es bei der Partnerwahl ähnlich zu wie an der Börse: Es gelten die Gesetze der Marktwirtschaft. Studien zufolge haben Menschen ein Gespür für Ihren Marktwert. Dazu werfen sie ihre Attraktivität, sozialen Status, Intelligenz, Geld und ähnliche Attribute in die Waagschale. Denn der beste Fang zählt: Wir möchten jemanden mit einem ähnlichen oder sogar höheren Marktwert finden. Unsere Vorzüge können wir dabei auch gegeneinander aufwiegen. Partner mit einem niedrigeren Marktwert weisen wir jedoch zurück, und so gesellt sich im Endeffekt dann Gleich und Gleich.

Doch wie findet man heraus, ob der oder die Angebetete in der gleichen Preisklasse unterwegs ist wie man selbst?

Im Prinzip funktioniert das ganz intuitiv. Dabei lässt sich

die Attraktivität noch relativ einfach beurteilen, wie eine interessante Studie zeigt: Mehrere Paare schickten einer Universität Fotos, auf denen beide Partner getrennt voneinander abgebildet waren. Studenten sollten diese Fotos nach ihrer Attraktivität benoten. Das Ergebnis war erstaunlich. Bei den meisten Paaren erhielten die Partner jeweils die gleichen Noten, denn in der Regel befanden sie sich optisch in der gleichen Liga.

Auch andere Kriterien, wie zum Beispiel der berufliche Status, der Bildungsgrad, das Einkommen oder die Herkunft, lassen sich gut vergleichen. Schwieriger wird es jedoch, wenn man etwa das Selbstbewusstsein oder die Lebenszufriedenheit vergleicht.

Alles Weitere ist zweifelsohne eine Sache persönlicher Präferenzen: Ihr eleganter Kleidungsstil wird getauscht gegen seine Sportlichkeit, seine Kochkünste gegen ihre Kreativität beim Malen und Schreiben.

Manchmal gibt es dabei spannende Phänomene zu beobachten. Zum Beispiel in der Tangoszene von Buenos Aires. Dort scharen sich oft hübsche junge Tänzerinnen um ältere Männer, die meisterhaft Tango tanzen. Für Frauen, die sich nicht für Tango interessieren, wären diese (oft mittellosen) Männer erotisch etwa so anziehend wie das Sandmännchen, aber für eine Tänzerin haben sie einen hohen Machtwert. Ähnliches gilt sicher auch für andere Fähigkeiten, zum Beispiel im künstlerischen oder sportlichen Bereich.

Wer gegen die Gesetze des fairen Tausches verstößt und sich einen Partner ausgesucht hat, der deutlich attraktiver ist als man selbst, muss einen Ausgleich leisten. Wenn der unscheinbare Mann die schöne Blondine erobern und halten will, muss er ihr einen angemessenen Preis zahlen: Geschenke, Reisen, vielleicht auch Hilfsbereitschaft oder treue Ergebenheit. Im schlimmsten Fall muss er sich vielleicht auch eine schlechte Behandlung gefallen lassen. Wer also nicht zu viel investieren möchte, sollte lieber gleich einen Partner in derselben Preiskategorie suchen.

An diesem Modell ist einiges Wahres dran. Es ist sicher sinnvoll, sich einen Partner aus der gleichen Liga zu suchen, damit es nicht so anstrengend wird, ihn bei Laune und in der Beziehung zu halten.

Doch scheint es nicht immer einfach zu sein, die richtige Liga überhaupt zu ermitteln. So fällt die sportliche Leistungsfähigkeit eines Mannes zum Beispiel unter den Tisch, weil die Frau sich einfach nicht für Sport interessiert und auch die Freikarten für das Stadion nicht zu schätzen weiß. Außerdem ist die Liga, in der man sich bewegt, keineswegs konstant, sondern kann sich mit den Jahren verändern. So gerät die Frau als Hausfrau eventuell aus der Form und interessiert sich zunehmend nur noch für Dinge, die nicht jenseits des engen Horizonts ihres Betätigungsfeldes liegen, während ihr Mann immer erfolgreicher wird und die Welt bereist. Oder umgekehrt: Er verliert seinen schillernden Job als Schauspieler und fährt fortan Taxi. Sind Paare durch solche Veränderungen wirklich plötzlich nicht mehr auf einer Augenhöhe – oder überdauert die Liebe so etwas?

Ein großes Manko dieser Theorie ist zudem, dass sie keinen Hinweis gibt, welchen der vielen potentiellen Partner in der gleichen Liga man sich suchen sollte. Die nächste Strategie gibt da schon mehr Anregungen.

## Gleiche Interessen und Werte sind wichtig

Es kann wahrlich aufregend sein, wenn einem der neue Partner Welten eröffnet, die man vorher nicht kannte. Aber Hand aufs Herz: Wenn Sie sich bisher nicht dafür interessiert haben, einen Baum zu umarmen oder ein American-Football-Spiel zu besuchen, wird wahrscheinlich auch Ihr Partner keine dauerhafte Leidenschaft dafür in Ihnen entfachen können.

Meist sind Dinge, die man am Anfang einer Beziehung am Partner so andersartig und faszinierend findet, genau die Eigenschaften, die einen später stören. Am Anfang ist man fasziniert von ihrer Lebendigkeit und ihrem großen Freundeskreis; man findet es bewundernswert, wie sie auf Menschen zugeht. Nach einiger Zeit jedoch findet man sie oberflächlich und überreizt. Am Anfang ist man begeistert von seiner eleganten Erscheinung und seiner Kenntnis von klassischer Musik und Weinsorten. Später findet man ihn nur noch steif und pedantisch.

Aber übernimmt man nicht viele Eigenschaften von seinem Partner und passt sich im Laufe der Zeit einander immer mehr an?

Leider nicht! Tatsächlich passen wir uns in unseren Persönlichkeiten – und eben auch in unseren Beziehungspersönlichkeiten – nicht einander an. Wir kommen nur miteinander zurecht, wenn wir uns schon vorher ähnlich waren. Und diese Ähnlichkeit bestätigt uns. Denn wer sich ähnlich ist, gibt einander das Gefühl, sich richtig zu verhalten. Meist bedeutet das: »Du machst es richtig, weil ich selbst es genauso machen würde wie du.« Das hören wir doch alle gern. Eine Unterhaltung macht Spaß, wenn der andere auf der gleichen Wellenlänge ist und oft zustimmend nickt. Es verbindet, wenn beide ähnlich fühlen und ähnliche Dinge mögen.

Wenn hingegen die Unterschiede groß sind, entstehen Konflikte. Das Aushandeln von zu vielen Kompromissen führt dazu, dass am Ende keiner zufrieden ist. In seinem Lied *Kompromisse* singt Roger Cicero: »Ich wollte Hamburg, du wolltest Berlin, es wurde Schwerin.« Ein zweifelhafter Kompromiss für die beiden (obwohl Schwerin zweifelsfrei eine Reise wert ist).

Man sollte es allerdings mit der Ähnlichkeit nicht übertreiben. Wenn Partner sich zu stark gleichen, geht Spannung verloren, und das kann zum Beispiel die Sexualität beeinflussen. Diese lebt schließlich von der Neugier und Lust, einen anderen Menschen zu erobern und seine inneren Grenzen für einen Moment zu überwinden.

## Dominanz braucht ihr Gegenteil

Stellen Sie sich vor, es treffen zwei autoritäre Menschen aufeinander, die alles bestimmen wollen und kein »Nein« dulden. Da kann man nur rechtzeitig in Deckung gehen, denn Streit ist hier programmiert.

Ebenso ungünstig ist es, wenn zwei führungsschwache Menschen zusammenkommen, für die es schon eine Herausforderung ist, ein Restaurant auszuwählen. Dann kommt es zu Dialogen wie diesem:

»Worauf hast du Lust?«

»Ooch, sag du erst mal.«

»Ich weiß nicht so recht – hast du eine Idee?«

»Keine Ahnung. Was möchtest du denn?«

»Egal, vielleicht italienisch oder chinesisch?«

»Oder eventuell einen Spanier?«

»Auf welchen hast du denn Lust?«

»Ooch, sag du erst mal ...«

Stellen Sie sich die beiden dann einmal vor, wenn sie aus der Speisekarte das Gericht auswählen ...

Wenn keiner führt und Entscheidungen trifft, schwimmt die Beziehung orientierungslos wie ein Schiff ohne Kapitän. Besser ist es darum, wenn ein dominanter Mensch mit einem Partner zusammen ist, der sich führen lässt. Dann sind die Rollen klar verteilt. Oder wenn beide die Fähigkeit haben, Entscheidungen zu treffen, und gleichzeitig bereit sind, sich auch gelegentlich führen zu lassen. Dann kann mal der eine und mal der andere entscheiden. Vielleicht sind bestimmte Herrschaftsbereiche einfach klar aufgeteilt: Er ist der Urlaubsminister, sie leitet die Behörde für Einrichtung und Gartengestaltung.

## Fazit

Welche Erkenntnisse gewinnen wir durch diese Ergebnisse der Attraktionsforschung? Reichen diese schon, um den passenden Partner auszuwählen? Oder ist das alles nicht etwas dünn und vor allem zu allgemein?

Keine dieser Strategien verrät uns, was der richtige Partner auf jeden Fall bieten muss und in welchen Bereichen man auch Abstriche machen kann. Und Abstriche sind nun mal erforderlich, denn den Traumpartner ohne Makel gibt es einfach nicht. So unromantisch es klingt: Man muss in der Liebe realistisch sein, Prioritäten setzen, verzichten und mit dem Partner immer wieder Kompromisse aushandeln.

Viel zu oft erwarten wir Dinge, die bei genauerer Betrachtung ziemlich paradox sind. Wir brauchen Nähe und Gemeinsamkeit, wünschen uns aber auch genügend Zeit für unser persönliches Leben. Es ist tatsächlich klug, nicht alles mit unserem Partner zu teilen und ihm jeden Gedanken und jede Empfindung mitzuteilen. Oder wir wünschen uns Intimität, Verlässlichkeit und Vertrautheit – doch diese Merkmale taugen eher zu einer geschwisterlichen Liebe und entfachen sicherlich keine erotische Leidenschaft. Der Partner sollte uns überraschen können – in einem ausgefüllten Berufs- und Familienleben ist das allerdings leichter gesagt als getan, abgesehen davon, dass einige Überraschungen auch nach dem passenden Zeitpunkt verlangen. Würden Sie sich freuen, wenn Ihr Partner ungefragt mit einem jungen Hund nach Hause kommt oder Ihnen an genau dem Abend, an dem Sie endlich Ihr Buch weiterlesen wollen, die Augen verbindet und Sie mit unbestimmtem Ziel zum Flughafen fährt …?

Wenn Sie sich über Ihre eigenen Prioritäten Gedanken machen, sollten Sie unbedingt auf die eigenen Sehnsüchte hören. Sylvia zum Beispiel sehnt sich nach Körperkontakt. In ihrer Familie gab man sich die Hand und las den Kindern klassische Kinderliteratur vor, gekuschelt wurde aber wenig. Sylvia lernte den Körperkontakt erst durch Dominik. Er hatte das Herz am richtigen Fleck und schlief nachts am liebsten eng mit ihr umschlungen. Sylvia fühlte sich sehr geborgen bei Dominik. Auch ihre scheue Katze liebte ihn und sprang schnurrend auf seine Brust, weil er so schön streicheln konnte.

Sylvias Eltern verstanden nicht, was Sylvia an Dominik fand. Sie wussten nicht, dass Dominik den Schnurr-Test bestanden hatte. Als gelernter Gärtner passte er nicht in ihre Akademiker-Familie. Und da Sylvia von ihrer Familie geprägt war, störte es sie insgeheim selbst, dass sie mit Dominik nicht wirklich tiefsinnige Gespräche führen konnte und dass für ihn Fußball interessanter war als ein Klavierkonzert.

Das Beispiel zeigt: Wir müssen selbst abwägen, was uns wichtig ist. Allerdings gibt es einen wichtigen Aspekt bei der Partnersuche, auf den Sie unbedingt achten sollten:

**TIPP!**
**Werfen Sie einen Blick auf die Eltern**

Wenn Sie jemanden kennenlernen, so fragen Sie beiläufig nach seiner bzw. ihrer Familie; vielleicht in dieser Form: »Wohnen deine Eltern hier in der Gegend?« Oder: »Wie verstehst du dich eigentlich mit deinen Eltern und Geschwistern?« Hören Sie genau auf die Antworten. Denn das Elternhaus ist der Ort, an dem Ihr Partner gelernt hat, was Liebe bedeutet. Auf diese Weise werden Sie erfahren, was für ihn Zusammenhalt, offene Gespräche, Spaß und Wärme bedeuten – oder aber Sie hören von katastrophalen Erfahrungen mit Ablehnung oder Missbrauch, die dauerhaft Angst, Aggressionen und Misstrauen gesät haben.
Achten Sie unbedingt genau auf diese Signale. Es ist viel Wahres an dem Satz: »Schau dir an, wie er mit seinen Eltern umgeht, dann weißt du, wie er in zwanzig Jahren mit dir lebt.«

Aber abgesehen von diesem Tipp, müssen Sie natürlich selbst entscheiden, was für Sie persönlich wichtig ist. Ein Patentrezept dafür gibt es nicht. Immerhin: Je klarer Sie wissen, was Sie wollen, desto einfacher ist die Suche.

Manchmal stellt man fest, dass man den Richtigen oder die Richtige schon lange im Bekanntenkreis hat, ohne es überhaupt bemerkt zu haben.

Schauen Sie Ihrer Beziehungspersönlichkeit bei der Partnerwahl ganz genau auf die Finger. Sonst übernimmt Ihr Unterbewusstsein die Kontrolle und sucht sich jemanden, der Sie an alte Beziehungserfahrungen erinnert. Das muss aber nicht unbedingt gut sein. Wenn beispielsweise Ihre Mutter Alkoholikerin war, besteht die Gefahr, dass Sie selbst sich unbewusst jemanden mit einer Suchterkrankung suchen. Wenn Ihr Vater die Familie früh verlassen hat und sich nicht um sie kümmerte, könnte Ihr Unterbewusstsein einen bindungsunwilligen Partner auswählen. Die einzige Rettung davor, alte, destruktive Muster zu wiederholen, besteht darin, Ihren *bewussten* Verstand einzuschalten. Machen Sie sich klar, wen und was Sie suchen. Und wenn es nötig ist, bemühen Sie sich, durch viel Selbstreflektion und möglicherweise auch durch eine Psychotherapie Ihre Beziehungspersönlichkeit anders zu programmieren.

## Wie Ihre Beziehungspersönlichkeit Sie bei der Partnersuche steuert

Beobachten wir Sylvia und Anna, die gemeinsam auf eine Benefiz-Party gehen. Ihr Interesse beschränkt sich dabei allerdings nicht nur auf Wohltätigkeit. Schon auf der Hinfahrt ist Anna sehr gespannt: »Mal sehen, was da für Männer rumlaufen. Der Freund von der Veranstalterin ist auf jeden Fall ein echter Hingucker.«

Sylvia ist eher pessimistisch: »Die lassen mich bestimmt nicht mal rein. So wie ich heute aussehe.«

»Wie kommst du denn darauf? Du siehst zum Anbeißen aus. Da ist bestimmt auch irgendein Opernsänger oder Schriftsteller für dich dabei«, entgegnet Anna.

Die Unterschiedlichkeit zwischen den beiden Frauen ist tatsächlich unübersehbar. Anna betritt mit hoch erhobenem Kopf den Raum und strahlt bei allem, was sie sagt und tut, Selbstsicherheit aus. Sylvia ist zwar genauso hübsch, sie lässt jedoch die Schultern etwas hängen und wirkt schüchtern. Sie schaut sich zwar unauffällig nach den Männern um, aber im Gegensatz zu Anna, die jeden sofort anlächelt, blickt sie schnell wieder weg. Hier wirkt die Stimme ihrer Mutter nach, die meinte: »Wenn eine Frau den ersten Schritt auf einen Mann zu macht, zeigt sie, dass sie leicht zu haben ist.«

Anna und Sylvia verschaffen sich zunächst einen Überblick. Fällt ihr Blick das erste Mal auf einen Menschen, reagieren sie in Sekundenschnelle auf bestimmte äußere Reize und stecken ihr Gegenüber in entsprechende Schubladen wie »Attraktiv«, »Uninteressant« oder »Lächerlich«. Gleichzeitig spuckt die Beurteilungsmaschine ihre Ergebnisse aus: »Zu dick«, »Blöder Bart«, »Schon besetzt« oder »Könnte brutal sein«.

An der Bar ist es dann Zeit für eine kleine Beurteilungsrunde.

»Hey, der hinten mit dem schwarzen T-Shirt und der Muskelshow, der wär doch was, oder?«, meint Anna. »Der beschützt dich bestimmt vor den wilden Tieren.«

Sylvia ist skeptisch. »Nee, hast du die Tätowierung am Arm gesehen? Das geht gar nicht. Obwohl der Rest schon ganz nach meinem Geschmack wäre.«

»Wer ist heute in dem Alter denn nicht mehr tätowiert? Und bei dem sieht es sogar passabel aus.«

»Stimmt schon, aber Tattoos sind irgendwie überhaupt nicht mein Ding«, erwidert Sylvia.

Sylvia weiß auch nicht, wer oder was sie hier lenkt. Doch sie könnte sich bewusstmachen, dass ihre bürgerlichen Eltern ganz klare Vorstellungen davon hatten, wie man aussehen darf und wie nicht. Tätowierungen waren etwas, das höchstens die Handwerker oder Bauarbeiter trugen. Sylvia hat diese Ansicht offensichtlich tief verinnerlicht.

Nun schaut Sylvia Richtung Flügel und wird auf den Pianisten aufmerksam. Der spielt nicht schlecht und hat noch andere Vorzüge. Ein Grund, sich mit Anna zu beraten.

»Guck mal unauffällig rüber zum Pianisten. Wie findest du den?«

»Klassetyp. Er guckt auch schon rüber. Treffer, würde ich sagen.«

»Der ist wirklich mein Typ. Dunkle Haare, schöne Augen, und Klavier spielen kann er auch. Zu groß ist er auch nicht. Große Männer sind echt nicht mein Fall.«

Sylvia hat Glück. Der Pianist macht eine Pause, fackelt nicht lange und stellt sich Sylvia als Daniel vor. Obwohl Daniel nicht sagen könnte, warum sie ihm auf Anhieb gefiel, hat seine Beziehungspersönlichkeit unbewusst gute Arbeit geleistet. Zwei Dinge, die ihm bekannt vorkommen, sprechen für Sylvia. Da ist zum Ersten ihre melancholische Ausstrahlung: Sie wirkt etwas verloren. Das bringt Daniel in sein Element: Als jüngster Sohn war er der Familien-Clown und heiterte seine Mutter auf, die schwermütig veranlagt und mit drei Söhnen überfordert war. Daniel spürt außerdem, dass sich Sylvia zurückhaltend und schüchtern bewegt. Sie hält nur flüchtig Augenkontakt und wirkt nervös. Ihre Art signalisiert ihm: »Ich werde dich nie bedrängen.« Das gefällt Daniel, der Angst davor hat, an eine Partnerin zu geraten, die ihn vereinnahmt. Es funkt zwischen den beiden, und mit seiner charmanten Art gelingt es Daniel mühelos, Sylvias Handynummer zu ergattern.

Anna ist in der Zwischenzeit ganz in ihrem Element. Sie hat weder den Sombrero abgelehnt, den jemand ihr aufgesetzt hat, noch die drei Tequilas, die ihr angeboten wurden. Auf dem Weg zur Bar berührt sie wie zufällig einen Mann, mit dem sie von weitem geflirtet hatte. Er nutzt die Gelegenheit und bietet ihr sofort ein Bier an. Doch als Anna seinen Blick sieht und seine Alkoholfahne wahrnimmt, zieht sie sogleich weiter. Denn ihre Beziehungspersönlichkeit hat Alarm geschlagen: Der Mann erinnert sie an einen Freund ihrer Mutter, der nach starkem Alkohol- und Drogenkonsum ihre Mutter und sie tyrannisierte. Anna tritt darum sofort die Flucht an und schaut sich weiter um. Wenn sie mit einem Mann ins Gespräch kommt, erzählt sie von den Highlights ihres Philosophiestudiums und sagt damit indirekt: »Ich bin interessant und intelligent. Ich kann dich geistig anregen oder sogar verführen.« Sie schwärmt vom herrlichen Minzparfait und der warmen Beleuchtung in einem Szene-Restaurant und deutet so an: »Ich bin sinnlich und wach. Warte ab, bis ich dich in den Fingern habe.« Sie erzählt nebenbei von ihren Reisen mit Gitarre im Gepäck und den warmen Abenden in Rom oder Bali. Auch diese Botschaft ist klar: »Ich bin spannend und vielseitig und immer auf der Suche nach neuer Inspiration.«

Ihre Beziehungspersönlichkeit arbeitet routiniert auf Hochtouren, sie funktioniert unterbewusst und so automatisch wie ein Körper, der seine Atmung regelt. Sie wertet die Gesten, die Kleidung, die Körperhaltung und die Stimme jener Männer aus, die in Frage kommen.

Diese Informationen sind bei weitem nicht nur oberflächliche Äußerlichkeiten, sondern liefern wertvolle Aufschlüsse über unser Gegenüber. Bis in die feinsten Nuancen werden der Körper und die Erscheinung eines Menschen von einem Faktor geformt, der nicht zu unterschätzen ist: Es handelt sich um unsere Lebensgeschichte. Dauernd herabgezogene Mundwinkel sprechen eine ebenso deutliche Sprache wie Lachfältchen. Traurige Augen vermitteln eine ähnlich klare Botschaft wie ein routiniertes Lächeln. Die Figur verrät vielleicht »Essen tröstet mich« oder »Ich habe wenig Willenskraft«.

Intuitiv erfassen wir diese Informationen sehr präzise und ziehen daraus unsere Schlüsse. Wir bewerten also schon beim ersten Kontakt mit einem Menschen, welche Art von Liebe er uns geben könnte – ob er unsere Grenzen überschreiten könnte oder uns respektieren würde; ob er Nähe gäbe oder sprunghaft wäre; ob sich alles nur um ihn drehen müsste oder ob er hilfsbereit wäre.

Am Ende der Party hat Anna drei Telefonnummern in der Tasche. Ein voller Erfolg also? Nicht wirklich: Ihre späteren Telefonate offenbaren, dass sie durch die vielen Tequilas ihr Bauchgefühl betäubt hat und etwas vorschnell gewesen ist. Der erste Mann ist verheiratet und sucht unverblümt eine Affäre, der zweite erzählt zu ausschweifend von seiner Leidenschaft für Wrestling. Der Dritte arbeitet zwar wie ihr Exfreund Felix beim Film, allerdings in der Lohnbuchhaltung. All das findet Anna wenig interessant, und sämtliche Nummern wurden umgehend aus ihrem Handy gelöscht.

**ÜBUNG**

**Wie wähle ich meinen Partner aus?**

Wie wählt Ihre Beziehungspersönlichkeit einen Partner aus? Senden Sie dabei die richtigen Signale aus? Und wie bewerten Sie die Botschaften, die Sie erhalten?
Nehmen Sie sich Zeit, um Ihren eigenen Wünschen und Vorstellungen bei der Partnerwahl näher zu kommen.

- Schreiben Sie auf, welche äußeren Aspekte Sie attraktiv finden und welchen Typ Sie bevorzugen. Notieren Sie auch, welche äußeren Merkmale Sie nicht mögen. Warum empfinden Sie manche Merkmale als attraktiv und andere als abstoßend? Können Sie sich erklären, welche innere Bedeutung besondere äußere Merkmale haben? An wen werden Sie dabei erinnert?
- Vergleichen Sie Fotos von Ihren Expartnern. Gibt es äußerliche Ähnlichkeiten zwischen ihnen?
- Erstellen Sie eine Liste mit inneren Werten, die zwischen Ihnen und Ihrem Partner unbedingt übereinstimmen sollten.
- Notieren Sie, welche Persönlichkeitseigenschaften Ihr Partner auf jeden Fall haben sollte und mit welchen Abweichungen Sie sich arrangieren könnten.
- Denken Sie an die Eigenschaften, die Sie an Ihren Partnern nicht mochten und die Sie nie wieder erleben wollen. Versuchen Sie zu ergründen, woher diese Abneigung kommt. Erinnert es Sie vielleicht an jemanden aus Ihrer Familie?
- Haben sich Ihre Vorlieben im Laufe der Zeit verändert? Hat sich auch Ihre Partnerwahl dementsprechend geändert?
- Gibt es bestimmte Probleme, die Ihnen bei Ihren Part-

nern häufiger begegnet sind (z. B. finanzielle Probleme, Neigung zu körperlicher Gewalt, psychische Probleme)? Erinnern diese Probleme Sie an jemanden aus Ihrer Kindheit?

Mit der Beantwortung dieser Fragen könnte Ihnen klarer geworden sein, worauf Sie bei der Partnersuche achten sollten. Je bewusster Sie Ihre Beziehungspersönlichkeit erkennen, desto besser ist das Ergebnis.

Wenn Sie in letzter Zeit Enttäuschungen oder böse Überraschungen erlebt haben, sollten Sie sich in der Anfangsphase mehr Zeit nehmen, um Ihren Partner besser kennenzulernen, bevor Sie eine ernsthafte Beziehung beginnen. Schauen Sie genau hin, und versuchen Sie immer wieder eine Beurteilung, damit Sie Alarmzeichen rechtzeitig erkennen.

Sie können sich dabei auch helfen lassen: Stellen Sie Ihren potentiellen Partner ausgewählten Freunden vor, die eine ausgeprägte Menschenkenntnis haben, und fragen Sie anschließend nach ihrer objektiven Meinung.

Oder schicken Sie selbst klare Signale. Wenn Sie eine eher sensible Romantikerin sind und auf jeden Fall etwas Festes suchen, sollten Sie nicht die unabhängige Rebellin in cooler Lederjacke spielen. Der erste Eindruck entscheidet, und insbesondere bei der Partnersuche im Internet sind ein Bild, auf dem Sie nicht verkleidet sind, und ein ehrlicher, aussagekräftiger Text die ersten Schritte zu einem Partner, der Ihrer Beziehungspersönlichkeit entspricht.

# Eine Formel für das Glück in der Liebe

Um herauszufinden, welche Eigenschaften der Beziehungspersönlichkeit die glücklichen von den unglücklichen Liebenden unterscheiden, wurden in den einleitend erwähnten Untersuchungen fast 300 Paare, also circa 600 Personen, analysiert. Jeder Teilnehmer erhielt zunächst einen umfangreichen Fragebogen zur Beziehungspersönlichkeit. Anschließend absolvierte er zwei Tests zu seiner aktuellen Partnerschaft, die sich mit der partnerschaftlichen Zufriedenheit und dem sogenannten Paarklima befassten. Wichtig für die Untersuchung waren auch persönliche Daten wie das Alter, die berufliche Bildung und das Einkommen sowie weitere Angaben zur Beziehung, zum Beispiel die Dauer der Partnerschaft sowie die Anzahl und das Alter von Kindern.

Aus diesen Daten wurde für jeden Teilnehmer ein sogenannter Glückswert errechnet. Darüber hinaus wurde untersucht, welche Eigenschaften der Beziehungspersönlichkeit unserer Teilnehmer mit diesem Glückswert zusammenhingen. Das Ergebnis war verblüffend. Für das Glück in der Beziehung spielen offensichtlich nur drei Eigenschaften der Beziehungspersönlichkeit eine entscheidende Rolle. Vereint man diese drei Eigenschaften in einer Formel, können damit insgesamt 40 Prozent des Liebesglücks erklärt werden.

Was sind das für besondere Eigenschaften, die so viel Einfluss auf den Erfolg in der Liebe haben? Die so unverzichtbar sind wie das Fundament, die Außenwände und das Dach eines Hauses? Und was ist das Glück in der Liebe überhaupt?

Klären wir zuerst die Frage, wie man das Liebesglück messen kann.

## Wie wird das Liebesglück gemessen?

Wäre es nicht am einfachsten, direkt nach dem Bauchgefühl zu fragen – ungefähr so: »Wie glücklich sind Sie gerade mit Ihrem Partner?« Die Antworten, die man auf diese Frage bekäme, wären vielleicht ehrlich, denn das Bauchgefühl lässt sich schlecht täuschen.

Doch es gäbe einen Haken: Die Antworten wären alles andere als dauerhaft von Bedeutung. War das Glück nach dem gemeinsamen Wochenende am Meer noch intensiv spürbar, so beschleichen einen am Donnerstag schon wieder Zweifel, weil der Partner ohne schlüssige Gründe für den nächsten Abend abgesagt hat. Nach einem Streit denkt man vielleicht sogar an Trennung – und im nächsten Moment genügt eine Umarmung, und man ist mit dem Partner wieder völlig eins. Es ist fast so, als hielte man seine Füße in eiskaltes und seine Hände in fast brühend heißes Wasser. Die Durchschnittstemperatur läge wahrscheinlich bei angenehmen 25 Grad. Wir haben aber bereits festgestellt, dass durchschnittliche Werte keine aussagekräftigen Informationen für diese Untersuchungen liefern können.

Wir brauchen also klare und vor allem dauerhafte Kriterien, um das Glück in einer Beziehung zu messen. Wir können sie auch als Zutaten bezeichnen, die unsere Liebesformel bestimmen. Es handelt sich um:

- **Zärtlichkeiten und Sexualität**: Wie oft berühren Sie sich, und wie angenehm und befriedigend ist das? Sprechen Sie offen über sexuelle Wünsche? Empfinden Sie körperliches Verlangen, zum Beispiel beim Tanzen, einer Massage oder in außergewöhnlichen Situationen? Sind Sie mit Ihrer Sexualität zufrieden?

- **Gespräche und gemeinsame Unternehmungen**: Tauschen Sie sich regelmäßig über Ihre Gedanken, Sorgen und Gefühle aus? Erleben Sie dabei den Partner als angenehmen und unterstützenden Gesprächspartner? Haben Sie Freude an gemeinsamen Unternehmungen, die Sie auch zusammen planen? Haben Sie ein offenes Gesprächsklima, bei dem Sie uneingeschränkt füreinander da sind und Probleme gemeinsam bewältigen?

- **Streitverhalten**: Trägt einer dem anderen alte Fehler aus der Vergangenheit nach? Gibt es heftige Streitigkeiten, bei denen beide Partner am Ende verletzt oder resigniert sind? Gibt es konkrete Lösungen nach einem Gespräch? Entschuldigen Sie sich, wenn Sie etwas falsch gemacht haben?

- **Wie viele Probleme haben Sie?** Zählen Sie alles zusammen, was Ihnen als Paar Sorgen macht: Kindererziehung, Finanzen, Aufteilung der Aufgaben, persönliche Freiheiten, Untreue, Verwandte und Freunde, Umgang mit Alkohol oder Tätlichkeiten.

- **Trennungsgedanken**: Auch der Gedanke, sich trennen zu wollen, sagt etwas über das partnerschaftliche Glück aus. Haben Sie konkrete Trennungsabsichten, oder spielen Sie häufiger mit dem Gedanken an eine Trennung?

- **Glücksgefühl**: Fragen Sie sich einfach, wie glücklich Sie sich jetzt gerade in Ihrer aktuellen Beziehung fühlen.

Aus diesen Antworten lässt sich ein Glückswert errechnen, der ziemlich fälschungsresistent ist. Die Werte zeigen relativ klar, ob man eine gute Beziehung führt oder sich mit Trennungsgedanken trägt.

## 40 Prozent: Das Gerüst einer glücklichen Beziehung

Welche Eigenschaften sind es, die glücklich machen? Menschen, die sich in einer gut funktionierenden Partnerschaft befinden, sind eigentlich nicht reicher, schöner oder intelligenter als andere. Sie verfügen lediglich über bestimmte Eigenschaften.

Legen Sie das Buch kurz zur Seite und machen Sie sich ein eigenes Bild: Denken Sie an glückliche Paare oder das Traumpaar aus Ihrem Bekanntenkreis und an eigene glückliche Phasen in der Liebe. Beantworten Sie dann diese Fragen:

**ÜBUNG**
**Traumpartner**

- Wie müsste jemand sein, der ein richtiger Liebeskünstler ist? Wie verhält er oder sie sich in der Liebe?
- Was ist das Besondere an ihm oder ihr? Wie redet er mit seinem Partner, wie trägt er Konflikte aus, wie viele Freiräume lässt er?
- Was tut er nicht?

Schauen wir nun einmal, wie stark Ihre Vermutungen mit der Glücksformel übereinstimmen:

- Die wichtigste Zutat für das partnerschaftliche Glück ist die Fähigkeit, sich dem Partner zu öffnen, ihm intime Dinge anzuvertrauen und sich auf ihn einzulassen. Es handelt sich um die **Fähigkeit, Vertrauen zu fassen**.
- Die zweitwichtigste Zutat für das Glück in der Liebe ist die **Fähigkeit, Konflikte positiv zu bewältigen**. Dabei gibt es zwei Aspekte:
  a) Menschen, die glücklich in der Liebe sind, zeigen wenig aggressives und impulsives Verhalten. Sie kritisieren weder scharf noch ungerecht, lassen ihre Launen nicht am Partner aus und halten ihre Zunge im Zaum.
  b) Solche Menschen verhalten sich vielmehr konstruktiv und diplomatisch. Sie sprechen Konflikte an, wenn die Situation günstig ist. Ihr Umgangston ist auch dann freundlich und klar. Es geht ihnen nicht darum, recht zu haben; sie sind stets um eine Lösung bemüht.
- Die dritte Zutat ist die **Fähigkeit, Beziehungskonflikte gelassen zu überstehen**, im Gleichgewicht zu bleiben und sich durch Kritik des Partners nicht aus der Bahn werfen zu lassen.

All diese Eigenschaften klingen auf den ersten Blick etwas unspektakulär. Doch wir werden in den Kapiteln *Sicher gebunden, Stabil oder labil* und *Konfliktbewältigung* im zweiten Teil dieses Buches zeigen, warum gerade diese Merkmale eine hohe Wirkung haben.

Wie bedeutend sie sind, zeigt sich auch rein statistisch anhand der Tatsache, dass sie zusammen 40 Prozent des Glücks erklären können. Das ist erstaunlich viel, wenn man bedenkt, dass in den restlichen 60 Prozent die Fülle aller anderen Einflüsse enthalten ist, zum Beispiel finanzielle Not, Jobprobleme, Krankheiten, Interessenkonflikte bei der Rollenaufteilung oder der Verteilung des Geldes sowie Unterschiede bei den anderen Merkmalen der Beziehungspersönlichkeit.

## Überprüfung: Die eigenen Voraussetzungen für das Glück

Rein rechnerisch können Sie selbst herausfinden, wie hoch Ihre Chancen auf eine glückliche Beziehung sind. Es ist sogar relativ einfach, wenn Sie bereits den Test zur Beziehungspersönlichkeit ausgefüllt haben. Anhand des folgenden Beispiels sehen Sie, wie es geht.

### Rechenbeispiel

- Blättern Sie zu der Tabelle mit Ihren Testwerten auf Seite 289. Sie sieht im Prinzip so aus wie die folgende Beispieltabelle, nur eben mit Ihren persönlichen Werten.

| | | | | | | | | | | | | | | | | | | | |
|---|---|---|---|---|---|---|---|---|---|---|---|---|---|---|---|---|---|---|---|
| Frage | 1 | 61 | 2 | 62 | 3 | 63 | 4 | 64 | 5 | 65 | 6 | 66 | 7 | 67 | 8 | 68 | 9 | 69 | 10 |
| Frage | 11 | 70 | 12 | 71 | 13 | 72 | 14 | 73 | 15 | 74 | 16 | 75 | 17 | 76 | 18 | 77 | 19 | 78 | 20 |
| Frage | 21 | 79 | 22 | 80 | 23 | 81 | 24 | 82 | 25 | 83 | 26 | 84 | 27 | 85 | 28 | 86 | 29 | 87 | 30 |
| Frage | 31 | 88 | 32 | 89 | 33 | 90 | 34 | 91 | 35 | 92 | 36 | 93 | 37 | 94 | 38 | 95 | 39 | 96 | 40 |
| Frage | 41 | 97 | 42 | 98 | 43 | 99 | 44 | 100 | 45 | 101 | 46 | 102 | 47 | 103 | 48 | 104 | 49 | 105 | 50 |
| Frage | 51 | 106 | 52 | 107 | 53 | 108 | 54 | 109 | 55 | 110 | 56 | 111 | 57 | 112 | 58 | 113 | 59 | 114 | 60 |
| Summe | **A** 29 | **B** | **C** | **D** | **E** | **F** | **G** | **H** | **I** | **J** | **K** | **L** | **M** | **N** | **O** | **P** 15 | **Q** | **R** 22 | **S** 12 |

*Schritt 1*
Übertragen Sie Ihre Gesamtwerte der Skalen A, P, R und S auf diese Seite. Im vorliegenden Beispiel wären das:

Gesamtwert Skala A: 29 Punkte
Gesamtwert Skala P: 15 Punkte
Gesamtwert Skala R: 22 Punkte
Gesamtwert Skala S: 12 Punkte

*Schritt 2*
Eine Besonderheit müssen Sie beachten: Da die Skalen »Aggressiv-zornig« und »Sensibel-instabil« negativ zu Buche schlagen, müssen Sie umgerechnet werden, indem man den jeweiligen Punktwert von der theoretisch erreichbaren Höchstpunktzahl abzieht. Das ergibt im vorliegenden Beispiel:

Gesamtwert Skala A: 29 Punkte
Gesamtwert Skala P: 36–15 = 21 Punkte
Gesamtwert Skala R: 22 Punkte
Gesamtwert Skala S: 36–12 = 24 Punkte

*Schritt 3*
Wenn Ihr Partner oder Ihre Partnerin einverstanden ist, wiederholen Sie die Schritte 1 bis 3 mit seinen bzw. ihren Werten.

*Schritt 4*
Übertragen Sie die auf diese Weise zustande gekommenen vier Werte nun in die folgende Tabelle – also beispielsweise so:

| Facette | 1. Skala A: Sicher | 2. Skala P: Sensibel | 3. Skala R: Konstruktiv-konfliktlösend | 4. Skala S: Aggressiv-zornig | Summe |
|---|---|---|---|---|---|
| Rechen-beispiel | A 29 | P 21 | R 22 | S 24 | 96 |
| Mein Wert | | | | | |
| Wert meines Partners | | | | | |

Der höchste erreichbare Wert pro Person liegt bei 120 Punkten. Das wäre eine Person, die all diese gewünschten Eigenschaften zu 100 Prozent mitbringt.

Wenn Sie einen niedrigen Punktwert haben (weniger als 72 Punkte), ist dies kein Grund zum Verzweifeln. Jeder kann die Spielregeln der Liebe entwickeln und verinnerlichen, wenn auch nicht von heute auf morgen. Der erste Schritt ist immer, zu wissen, worum es eigentlich geht und was für Sie in der Beziehung wirklich zählt. Sie brauchen Disziplin und Durchhaltevermögen bei dieser Selbstbeobachtung. In den Kapiteln *Sicher gebunden*, *Konfliktbewältigung* und *Stabil oder labil* greifen wir diese Themen noch einmal auf und geben Ihnen dazu einige Tipps und Hilfen.

Wichtig ist in diesem Zusammenhang auch die Frage, inwieweit Ihr Partner diese vier Voraussetzungen erfüllt. Was nützt es, wenn Sie eine ausgeprägte Fähigkeit zur Konfliktbewältigung haben, wenn der Partner beim geringsten Anlass cholerisch wird oder sich bei Kritik drei Tage beleidigt zurückzieht? Nur wenn Sie und Ihr Partner diese Voraussetzungen gleichermaßen mitbringen, haben Sie gute Chancen auf ein Gelingen der Beziehung.

Wenn Sie in einer Partnerschaft leben, Ihr Partner diesen Test ebenfalls ausgefüllt hat und bereit ist, die Ergebnisse mit Ihnen zu vergleichen, so notieren Sie auch seine Werte in der Tabelle. Falls nicht, müssen Sie seine Werte schätzen.

**TIPP!**
**Worauf es ankommt**

Wenn Sie gerade Single sind, sollten Sie bei Ihren zukünftigen Kandidaten verstärkt auf die Eigenschaften *Bindungsfähigkeit, Konfliktfähigkeit und Gefühlsmäßige Stabilität* achten. Schauen Sie sich dazu zunächst im Persönlichkeitstest die Fragen zu den einzelnen Facetten an. Daran können Sie sehen, wie sich diese Facetten in konkreten Verhaltensweisen zeigen. Lassen Sie sich unbedingt Zeit bei der Partnerwahl. Bei den ersten zwei Treffen kann fast jeder die schöne Fassade noch aufrechterhalten. Man zeigt sich ausgeglichen und vertrauenswürdig. Kaum jemand offenbart schon bei der ersten Verabredung seine Art, Konflikte auszutragen. Achten Sie unbedingt auf Ihr Bauchgefühl.

## Die restlichen 60 Prozent

Die Liebesformel erklärt 40 Prozent des Glücks. Was macht man also mit dem Rest, wenn man zu 100 Prozent glücklich werden will? Diese restlichen 60 Prozent sind so individuell wie Ihre Beziehungspersönlichkeit und hängen im Wesentlichen von Ihren Vorstellungen ab.

♥ **ÜBUNG**

**Ihr Traum von der Liebe**

Denken Sie an glückliche Paare aus Ihrem Freundeskreis oder aus Film und Fernsehen. Was genau gefällt Ihnen an diesen Paaren?
Was daran können Sie sich auch für sich selbst vorstellen?
In welchem Rahmen und Umfeld würden Sie in Ihrer Partnerschaft gern leben? Gibt es gemeinsame oder getrennte Wohnungen? In welcher Umgebung liegen diese? Gibt es Kinder?
Wie stellen Sie sich die Qualität Ihrer Verbindung vor? Was unternehmen Sie gemeinsam, und wie ist die Stimmung dabei? Worüber sprechen Sie miteinander? Welche Rolle spielen gemeinsame Freunde?
Lassen Sie einander große Freiräume oder unternehmen Sie das meiste zusammen?
Wie stellen Sie sich die Berührungen und die körperlichen Begegnungen vor?
Wie wirken Sie als Paar von außen?

Bisher haben wir uns damit beschäftigt, wie die Beziehungspersönlichkeit entsteht und wie sie sich verändern kann. Dabei kommen die Facetten zum Tragen, die Sie bereits als die *Lovely Nine* kennengelernt haben. Was es mit diesen wichtigen Bereichen der Beziehungspersönlichkeit auf sich hat und wie sie Sie beeinflussen können, erfahren Sie jetzt.

TEIL 2

# DIE *LOVELY NINE*

# Sicher gebunden? Von der Mutterliebe zur romantischen Liebe

> Mutterliebe ist eine Schlüsselerfindung der Natur, aus der sich alle anderen Formen der Bindung zwischen Menschen entwickelt haben. Sie ist der Ursprung von Mitempfinden, Mitleid, romantischer Liebe zwischen Erwachsenen und auch aller höheren Formen von Geselligkeit.
>
> IRENÄUS EIBL-EIBESFELDT

Ein zartes Rhesusaffenbaby klammert sich an eine Holzpuppe, die von außen weich gepolstert und mit einer flauschigen Decke verhüllt ist. Immer wieder sucht das Äffchen Kontakt zu der Puppe, umarmt sie, wiegt sich an ihrem Körper, kuschelt sich, so gut es geht, in den leblosen Ersatz seiner echten Mutter. Direkt nach seiner Geburt wurde das Affenbaby von seiner Mutter getrennt und fristet sein Dasein jetzt in einem Versuchslabor, in dem das Verhalten von Affen hinsichtlich der Mutter-Kind-Beziehung beobachtet wird.

Wir schreiben das Jahr 1957. Noch geht die Welt davon aus, dass emotionale Bindung vor allem über die Versorgung mit Nahrung erfolgt. Die Experimente mit Rhesusäffchen, die der amerikanische Psychologe und Primatenforscher Harry Harlow in den 50er Jahren durchführt, sollen nicht nur diese Anschauung grundlegend verändern, sondern die psychologische Bindungsforschung wie auch die Kindererziehung revolutionieren.

Paradoxerweise bedurfte es solch grausamer Experimente an Affen, um das Konzept von Bindung und Liebe besser zu verstehen. Harlow ebnete so den Weg für die Abkehr von der bis dato gesellschaftlich anerkannten Härte in der Kindererziehung. Seine Versuche liefen folgendermaßen ab: Den direkt nach der Geburt von ihren Müttern getrennten Affenbabys wurden zwei »Ersatzmütter« dargeboten: eine Drahtfigur, die mit einer Milchflasche ausgestattet war, die die Affenbabys nährte, und eine gepolsterte, weiche Figur. Die Affenbabys suchten die »Drahtmutter« mit der lebenswichtigen Milchflasche nur jeweils kurz zur Nahrungsaufnahme auf und sprangen dann sofort zu der »Stoffmutter«, an die sie sich kuschelten. Harlow stellte fest, dass sich die Äffchen am Tag 17 bis 18 Stunden bei der Stoffmutter aufhielten und weniger als eine Stunde bei der Drahtmutter. Um das Verhalten der Äffchen bei Angst zu testen, erfand Harlow eine mechanische Monsterfigur, die mit lauten Geräuschen, sich bewegenden Armen und einem großen auf- und zuschnappenden Maul mit scheinbar scharfen Zähnen alle Voraussetzungen erfüllte, um den jungen Affen Angst einzujagen. Angesichts dieses diabolischen Monsters flüchteten die Kleinen mit weit aufgerissenen Augen kreischend vor Angst zur Stoffmutter. Wieder ergab sich ein klares Bild: Nicht die nährende Drahtfigur wurde zum Schutz aufgesucht, sondern die weiche Stoffmutter, bei der die Tiere sich durch die Berührung des weichen Stoffes beruhigten. Selbst nachdem die Stoffmutter versuchsweise mit metallischen Stacheln versehen wurde, um eine »böse«, strafende Mutter zu symbolisieren, suchten die Affenbabys immer noch deren Nähe.

Ausgehend davon, dass das Bindungsverhalten von Affen auf den Menschen übertragbar sei, ließen Harlows bahnbrechende Beobachtungen die bisherige Überzeugung, dass die Mutter-Kind-Bindung bloß auf Ernährung basiere, ein für alle Mal hinfällig werden. Stattdessen gab es endlich Beweise dafür, wie wichtig Körperkontakt für die emotionale Bindung zwischen Eltern und Kind ist.

Zuvor war man davon ausgegangen, dass fürsorgliche Eltern ihrem Kind eher schaden als nutzen. Und so wurde seit jeher eine strenge, unnachgiebige Hand in der Kindererziehung propagiert; Verwöhnung und liebevolle körperliche Zuwendung wurden abgelehnt, um die Zöglinge nicht zu verzärteln. »Das übermäßig geherzte Kind hat später schwere Klippen zu nehmen«, warnte der Kinderpsychologe James Watson noch 1928 in einem auflagenstarken Erziehungsratgeber.

Weit gefehlt! Inspiriert durch die Beobachtungen von Harlow und anderen Forschern an Primaten, wurden in den 60er Jahren großangelegte psychologische Studien über die Entwicklung der Bindungsfähigkeit bei Menschen durchgeführt. Man stellte fest, dass das wichtigste Vorhersagekriterium für die psychische Gesundheit und Bindungsfähigkeit eines Menschen in der Feinfühligkeit der Mutter lag. Die Fähigkeit einer Mutter, auf die Bedürfnisse ihres Kindes angemessen einzugehen, ist also ausschlaggebend für die weitere Entwicklung eines jeden Kindes.

So verwundert es nicht, dass die Rhesusäffchen, die von kuscheligen, aber leblosen Stoffmüttern »erzogen« wurden, im Erwachsenenalter sozial inkompetent und ihren eigenen Nachkommen alles andere als feinfühlige Mütter waren.

## Wir sind von Kopf bis Fuß auf Bindung eingestellt

Bindung, so hat sich herausgestellt, gehört zum biologischen Programm. Menschen sind biologisch auf Bindung programmiert. Schon Babys zeigen typisches Bindungsverhalten wie Lächeln, Festklammern und Schreien, sie geben deutliche verbale und körperliche Signale, wenn sie zur Mutter wollen. Dieses Bindungsverhalten ist genetisch vorgeprägt und bei allen Affen- und Menschenkindern zu finden.

Man könnte vermuten, dass Bindung demnach ein allgemeingültiges Programm ist, das bei allen Menschen die gleiche Form annimmt. Dies ist jedoch nicht der Fall. Erst durch die individuelle Interaktion zwischen Kind und Bezugsperson bildet sich der jeweilige Bindungsstil aus.

Der Bindungsstil sagt aus, wie ein Mensch intime Beziehungen gestaltet, ob er Nähe vertrauensvoll zulassen kann oder aus Angst vermeidet bzw. ablehnt. Man fand heraus, dass es drei verschiedene Bindungsstile gibt: einen gesunden, der *sicher* genannt wird, und zwei unsichere Bindungsstile: zum einen den *ängstlich-vermeidenden*, zum anderen den *anklammernden* Bindungsstil. Die in der Kindheit »erlernten« Bindungsstile sind über die Jahre hinweg relativ verlässlich und beeinflussen die Art unserer Bindungen und Beziehungen im Erwachsenenalter.

Immerhin ca. 60 Prozent aller erwachsenen Deutschen haben einen sicheren Bindungsstil entwickelt. Die anderen 40 Prozent der deutschen Bevölkerung tummeln sich in der Gruppe der unsicheren Bindungsstile. Wie genau sich diese Bindungsstile voneinander unterscheiden, erfahren Sie jetzt. Vorhang auf für Mona, Sylvia und Karl.

## Bindungsstile unter der Lupe

»Ich wäre ja sauer auf meinen Mann, wenn er mich so oft alleine ließe«, bemerkt Susann, die bei ihrer Freundin Mona abends zu Besuch ist.

»Ach, sauer war ich nie auf Stefan«, entgegnet Mona. »Ich hab ihn ja so kennengelernt und wusste, dass er viel arbeitet. Klar wäre es schöner, wenn er einen Job mit regelmäßigen Arbeitszeiten hätte, aber so ist es nun mal. Dafür nehmen wir uns an den freien Tagen und Wochenenden richtig viel Zeit füreinander!«

Monas Mann Stefan ist als Arzt beruflich sehr eingespannt und viel weniger zu Hause, als die beiden es sich wünschen. Mona hat sich trotzdem in ihrem Leben gut eingerichtet. Während der Woche kümmert sie sich um die gemeinsame vierjährige Tochter Greta und geht einer Halbtagsbeschäftigung nach.

Es gibt immer wieder Momente, in denen Mona ihren Mann sehr vermisst und sich wünscht, er wäre bei ihr, damit sie gemeinsam den Alltag bewältigen könnten. Besonders abends beim Einschlafen sehnt sie sich nach Stefan und beneidet in solchen Momenten Paare, für die das gemeinsame Einschlafen selbstverständlich ist. Dieses Gefühl kann sie ihm beim abendlichen Telefonat ohne Vorwurf mitteilen. Mona freut sich auf die Wochenenden, die die Familie gemeinsam verbringt, und ist oft ein wenig traurig, wenn Stefan zwecks eines Kongresses für mehrere Tage unterwegs ist. Aber sie kann sich schnell wieder beruhigen, weil sie die gefühlte Sicherheit hat, dass Stefan bald wieder zu Hause sein wird. Mit ihrer gelassenen Haltung vermittelt Mona auch ihrer Tochter ein Gefühl der Sicherheit und Geborgenheit.

An Mona und Stefan sieht man: Beziehungen können räumliche Trennungen gefahrlos überstehen, und man kann miteinander tief verbunden sein – selbst wenn man sich nicht (ständig) sieht.

## Sicher gebunden

Mona ist ein Beispiel für eine Person, die sicher gebunden ist. Sie wurde in ihrer Kindheit von ihren Eltern liebevoll und achtsam versorgt. So hat Mona als Kind das Gefühl von Sicherheit und Geborgenheit entwickelt und gelernt, darauf zu vertrauen, dass ihre Eltern verlässliche Versorger und Bindungspartner sind.

Kinder, die solch optimale Grundbedingungen in ihrer seelischen Entwicklung hatten, entwickeln einen sicheren Bindungsstil, der auch im Erwachsenenleben ihre Beziehungen prägt. Ein Merkmal sicher gebundener Menschen ist zum Beispiel die Fähigkeit, räumliche Trennungen von geliebten Personen relativ unbeschadet zu überstehen. Gefühle der Traurigkeit und Sehnsucht können geäußert werden, jedoch ruft eine zeitlich begrenzte räumliche Trennung keine tiefen Verzweiflungsgefühle hervor. Menschen, die sicher gebunden sind, tragen quasi ein Bild des geliebten Menschen in ihrem Herzen mit sich herum und können die Beziehung deshalb problemlos am Leben halten, auch wenn sie für eine Weile voneinander getrennt sind. »Aus den Augen, aus dem Sinn« stimmt für sicher gebundene Menschen nicht, und auch nach einer Beziehungsenttäuschung gelingt es ihnen leichter, wieder vertrauensvoll eine neue Beziehung einzugehen.

Was aber geschieht, wenn ein Kind von Eltern betreut

wird, die nicht ausreichend feinfühlig auf seine Bedürfnisse eingehen?

## Unsicher gebunden

Unser ganzes Bindungsvermögen und -verhalten ist beeinflusst von unserer ersten Bindung zu unseren ersten Bezugspersonen. Die ersten drei Jahre wirken prägend auf unsere Beziehungsbiographie. Es ist sehr wahrscheinlich, dass wir einen unsicheren Bindungsstil entwickeln, wenn in unserer Kindheit Störungen in der Bindung zwischen uns und unseren Eltern aufgetreten sind.

So können zum Beispiel eine oder mehrere Trennungen von den wichtigsten Bezugspersonen das Vertrauen eines Kindes massiv erschüttern, ebenso wie die Drohung eines Elternteils, die Familie oder das Kind zu verlassen. Schläge, Liebesentzug oder das Vermitteln von Schuldgefühlen, um das Kind zum gehorsamen Funktionieren zu bringen, sind ebenfalls Bindungskiller, die ein Kind verunsichern. Auch die wiederholte Erfahrung eines Kindes, dass es in seinen Bedürfnissen nach Nähe enttäuscht wird, kann zu einem gestörten Bindungsstil führen.

## Ängstlich-vermeidend oder anklammernd?

Psychologen unterscheiden zwischen zwei vorherrschenden unsicheren Bindungstypen: dem *ängstlich-vermeidenden* und dem *anklammernden* Bindungstypen.

Erwachsene, die ein *ängstlich-vermeidendes* Bindungsverhalten an den Tag legen, haben in ihrer Kindheit die Erfahrung gemacht, dass sie sich nicht ausreichend auf ihre Bindungspersonen verlassen konnten. Sylvia wuchs in einem solchen Elternhaus auf. Ihre Eltern arbeiteten viel und gaben Sylvia häufig das Gefühl zu stören. Die kleine Sylvia war neidisch auf ihre beste Freundin, die mit jedem Kummer zu ihrer Mutter gehen konnte. Sylvia hingegen hatte gelernt, sich auf die Zunge zu beißen und ihre Tränen hinunterzuschlucken, wenn sie traurig war. »Meine Eltern merken gar nicht, wie es mir geht. Sie kennen mich gar nicht! Ich glaube, sie wünschten, sie hätten mich nie bekommen. Warum sonst sagen sie dauernd, dass ich sie störe?«, vertraute sich Sylvia einmal weinend ihrer Freundin an.

Die häufige Erfahrung, dass ihre Bedürfnisse nicht gesehen wurden, führte in Sylvia schließlich zu der negativen Erwartungshaltung, dass ihre Wünsche auch in Zukunft nicht erfüllt würden und sie es nicht verdient habe, geliebt und unterstützt zu werden.

Menschen wie Sylvia, die einen ängstlich-vermeidenden Bindungsstil entwickelt haben, sind von ihren Bezugspersonen häufig zurückgewiesen worden. Aus diesem Grund haben sie Strategien entwickelt, mit denen sie ihre Angst vor Ablehnung kompensieren können, zum Beispiel indem sie eine Beziehung aus Selbstschutz eher vermeiden.

So klagt die heute 36-jährige Sylvia ihren Freundinnen häufig ihr Leid, dass sie immer noch keinen Mann gefunden habe, mit dem sie sich vorstellen könne, eine feste Beziehung einzugehen. Als attraktive Frau lernt sie häufig Männer kennen, die sie auf den ersten Blick interessant findet. Meist erlischt jedoch nach kurzer Zeit ihr Interesse, und sie zieht sich von ihren Bekanntschaften zurück. Die wenigen Beziehungen, die Sylvia in den letzten Jahren eingegangen ist, dauerten nicht länger als ein paar Monate. Sylvia fühlte sich in diesen Beziehungen nicht genug geliebt und brach diese enttäuscht ab. Langsam gibt sie die Hoffnung auf, jemals »den Richtigen« zu finden.

Im Gegensatz zum *vermeidenden Bindungsstil* steht beim *anklammernden Bindungstyp* eher das Thema Abhängigkeit im Vordergrund. Karl liebt seine Freundin Nina über alles. Wie in seinen vorherigen Beziehungen gibt es jedoch immer wieder Streit über bestimmte Themen: Karl gefällt es nicht, wenn Nina abends mit ihren Freundinnen ausgeht; am liebsten begleitet er sie, damit er sich sicher sein kann, dass sie nicht mit anderen Männern flirtet oder auch ohne ihn Spaß hat. Wenn Nina sich doch mal einen freien Abend erkämpft hat, sitzt Karl angespannt zu Hause und malt sich Schreckensszenarien aus, die Nina dazu bringen könnten, ihn zu verlassen.

Wenn die beiden gemeinsam Zeit verbringen, versucht Karl, Nina jeden Wunsch von den Augen abzulesen. Nina wird diese Bemutterung manchmal zu viel, und sie zieht sich für eine Weile zurück. In diesen Momenten entsteht in Karl eine große Angst, dass Nina ihn nicht mehr lieben könnte. Manchmal rastet er in solchen Momenten aus und droht Nina, sie zu verlassen, was ihm kurz darauf leidtut.

Karl fühlt sich in seinen Beziehungen ausgeliefert, ohnmächtig und ähnlich hilflos wie als Kind. Wenn er das Gefühl hat, jegliche Kontrolle über seine Freundin und die Beziehung verloren zu haben, steigert er sich in Phantasien hinein, in denen er die Beziehung abbricht, um wieder Herr der Lage und seiner Gefühle zu werden.

Erwachsene, die einen anklammernden Bindungsstil ausgebildet haben, litten als Kinder unter Bezugspersonen, die sie durch wechselhaftes Verhalten verwirrten. Betrachten wir Karls Kindheit: Mal erlebte er seine Mutter als zugewandt und feinfühlig, dann plötzlich begegnete sie ihm wie aus heiterem Himmel abweisend und kühl. Weil Karls Mutter für ihn nicht zuverlässig, nachvollziehbar und vorhersagbar war, bildete Karl feine Antennen für ihre Befindlichkeit aus und versuchte sich ihren Stimmungen anzupassen – Stress pur in jungen Jahren.

Auch Karls Vater war keine Hilfe. Als Alkoholiker war er unberechenbar und unzuverlässig und konnte Karl nicht die Unterstützung und den Halt geben, die er so dringend benötigt hätte.

Heute ist Karl erwachsen, aber die Gefühle von Unsicherheit und Anspannung treten wie eine chronische Krankheit auch in seinen gegenwärtigen Beziehungen zu Frauen immer wieder auf. Es fällt ihm schwer, sich in einer Beziehung zu entspannen. Stattdessen kostet es ihn große Anstrengung, einem anderen Menschen nahe zu sein, da die Angst, dass dieser ihn verlassen könnte oder ihn eigentlich gar nicht liebt, groß ist.

## Warum sind unsere Bindungsstile so hartnäckig?

Die Art, wie wir uns an andere Menschen binden, ist abhängig von unseren inneren Erwartungen, wie verlässlich unsere Bezugspersonen sind.

Mona, die verlässliche und liebevolle Eltern hatte, geht auch heute selbstverständlich davon aus, dass ihr Mann Stefan sie nach einer zweiwöchigen Dienstreise noch liebt, an sie denkt und sich darauf freut, sie wiederzusehen. Sylvia hingegen, die als Kind das Gefühl hatte, ihre Eltern zu stören, ist bis heute unsicher in engen Beziehungen und fürchtet oft, ihrem Partner auf die Nerven zu gehen. Von außen – und aus der Sicht von Sylvias Partner – ist diese Sorge völlig fehl am Platz, aber bisher ist es noch keinem gelungen, Sylvia diese Angst zu nehmen.

Es wird deutlich: Die als Kind erlernten Erwartungen sind nicht flexibel und personenabhängig, sondern werden auch im Erwachsenenalter immer wieder auf die Liebespartner projiziert, gleichgültig, ob die Erwartung sich bewahrheitet oder nicht. Häufig wiederholen wir so in unseren Erwachsenenbeziehungen alte Erfahrungen. So kann Sylvia, die sich von ihren Eltern nicht ausreichend geliebt fühlte, auch in ihren jetzigen Beziehungen das Gefühl des Ungeliebtseins immer wieder heraufbeschwören, unabhängig vom wirklichen Ausmaß der Liebe, die ihr Partner für sie empfindet. Und Karl sieht in jeder Frau irgendwie auch seine Mutter. Er hofft immer noch unbewusst auf den Erfolg seiner kindlichen Strategie, der Frau seines Lebens jeden Wunsch von den Augen abzulesen, damit sie ihm endlich auch ihre Liebe schenkt.

## Der Apfel fällt nicht weit vom Stamm

Es ist nachvollziehbar, dass Bindungsstile sich über Generationen hinweg übertragen oder ähneln. Ein Mensch, der in seiner Kindheit sichere Bindungserfahrungen machen konnte, wird diese auch an seine Kinder weitergeben können. Monas Tochter Greta hat also gute Chancen, ebenfalls bindungssicher zu werden.

Hat jemand in seiner Kindheit ein unsicheres Bindungsverhalten entwickelt und in der Jugend sowie im späteren Erwachsenenalter keine grundlegend besseren Erfahrungen gemacht, wird er wahrscheinlich Schwierigkeiten haben, seinen Kindern ein optimaler Bindungspartner zu sein. Karl und Sylvia haben diesbezüglich einen ungünstigen Start ins Beziehungsleben gehabt. Die Gefahr besteht, dass sie ihre eigenen Unsicherheiten auf ihre Kinder übertragen, weil sie über so wenig gute Vorbilder verfügen. Vielleicht werden sie sich vornehmen, alles anders zu machen, und versuchen, jede Sekunde des Lebens für ihre Kinder da zu sein. Als Konsequenz könnten sich ihre Kinder schier erdrückt und kontrolliert fühlen – dann wäre nichts gewonnen.

## Nichts ist endgültig – Bindungsprobleme und positive Entwicklungen

Möglicherweise haben Sie jetzt Angst, dass vielleicht Ihr Partner oder sogar Sie selbst bindungsgestört sind. Bitte verstehen Sie dieses Kapitel (und auch die folgenden Übungen) aber nicht als Mittel, eine verlässliche Diagnose zur Bindungsfähigkeit zu stellen – wir liefern hier nur Hinweise und Anregungen.

Und eines ist wichtig: Auch wenn niemand sein Leben umschreiben kann, gibt es doch die Möglichkeit, unvorteilhafte Entwicklungen aufzuhalten. Menschen sind im Laufe ihres Lebens zwangsläufig vielen Widrigkeiten ausgesetzt, in menschlichen Beziehungen werden Fehler gemacht, es gibt Verletzungen und Kränkungen – aber auch Wachstum und Heilung. Als soziale Wesen haben wir die Möglichkeit, uns durch Beziehungen weiterzuentwickeln und alte Muster im Laufe der Zeit abzulegen.

Hilfreich ist hierbei erst einmal das Bewusstsein für den eigenen Bindungsstil. Wenn ich erkennen kann, wie ich ticke und in welchen Momenten alte Muster reaktiviert werden, kann ich auch lernen, alte Erfahrungen von neuen zu trennen. Karl etwa könnte verstehen, dass seine alte Mutterschablone nicht auf jede neue Freundin passt und dass es keinen Sinn macht, jede Frau bemuttern und verwöhnen zu wollen. Er könnte fühlen, dass nicht jede Frau unberechenbar ist, und seine Unsicherheit langsam durch Vertrauen und Zuversicht ersetzen.

So könnte auch ein unsicher gebundener Mensch wie Karl im Laufe seines Lebens mit seinen Liebespartnern derart viele gute Erfahrungen machen, dass es ihm gelingt, seine festgefügten, negativen Erwartungen aufzugeben und an die Realität anzupassen. Gefühle der Sicherheit und Geborgenheit könnten in sein Leben und seine Beziehung Einzug nehmen, alte Wunden und Ängste besänftigt werden. Vorteilhaft für das Sammeln von guten Erfahrungen ist die Wahl eines bindungssicheren Partners.

Besonders gut lassen sich Bindungsmuster im Rahmen einer Psychotherapie aufspüren und bearbeiten. Diese Beschäftigung mit sich selbst kann sehr sinnvoll sein, denn durch die Bearbeitung eigener Bindungsstörungen können wir es schaffen, unserem Partner und auch unseren Kindern ein besserer Bindungspartner zu sein, als wir es von unseren Eltern gewohnt waren. Dadurch lösen wir den Teufelskreis auf, der sich andernfalls dadurch ergibt, dass man seine Bindungsstörung an die nächste Generation weitergibt.

**ÜBUNG**

**Erkennen Sie Ihren Bindungsstil**

- Wer war Ihre erste Bindungsperson? Bis heute sind es vorwiegend die Mütter, die sich in den ersten Jahren um die Kinder kümmern – wie verfügbar war für Sie der andere Elternteil? Gab es etwas, was Sie in der Beziehung zu Ihrer ersten Bindungsperson vermisst haben? Schreiben Sie Erinnerungen und Muster auf, die Sie heute erkennen können. Häufig ist es so, dass emotionale Verletzungen in der Kindheit zwar äußerlich gut bandagiert sind, unter dem Pflaster der vergangenen Zeit, der Verdrängung oder Verleugnung jedoch eine offene Wunde darauf wartet, versorgt zu werden. Diese alten Wunden schmerzen häufig dann, wenn in der Gegenwart daran gerührt wird – wenn also etwa Sylvia, die von ihren Eltern häufig zurückgewiesen wurde, heute erneut eine Ablehnung erfährt. In solchen Momenten spürt sie nicht nur die heutige Verletzung, sondern auch den alten Schmerz, und so hat ein vermeintlich kleiner Auslöser plötzlich eine große Wirkung.
- Spüren auch Sie alte Wunden auf. Wie viel Raum nehmen diese alten Verletzungen heute noch ein? In welchen Situationen werden Sie von alten Gefühlen überfallen? Identifizieren Sie diese Gefühle und ordnen Sie sie passenden Erlebnissen in Ihrer Vergangenheit zu. Diese Differenzierung kann helfen, nicht im Gefühlschaos zu versinken, etwa während einer Trennung, bei der viele Menschen sich durch die Kränkung und den Verlust der geliebten Person wie ausgelöscht fühlen.
- Gab es neben Ihrer wichtigsten Bezugsperson noch andere wichtige Personen in Ihrer Kindheit, die eventuelle Mängel ausgleichen konnten? Vielleicht war Ihr Vater sehr

liebevoll, oder Sie hatten eine Tante oder Nachbarin, die sich gut um Sie kümmerte. Es ist heilsam, sich alle guten Geister unserer Kindheit in Erinnerung zu rufen und Ihnen zu danken für die Liebe und die Unterstützung, die wir durch sie erfahren konnten.

- Versuchen Sie, Ihren eigenen Bindungstyp zu bestimmen. Erinnern wir uns an die drei Bindungsstile:
  ***Sicher gebunden:*** Eine sicher gebundene Person hat eine positive Sicht von sich selbst und vom Partner, kann Nähe zulassen und empfindet die Partnerschaft als emotional unterstützend.
  ***Anklammernd:*** Eine Person mit anklammerndem Bindungsstil hat eine negative Sichtweise von sich selbst und eine positive Sichtweise vom Partner. Sie ist ängstlich, im Hinblick auf die Beständigkeit der Beziehung verunsichert und fühlt sich zum Partner emotional stark hingezogen.
  ***Ängstlich-vermeidend:*** Eine Person mit ängstlich-vermeidendem Bindungsstil hat Angst vor Intimität und tendiert dazu, intime Beziehungen zu vermeiden.
- Ist Ihr Bindungstyp in all Ihren Paarbeziehungen gleich geblieben? Oder können Sie Veränderungen an sich feststellen? Wenn ja, versuchen Sie diese Veränderungen zu erklären. Haben unterschiedliche Partner unterschiedliche Bindungsstile in Ihnen hervorgerufen?
- Haben Sie sich im Laufe Ihres Lebens in eine bestimmte Richtung (weiter)entwickelt? Wenn ja, gab es bestimmte Auslöser für diese Entwicklung?
- Wenn Sie sich einem der unsicheren Bindungsstile zuordnen, in welche Richtung möchten Sie sich gerne verändern? Welche Fähigkeiten möchten Sie in Bezug auf die Bindungsfähigkeit erlangen? Wenn Sie gerade Single sind, überlegen Sie, welche Eigenschaften Ihr nächster Partner

haben müsste, damit Sie sich in die erwünschte Richtung entwickeln können.

- Bindungsstile werden in der Kindheit geprägt und so über Generationen hinweg tendenziell übertragen. Versuchen Sie, deshalb auch die Bindungsstile Ihrer Eltern (bzw. die Ihrer wichtigsten Bezugsperson in den ersten drei Lebensjahren) zu identifizieren. Was hat sich über die Generationen hinweg verändert, was ist ähnlich übertragen worden?
- Wenn Sie selber Kinder haben, beobachten Sie sie und versuchen Sie zu erkennen, welchen Bindungsstil sie zeigen.
- Erkennen Sie Ihre Angst vor der vermeintlichen Erwartung Ihres Partners. Bindungsunsichere Menschen sind gefangen in Ihren Ängsten vor dem, was der Partner erwarten könnte. Sie sind ständig bemüht, diese Erwartungen herauszufiltern und dann entweder zu erfüllen oder abzuwehren. Dahinter steckt die kindliche Erfahrung, nicht zu genügen und von den Eltern abgelehnt zu werden. Wer als Kind gelernt hat, eigene Bedürfnisse zu verdrängen und stattdessen auf die Bedürfnisse der Eltern einzugehen, reagiert als Erwachsener nachvollziehbar allergisch auf Erwartungen des Partners – nie wieder will man jemandem so ohnmächtig ausgeliefert sein wie damals den Eltern. So kämpfen bindungsunsichere Partner ständig mit alten Geistern, die ihnen den Blick auf den realen, derzeitigen Partner verstellen. Fragen Sie sich: Gegen welche alten Geister kämpfen Sie? Bei welchen Erwartungen des Partners sträuben sich Ihre Nackenhaare? Welche Erwartungen wollen Sie quasi in vorauseilendem Gehorsam erfüllen? Und welche Erwartungen rufen in Ihnen Wut und Widerstand hervor?

- Vergleichen Sie diese vermeintlichen Erwartungen Ihres Partners mit denen, die Sie in Ihrer Kindheit von Ihren Eltern kennen. Versuchen Sie abzugleichen: Ist es wirklich eine Erwartungshaltung Ihres Partners? Oder fürchten Sie sich nur vor der damaligen, allzu bekannten elterlichen Forderung?
- In einem weiteren Schritt hinterfragen Sie sich mit der Reife, die Sie in allen anderen Lebenslagen Ihrem Alter entsprechend gesammelt haben: Wäre es wirklich vernichtend, auf ein partnerschaftliches Bedürfnis einzugehen? Falls Sie ein anklammernder Typ sind, fragen Sie sich, ob es Ihnen guttut, Ihrem Partner jeden Wunsch von den Augen abzulesen, und richten Sie Ihren Fokus versuchsweise auf Ihre eigenen Erwartungen.

# Nähe und Distanz: Wie viel Nähe brauchen und ertragen Sie, um sich wohl zu fühlen

> Eine Gesellschaft Stachelschweine drängte sich an einem kalten Wintertag nahe zusammen, um durch die gegenseitige Wärme sich vor dem Erfrieren zu schützen. Bald jedoch empfanden sie die gegenseitigen Stacheln und entfernten sich wieder voneinander. Wenn dann das Bedürfnis nach Erwärmung sie wieder näher zusammenbrachte, wiederholte sich das zweite Übel, so dass sie zwischen beiden Leiden hin- und hergeworfen wurden, bis sie eine mäßige Entfernung herausgefunden hatten, in der sie es am besten aushalten konnten.
>
> ARTHUR SCHOPENHAUER, *Die Stachelschweine*

Unser ganzes Leben ist bestimmt von einer Hin- und Herbewegung: Mal suchen wir Nähe zu anderen Menschen, mal suchen wir Distanz. Im Mutterleib mit unserer Mutter verschmolzen, ist die Geburt das erste Erlebnis von Getrenntsein. In der Kindheit sind wir einerseits abhängig von der Versorgung unserer Eltern, andererseits streben wir bald nach Eigenständigkeit. Im Laufe der Zeit wachsen wir im Schutz der Familie zu immer autonomeren Individuen heran, bis wir uns, beginnend mit der Pubertät, von unseren Eltern ablösen und Schritt für Schritt ein eigenes Leben aufbauen.

Im Erwachsenenleben setzt sich diese Hin- und Wegbewegung mit unserem Partner fort: Mal lieben wir es, im Blick des anderen zu versinken und in körperlicher und geistiger Nähe zu verschmelzen, mal drängt es uns in die Freiheit, ins Alleinsein.

»Ich muss auch mal durchatmen«, wirft Nina ihrem Freund Karl vor. »Lass mich doch einfach mal los. Dieses ständige Händchenhalten und An-mir-Rumtatschen geht mir manchmal auf die Nerven! Bitte nimm es nicht persönlich! Ich liebe dich, aber ab und zu wird es mir ein bisschen zu viel mit unserem Aufeinanderglucken.«

Karl ist wie vor den Kopf gestoßen. Er hat gedacht, Nina genieße die gemeinsamen Stunden genauso wie er. Es kränkt ihn, wie Nina auf seine Zärtlichkeiten reagiert, und er fühlt sich zurückgewiesen. Den Einschub, dass Nina ihn liebe, kann er kaum noch wahrnehmen in seiner Verletztheit.

Die Balance zwischen Nähe- und Distanzbedürfnis ist eng an unsere kindlichen Bindungserfahrungen gekoppelt. Wenn es Eltern gut gelingt, auf die Bedürfnisse ihrer Kinder einzugehen, werden diese immer sicherer in ihrer Selbstwahrnehmung. Im Idealfall dürfen Kinder Nähe sowohl suchen als auch ablehnen. Haben wir als Kind aber die Erfahrung gemacht, dass unsere Eltern uns in die eine oder andere Richtung zu verbiegen versuchten, beispielsweise durch Überbemutterung oder durch Nichtbeachtung, dann wird unser individuelles und natürliches Nähebedürfnis sozusagen abgespalten und weggeschlossen, um nicht mehr gefühlt zu werden. In der Folge verlieren wir unsere Feinwahrnehmung für den Grad an Nähe, der uns angenehm wäre. Deshalb reagieren wir im Laufe der Zeit auf bestimmte Reize automatisch »allergisch«, je nachdem, ob wir in der Kindheit ein Zuviel oder ein Zuwenig an Nähe bekommen haben.

Wenn wir zu viel Nähe fürchten, kann schnell der Fluchtreflex einsetzen, oder aber wir beginnen, um unsere Freiräume – für unser Gegenüber meist unerwartet heftig – zu kämpfen. Ein wunderbares Beispiel für eine Person, die Angst vor zu viel Nähe hat, ist Audrey Hepburn alias Holly Golightly in dem Klassiker *Frühstück bei Tiffany*, als ihr Nachbar ihr seine Liebe gesteht:

NACHBAR: »Ich liebe dich, und du gehörst zu mir.«
HOLLY: »Nein. Kein Mensch gehört einem Menschen.«
NACHBAR: »Da irrst du dich, Holly.«
HOLLY: »Ich werde mich von keinem einsperren lassen.«
NACHBAR: »Einsperren will ich dich nicht, ich will dich lieben.«
HOLLY: »Das ist dasselbe.«

Auch wenn tief in uns die Sehnsucht verborgen ist, einem anderen nahe zu sein, kann dieser Wunsch Angst auslösen, weil er uns unbewusst vielleicht an das Gefühl erinnert, als Kind einer erwachsenen Person und deren erdrückendem Nähebedürfnis ohnmächtig ausgeliefert zu sein.

Matthias hat zum Beispiel eine sehr liebevolle Mutter, die sich gluckenhaft um ihren Sohn kümmerte. Noch als 40-jähriger Mann bekommt er mütterliche Mahnungen wie »Bist du warm genug angezogen, Junge? Isst du genug? Bitte versprich mir, dass du besser auf dich achtgibst.« Matthias' Mutter liebt ihren Sohn abgöttisch, sie würde alles für ihn tun. Sie folgte ihm als Kind auf Schritt und Tritt, am liebsten hätte sie ihn in Watte gepackt aus Sorge, dass ihm etwas zustoßen könnte. Matthias' Mutter fand bei ihrem Mann zu wenig Nähe und Zuneigung und leitete daher ihre Nähewünsche auf ihren Sohn um, der stattdessen ihre Bedürfnisse befriedigen sollte.

Es fällt ihr bis heute schwer, Matthias loszulassen und ihn als eigenständige Person zu begreifen. Seine Freundinnen sind in ihren Augen stets nicht gut genug für ihn, und sie fürchtet den Moment, in dem Matthias heiratet, eine eigene Familie gründet und ihr noch mehr entgleitet. Matthias hat aus den Erfahrungen seiner Kindheit vor allem eines gezogen: Angst vor zu viel Nähe, Angst davor, von einer Frau emotional verschlungen zu werden.

Sylvia hat in ihrer Kindheit das komplette Gegenteil erlebt: Sie fühlte sich von ihren Eltern oft alleingelassen. Selten hatte sie das Gefühl, bei ihren Eltern richtig willkommen zu sein. Entweder war es die Arbeit, das Fernsehprogramm oder die Zeitung – fast immer war irgendetwas wichtiger als sie. »Sei bitte leise und geh auf dein Zimmer« oder »Stör jetzt nicht« sind die zwei Sätze, die Sylvia in ihrem Elternhaus am häufigsten gehört hat.

Weil Sylvia immer ein »Zuwenig« an Nähe hatte, weiß sie bis heute nicht, wie sich ein »Genug« an Nähe anfühlt. In ihrem Inneren hat sich durch die häufige Zurückweisung ein riesiger Haufen von Kränkung und Enttäuschung angesammelt.

Während Sylvia gelernt hat, ihre wahren Bedürfnisse zu unterdrücken, so gibt es doch einen kleinen, unbewussten Teil in ihr, der die Hoffnung nicht aufgegeben hat, dass einmal ein Mensch in ihr Leben tritt, der sie über alle Maßen liebt und ihr ihre Wünsche von den Augen abliest, jemand, der ihr immer zugewandt und liebevoll ist, stets ein Ohr für ihre Gedanken hat und aufopferungsvoll alles wiedergutmacht, was Sylvia in ihrem Leben bisher hat ertragen müssen. Kurz gesagt, Sylvia hat hohe Erwartungen an Mr Right. Nach einer Weile entpuppt sich jeder ihrer »Traummänner« dann als Mensch aus Fleisch und Blut mit eigenen Bedürfnissen und Grenzen, und Sylvia bleibt wieder enttäuscht zurück mit dem Gefühl, noch nie richtig geliebt worden zu sein.

Sowohl Sylvia als auch Matthias sind in ihrer Kindheit in ihren Nähebedürfnissen nicht richtig gesehen und respektiert worden. Bei beiden hat dies dazu geführt, dass sie unwillkürlich in ihren erwachsenen Paarbeziehungen das alte »Zuviel« oder »Zuwenig« an Nähe ausgleichen wollen.

## Nähebedürftig oder distanziert – alles hängt von der Kindheit ab

»Du bist wie ein Eisklotz! Immer, wenn ich deine Nähe suche oder mehr von dir will, haust du ab!«

Wenn Sie so etwas oder Ähnliches schon öfter zu hören bekamen, könnte es sein, dass Sie zu den Menschen gehören, die Angst vor zu viel Nähe haben. Nähe-Phobiker fallen in die Gruppe der Bindungsvermeider und werden von ihren Partnern oft als kühl und unemotional wahrgenommen. So wie Matthias.

Matthias ist beruflich erfolgreich und bei seinen Kollegen beliebt. Sein Beruf als Rechtsanwalt zwingt ihn, sich schnell auf ein fremdes Umfeld und neue Kollegen einzustellen, mit denen er dann für die nächsten Wochen oder Monate in einem Team zusammenarbeitet. Tagsüber im Job ist er ehrgeizig, weiß, was er will, kann sich durchsetzen. Gleichzeitig zeigt er Teamgeist und hält seine Kollegen auch in anstrengenden Situationen mit seinem trockenen Humor bei Laune. Matthias wird von seinen Kollegen als umgänglich beschrieben. Man kann sich gut vorstellen, dass zu Hause eine Familie auf ihn wartet und sich auf ihn freut.

Interessant – denn Matthias' Beziehungsrealität sieht ganz anders aus: Von seinen Exfreundinnen wird er durchweg als unnahbar und nicht bindungsfähig beschrieben. So erinnert sich eine ehemalige Partnerin von Matthias: »Auf den ersten Blick hätte ich mir das nicht vorstellen können, aber als wir zusammen waren und ich mehr Verbindlichkeit haben wollte, ist Matthias richtig panisch geworden. Es ist paradox: Matthias ist kinderlieb und beneidet Freunde, die Frau und Kind und am besten noch einen Hund haben. Aber für ihn selbst war schon die Idee, mit einer Frau zusammenzuziehen, undenkbar! Ich hab ihn echt geliebt, aber ich musste irgendwann einsehen, dass es keine Zukunft mit ihm gibt. Je mehr Druck ich gemacht habe, desto mehr hat er sich von mir zurückgezogen, und am Schluss blieb nur noch die Frage, wer die Trennung zuerst ausspricht.« Seine letzte Freundin, die sich frustriert von Matthias trennte, weil sie sich eine verbindliche Beziehung und auch Kinder wünschte, ergänzt: »Er wird einfach nicht erwachsen! Wie will er denn leben in der Zukunft? Als wir uns trennten, war er schon Mitte 30, und jede Art von verbindlicher Zukunftsplanung war die Hölle für ihn! Das Schlimmste für mich war, dass ich dauernd das Gefühl hatte, er verwechselt mich mit seiner Mutter, die bis heute an ihm klebt und ihn zu manipulieren versucht.«

Wie bei Matthias deutlich wird, erkennt man Nähe-Angsthasen nicht immer auf den ersten Blick. Manchmal wissen sie selbst nichts von ihrer Angst. Sie spüren nur, wie sie irgendwann plötzlich kalte Füße bekommen oder sich an die Wand gedrückt fühlen, und handeln dann oft instinktiv.

Einige verstecken sich von vornherein hinter dicken inneren Mauern, die der Partner nie überwinden könnte. Andere flüchten auf unterschiedliche Arten aus der Beziehung, sei es in die Arbeit, in Freizeitaktivitäten, Alkohol, oder initiieren sogar die Trennung. Etliche beginnen unbewusst aus Angst vor echter Nähe auch eine Affäre, um den durch zu viel Nähe erzeugten inneren Druck zu besänftigen, und stabilisieren somit paradoxerweise die Beziehung – jedenfalls, bis der Partner von der Affäre erfährt. Wieder andere reagieren auf zu viel Nähe mit Aggressionen und zetteln in dieser Situation gerne einen Streit an.

Auf unterschiedlichste Arten also kann Nähe vermieden werden, und wir alle kennen den einen oder andern »Nähevermeidungskünstler« – vielleicht sogar in uns selbst.

Eine vollkommen gegenteilige Art der Kompensation von nicht erfüllten kindlichen Bedürfnissen im Erwachsenenalter ist die ängstliche Anklammerung an den Partner (siehe S. 121) – ein typisches Beispiel dafür ist Karl. »Ich kann ohne dich nicht leben«, schluchzt er und umarmt Nina, die ihm soeben eröffnet hat, dass sie sich wegen eines anderen Mannes von ihm trennen wolle. In diesem Moment fühlt Karl sich von der Angst, verlassen zu werden, überflutet und dieser ohnmächtig ausgeliefert.

Im Rahmen einer Therapie erkennt Karl, dass seine bisherigen Beziehungen vor allem durch seine Angst, die Partnerin wieder verlieren zu können, geprägt waren. Dies führte dazu, dass er selbst kurze räumliche Trennungen von seiner Freundin nur schwer ertragen konnte. Karls Beziehungen verliefen zu seinem eigenen Entsetzen immer nach einem ähnlichen Muster: Am Anfang stand die große Liebe, und seine Freundinnen wollten viel Zeit mit ihm verbringen, so dass Karl sich geborgen und geliebt fühlte. Nach einer Weile wollten die Frauen wieder ihre üblichen Freizeitaktivitäten aufnehmen oder auch mal alleine für ein Wochenende mit Freundinnen verreisen. Dies waren jedes Mal die Augenblicke, in denen Karl begann, sich ungeliebt zu fühlen, und große Verlustängste entwickelte. Unbeherrschtes Verhalten, Wutausbrüche und Trennungsdrohungen waren die Folge und wechselten sich ab mit ernstgemeinten Entschuldigungen. Seine Freundinnen, die Karls Verhalten nicht verstehen konnten, fühlten sich mit der Zeit immer eingeengter, und schließlich passierte jedes Mal das, was Karl am meisten gefürchtet und am wenigsten gewollt hatte: Die Frauen trennten sich tatsächlich von ihm, und er blieb allein und verzweifelt zurück.

Die Beispiele zeigen, wie schwierig Beziehungen verlaufen können, in denen die Partner unterschiedliche bzw. unvereinbare Nähe- und Distanzbedürfnisse haben. Wie aber sieht es in Partnerschaften aus, in denen zwei gleichermaßen Nähe- bzw. Distanz-Bedürftige aufeinandertreffen?

## Liebe auf Distanz

Bleiben wir bei Matthias, der überraschenderweise seit nunmehr vier Jahren eine feste Beziehung führt. Seine Freundin Kerstin ist glücklich mit ihm und hat sich noch nie beschwert, dass er zu distanziert sei oder Angst vor ihrer Nähe habe.

Was ist mit Matthias passiert? Nichts! Er hat dieses Mal nur seine Partnerin besser ausgewählt. Kerstin ist ihm ähnlicher als alle seine Expartnerinnen. Sie ist sehr eigenständig, pragmatisch und wenig nähebedürftig. Die beiden erfolgreichen Anwälte führen eine Fernbeziehung, wohnen in unterschiedlichen Städten und sehen sich gerade mal an zwei Wochenenden im Monat.

Sowohl Matthias als auch Kerstin sind Menschen, die aus Angst vor Hingabe und Selbstaufgabe eine sichere Entfernung zum Partner schätzen. Beide arbeiten ehrgeizig an ihrer Karriere und sind froh, einen Partner gefunden zu haben, der ihnen die langen Arbeitszeiten nicht übelnimmt. Wenn sie miteinander telefonieren, tauschen sie sich meist über ihre Arbeit aus; romantisches Geplänkel ist beiden eher unangenehm.

Im Laufe der Jahre überlegten sie immer wieder mal, sich auf lange Sicht einen gemeinsamen Lebensort zu suchen, jedoch gab es auch regelmäßig irgendein Hindernis, diese Idee in die Tat umzusetzen. Mal schlug Matthias vor, eine gemeinsame Wohnung anzumieten, woraufhin Kerstin tausend Gründe einfielen, um diese Suche aufzuschieben, mal war es umgekehrt. Auf diese Weise versichern sich beide stets aufs Neue der »Ungefährlichkeit« ihrer Beziehung und dass jeder Einzelne dafür sorgt, dass es nicht zu nah und brenzlig wird.

Wagen wir einen Blick in die Zukunft: Vielleicht sehen wir die beiden in zehn Jahren als starkes Paar, das sich trotz oder gerade wegen der großen Distanz noch immer viel zu sagen hat und sich in den wenigen Momenten, die es gemeinsam verbringt, angenehm nah kommen kann, ohne dass einer von ihnen sich selbst und den anderen verbiegen muss. Auch im Alter behalten beide getrennte Wohnungen, sehen sich nur nach vorheriger Absprache und schätzen ihre Distanzbeziehung.

Vielleicht sehen wir die beiden aber auch gefangen in einem aufreibenden Nähe-Distanz-Tanz, bei dem jeweils einer einen Schritt zum anderen hin und der andere im gleichen Augenblick einen Schritt vom anderen weg macht. Dieser Tanz schafft immer wieder ungestillte Sehnsucht und Leid und zugleich die Sicherheit, dem anderen nicht zu nahezukommen und sein Selbst nicht aufgeben zu müssen. Problematisch wird diese Art von Beziehung dann, wenn einer der beiden sich weiterentwickelt oder die Bedürfnisse sich ändern. Dies könnte zum Beispiel passieren, wenn einer der Partner sich ein Kind wünscht. Häufig wird in solchen Wandlungsphasen die bisherige Beziehungsstruktur in Frage gestellt und der Wunsch geäußert, einen Schritt weiterzugehen und verbindlicher zu werden.

## Zu viel ist grad genug

Betrachten wir einen gegensätzlichen Beziehungsentwurf, und zwar am Beispiel von Monas Freunden Susann und Robert. Die beiden verbringen jede freie Minute zusammen, und nach einem halben Jahr Beziehung überlegen beide, ob sie nicht auch beruflich einen gemeinsamen Weg einschlagen können, um die Arbeitszeit ebenfalls miteinander zu teilen. Als die beiden nach einem Jahr heiraten, steht das Fest unter dem von Wilhelm Busch stammenden Motto: *»Und die Liebe per Distanz/kurz gesagt, missfällt mir ganz.«*

Sowohl Susann als auch Robert sind sehr harmoniebedürftig, und so gibt es zwischen den beiden nur selten eine Auseinandersetzung. Beide neigen dazu, Ärger zu verdrängen und hinunterzuschlucken: »Bloß keinen Streit!« ist ihr

Beziehungscredo, das sie von vielen ihrer befreundeten Paare unterscheidet.

Bei näherem Hinschauen fällt freilich auf, dass diese Art der Beziehung nicht nur durch romantische Liebe gekennzeichnet ist, sondern auch durch eine relativ hohe Abhängigkeit. Neben dem »Ich liebe dich« nimmt auch das »Ich brauche dich« einen hohen Stellenwert ein. Jeder Schritt aus der partnerschaftlichen Symbiose heraus wird vom anderen misstrauisch beobachtet und meist schon im Keim erstickt.

Wohin mag diese übergroße Nähe führen? Positiv betrachtet, könnte man sich die beiden in 50 Jahren auf ihrer goldenen Hochzeit vorstellen, glücklich aneinandergeschmiegt einen Walzer tanzend. Ein kritischer Blick hinter die Kulissen lässt allerdings erahnen, dass in der immerwährenden Verschmelzung auch die Gefahr liegt, sich selbst zu verlieren. Um dem anderen immer nah zu sein, muss ich viel von mir selbst unterdrücken und aufgeben. Fehlende Autonomie kann jedoch in mangelnde Inspiration und Langeweile münden. Wovon kann ich meinem Partner berichten, wenn wir alles gemeinsam unternehmen? Wie soll der andere sich nach mir sehnen, wenn ich ohnehin Tag und Nacht bei ihm bin? Wo bleibt die sexuelle Anziehung, wenn man den anderen täglich sogar beim Gang auf die Toilette begleitet?

Wenn wir davon ausgehen, dass wahre Liebe gleichermaßen die Möglichkeit zu individuellem *und* gemeinsamem Wachstum bietet, dann kann zu große Nähe einen Verrat an der individuellen Entfaltung bedeuten. Das kann dazu führen, dass so eine symbiotische Beziehung zu irgendeinem Zeitpunkt Risse bekommt und einer von beiden erste Ausbruchsimpulse verspürt. Vielleicht möchte Robert mal mit seinen Freunden eine Motorradtour unternehmen – Frauen unerwünscht! Vielleicht verspürt Susann mit Mitte 30 doch noch den Wunsch, Mutter zu werden, und bedroht mit diesem Wunsch die ausschließliche Zweisamkeit. Vielleicht lernt Robert sogar irgendwann eine Frau kennen, die ganz anders ist als Susann, geheimnisvoll, selbstbewusst, egoistisch, und von der er sich angezogen fühlt, gerade weil sie so anders ist als Susann und er mit ihr ein anderes, vielleicht spannenderes, unberechenbareres Leben führen könnte.

## Die unterschiedlichen Währungen der Nähe

Neben unterschiedlichen Graden an Nähe gibt es auch Unterschiede in der Qualität bzw. der Art von Nähe. Nina fühlt sich ihrem Freund Karl nah, wenn sie zusammen zu Hause sind. Auch wenn sich beide in unterschiedlichen Zimmern aufhalten, gibt es ihr ein Gefühl der Geborgenheit, seine Anwesenheit zu spüren. Karl hingegen empfindet dies nur als Nebeneinanderher-Leben und würde lieber gemeinsam mit Nina etwas unternehmen. Besonders nahe fühlt er sich seiner Freundin erst dann, wenn er sie anschauen und sie berühren kann.

Manch einer misst Nähe durch körperliche Nähe und Sexualität, andere durch geistige Verbundenheit, lange Gespräche und das Gefühl, verstanden zu werden. Wieder andere fühlen sich dem Partner durch gemeinsame Projekte und Unternehmungen verbunden. So gibt es viele unterschiedliche Arten, sich nah zu sein und Nähe zu schaffen. Der eine ruft häufig an, der nächste legt sich zum Partner aufs Sofa, wieder ein anderer ist besonders hilfsbereit und achtsam im Alltag.

Manchmal missverstehen wir die jeweilige Aufforderung des Partners, Nähe herzustellen, was dann beim Nähesuchenden zum Gefühl der Zurückweisung und Kränkung führen kann. Man kann sich das so vorstellen, als würden beide Partner auf das gemeinsame Liebeskonto mit unterschiedlicher Währung einzahlen, die der andere nicht gebrauchen kann.

Mona und Stefan hatten zu Beginn ihrer Beziehung solch ein Währungsproblem: Stefan ist beruflich sehr eingespannt und am Wochenende oft auf Kongressen. Zwischen seinen Terminen ruft er bei Mona an, um für ein paar Sekunden oder Minuten ihre Stimme zu hören. Durch diese kurzen Momente fühlt er sich ihr verbunden, er mag diese flüchtigen Begegnungen, die für ihn sicherstellen, dass beide über den Tag des anderen informiert sind. Das Thema der Gespräche ist ihm egal, meist teilt er Mona nur mit, wo er gerade ist und was als Nächstes anliegt. Mona war am Anfang der Beziehung über diese kurzen telefonischen Stippvisiten irritiert, weil sie zunächst nicht verstand, dass dies für Stefan ein Mittel war, sich ihrer Nähe zu vergewissern. Für Mona baut sich Nähe eher in langen Gesprächen auf, ihre Stimmlage verändert sich dann, wird weicher, lieblicher, und am Ende verabschiedet sie sich mit einem »Tschüs, ich liebe dich«. Für diese Art des Austausches hat Stefan aber tagsüber gar keine Zeit, er ist angespannt, meist von Kollegen umgeben und mag sich in der Öffentlichkeit nicht privat und verletzlich zeigen.

So bedurfte es einiger Gespräche und Einfühlens in den jeweils anderen, um diese unterschiedliche Art des Näheschaffens zu verstehen und damit leben zu können. Mona ist schon lange nicht mehr gekränkt, wenn Stefan seine »Hallo-Tschüs«-Telefonate, wie sie es nennt, mit ihr führt. Abends haben die beiden für den Fall, dass Stefan nicht zu Hause ist, ein ausgleichendes Ritual eingeführt: Sie reden ausführlich am Telefon miteinander, ganz ohne Zeitdruck, und Mona beendet das Gespräch mit den Worten »Tschüs, ich liebe dich«. So zahlt jeder auf seine Weise auf das gemeinsame Liebeskonto ein. Statt eines Kampfes, welche Art von Nähe gelebt werden darf oder soll, sind alle Arten erlaubt und erwünscht, mit dem Erfolg, dass das Konto wächst und gedeiht.

Bei den meisten Paaren gibt es einen nähebedürftigeren und einen distanzbedürftigeren Partner. Trotzdem ist es möglich, ein für beide zufriedenstellendes Maß an Nähe herzustellen. Dafür bedarf es zunächst einmal des Bewusstseins für die eigenen Wünsche in dieser Hinsicht. Mit den folgenden Fragen können Sie versuchen, sich Ihrem eigenen Nähebedürfnis »anzunähern«. Idealerweise beschäftigt sich auch Ihr Partner mit diesen Fragen, damit Sie sich anschließend über Ihre Erkenntnisse und Wünsche austauschen können.

### ♥ ÜBUNG

**Lernen Sie Ihr Bedürfnis nach Nähe kennen**

- Welche Art von Nähe ist Ihnen wichtig? Finden Sie heraus, ob Sie eher ein körperlicher, geistiger, romantischer oder unternehmungslustiger Nähetyp sind.
- Wie schaffen Sie Nähe? Wie zeigen Sie, dass Sie Nähe wünschen? Wie gut wird Ihre Aufforderung zu Nähe verstanden? Erinnern Sie sich auch an Momente, in denen Ihr Partner Ihr Bedürfnis nach Nähe übersehen oder miss-

verstanden hat, und überprüfen Sie Ihren eigenen Anteil an diesem Missverständnis. Wenn Ihnen Situationen einfallen, in denen Sie durch Nichtbeachtung oder Nichterfüllung Ihres Nähebedürfnisses von einem Partner verletzt wurden, gehen Sie in Ihrer Erinnerung noch weiter zurück bis in die Kindheit und rufen sich Situationen ins Gedächtnis, in denen Ihre Eltern Sie zurückgewiesen oder übersehen haben. Oft schmerzt eine gegenwärtig erfahrene Verletzung sehr stark, wenn es früher schon einmal eine ähnliche Verwundung gegeben hat.

- Wie vermeiden Sie Nähe? Erinnern Sie sich an Momente, in denen Ihr Partner eine Situation geschaffen hat, die Nähe hergestellt hätte und die Sie verhindert oder zerstört haben. Finden Sie heraus, was Sie daran hinderte, sich dem Nähebedürfnis Ihres Partners hinzugeben.
- Wie gut passt (bzw. passten) Ihr Partner (bzw. Ihre früheren Partner) hinsichtlich Ihres Nähebedürfnisses zu Ihnen?
- Was können Sie von Ihrem Partner und ehemaligen Partnern lernen? Wie sorgt Ihr Partner für seine Wohlfühlnähe? Wie sorgt Ihr Partner für seinen Wohlfühlabstand?
- Werden Sie sich klar darüber, dass Ausflüchte und unklare Äußerungen hinsichtlich Ihrer Nähe-Distanz-Bedürfnisse den Partner verwirren und zu Unstimmigkeiten führen. Überlegen Sie stattdessen, wie Sie ab jetzt Ihre Wünsche konstruktiv vermitteln können. Wagen Sie diesen Schritt: Echte Nähe entsteht erst, wenn beide Partner sich öffnen und das Vertrauen wächst, so dass beide trotz aller Unterschiedlichkeiten immer wieder aufeinander zugehen.

**TIPP!**
**Wenn Sie das Bedürfnis nach Nähe ändern möchten**

*Sie wollen Ihre Fähigkeit, Nähe herzustellen und zu erleben, stärken.*
Werden Sie sich zunächst einmal klar darüber, wie viel Zeit Sie für sich alleine haben möchten. Seien Sie ehrlich zu sich selbst und zu Ihrem Partner. Denn wenn Sie sich dem anderen zuliebe zu sehr verbiegen oder gar aufgeben, löst das nach einer Weile Groll aus, und der ist für keine Partnerschaft förderlich. Erst wenn der eigene Freiraum gesichert ist, verringert sich auch die Sorge, vom anderen zeitlich oder emotional »aufgefressen« zu werden.

- Überlegen Sie, wie viel Zeit Sie pro Woche mit Ihrem Partner verbringen möchten und wie Sie diese Zeit nutzen können, so dass es Ihnen beiden Freude macht. Kommunizieren Sie Ihrem Partner sowohl Ihr benötigtes Maß an Freiraum als auch das erwünschte Maß an gemeinsamer Zeit.
- Versuchen Sie, einer Klärung über Ihre Bedürfnisse nicht auszuweichen. Viele Menschen, die weniger nähebedürftig sind als der Partner, halten diesen bewusst oder unbewusst hin (»Sobald ich in der Arbeit weniger zu tun habe, verbringen wir mehr Zeit zusammen« ist eine übliche Floskel, oder »Wenn ich weniger gestresst bin, nehme ich dich öfter in den Arm«, oder »Wenn du nicht immer so viel fordern würdest, würde ich freiwillig viel mehr geben«). Diese Ausweichmanöver machen sowohl Sie als auch Ihren Partner auf Dauer unzufrieden. Ihr Partner befindet sich in einer Wartehaltung, und viel-

leicht glaubt er sogar Ihren »Wenn-dann«-Verschiebungen. Sie geraten dadurch immer mehr unter Druck, Ihre Versprechungen irgendwann erfüllen zu müssen. Geben Sie sich und dem Partner daher die Chance, einander so zu nehmen, wie Sie sind – oder aber die Konsequenzen einer Trennung zu ziehen, wenn Sie in Ihren Bedürfnissen absolut nicht kompatibel sind. Denn aus einem Nähe-Phobiker wird auch mit viel Druck und Verbiegen nur selten ein menschlicher Schoßhund, den man überall mit hintragen kann. Aber durch offene Kommunikation über die eigenen Bedürfnisse lässt sich vielleicht ein Mittelweg finden, mit dem beide leben können.

- Probieren Sie Dinge aus, die Ihnen ein bisschen Angst machen, und überprüfen Sie, ob der Widerwille dagegen gerechtfertigt ist. Fahren Sie beispielsweise mit Ihrem Partner in den Urlaub, oder verbringen Sie mal im Alltag ein paar Tage am Stück miteinander und schauen Sie, wie es Ihnen dabei geht. Können Sie der Nähe auch etwas Positives abgewinnen? Wo und wann steigen Druck, Abwehrgefühle, Fluchtgedanken oder Ärger in Ihnen auf? Was brauchen Sie in Phasen räumlicher Nähe, um sich nicht selbst zu verlieren? Sorgen Sie dafür, dass Sie auch in Zeiten der Nähe genügend Raum für sich selbst haben.
- Wenn Sie noch nie mit einem Partner zusammengewohnt haben und dies ausprobieren möchten, überlegen Sie, wie viel Platz Sie für sich brauchen. Wie wäre es mit einem eigenen Zimmer, so dass Sie Ihren Rückzugsraum nicht verlieren und auch mal die Tür hinter sich zumachen können?

- Wenn Sie Schwierigkeiten haben, sich im körperlichen und sexuellen Bereich hinzugeben und diese Form von Nähe als bedrohlich empfinden, tasten Sie sich langsam voran. Vielleicht haben Sie schlechte Erfahrungen gemacht und brauchen viel Kontrolle über die Situation. Sprechen Sie mit Ihrem Partner darüber. Üben Sie, »Nein« zu sagen. Nur wer sich erlaubt, »Nein« zu sagen, kann auch vollen Herzens »Ja« sagen.
- Versuchen Sie, herauszufinden, in welchen Bereichen Sie Nähe am ehesten abwehren: in der Sexualität, im Alltag, in gefühlsbetonten Gesprächen etc. Machen Sie sich bewusst, dass dieser Bereich nur das von Ihnen unbewusst gewählte Schlachtfeld ist, in dem Sie Nähe abwehren, und dass es dabei auch immer um die grundsätzliche Abwehr von Nähe geht.

*Sie wollen Ihr Bedürfnis nach Nähe abschwächen.*
Haben Sie manchmal das Gefühl, Sie könnten ohne Ihren Partner nicht leben? Ist Ihnen schon mehr als einmal vorgeworfen worden, Sie »klammerten« oder »würden dem anderen die Luft zum Atmen nehmen«?

- Versuchen Sie behutsam, sich selbst zu verstehen: In welchen Momenten brauchen Sie besonders viel Nähe von Ihrem Partner? In welchen Momenten fühlen Sie sich wie vernichtet, wenn Ihr Partner eigenen Raum oder gar Distanz einfordert? Gehen Sie dann gedanklich in Ihre Kindheit zurück: An welche Momente fühlen Sie sich erinnert, in denen Sie Nähe gebraucht hätten und sich stattdessen alleingelassen oder zurückgewiesen gefühlt haben?

- Versuchen Sie, das Bedürfnis des Partners nach mehr Freiraum nicht als Ablehnung Ihrer eigenen Person aufzufassen. Nehmen Sie sich lieber ein Beispiel an der Klarheit und Entschlossenheit, mit der Ihr Partner seine eigenen Bedürfnisse achtet und lebt. Überlegen Sie, was Ihnen in Zeiten der räumlichen Trennung Freude machen könnte. Warum nicht auch einmal einen Tag mit der Freundin im Sportclub, in der Sauna oder bei einem Stadtbummel verbringen? Warum nicht mal ein Wochenende mit Freunden allein wegfahren? Oder den ganzen Sonntag allein im Bett bleiben, einen Krimi lesen und nach Lust und Laune Krümel zwischen den Laken produzieren?
- Konzentrieren Sie sich mehr auf Ihr eigenes Leben: Was würden Sie machen, wenn Sie zurzeit keinen Partner hätten? Und mit wem? Versuchen Sie, den Fokus von Ihrem Partner wieder mehr auf andere Dinge zu lenken – auf Dinge, die Sie eventuell vor Ihrer Beziehung gern gemacht haben und die schon seit einer Weile brachliegen.
- Finden Sie heraus, ob Ihr Nähebedürfnis wirklich immer das Bedürfnis nach Nähe zum Partner ist oder ob es gespeist wird von Angst und Unsicherheit. Es ist ein Unterschied, ob ich Zeit mit jemandem verbringen will, weil ich Lust auf ihn habe oder aber weil ich Angst habe, dass er keine Lust auf mich haben könnte.
- Sollte Ihr Nähebedürfnis eher der Angst entspringen, nicht oder zu wenig geliebt zu werden, haben Sie vielleicht die Erwartungshaltung entwickelt, Ihr Partner müsse ständig für Sie verfügbar sein, damit Sie sich

seiner Liebe vergewissern können. Dies ist auf Dauer keiner Beziehung zuträglich. Ihr Partner wird sich wahrscheinlich nach einer Weile eingeengt fühlen und sich von Ihnen losstrampeln, was wiederum Ihre Angst, ihn zu verlieren, noch vergrößern wird. Hier ist es sinnvoll, das Problem bei der Wurzel zu packen und sich damit zu beschäftigen, woher diese Unsicherheit in Beziehungen kommt.

- Erinnern Sie sich daran, wie Ihre Eltern mit Ihnen als Kind umgegangen sind. Wer hat sich damals wie viel um Sie gekümmert? Wen hätten Sie mehr gebraucht? Wie sicher waren Sie sich grundsätzlich der Liebe Ihrer Eltern?
- Erinnern Sie sich auch an alle Beziehungen, die Sie im Laufe Ihres Lebens eingegangen sind. Haben Sie sich jemals ausreichend geliebt gefühlt? Öffnen Sie sich auch Ihrem Partner und erklären Sie ihm, woher Ihre Unsicherheitsgefühle stammen, damit er Sie besser verstehen kann. Überlegen Sie gemeinsam, wie Sie mehr emotionale Sicherheit aufbauen können, so dass Sie sich in Ihrer Beziehung immer mehr entspannen können – egal, ob Ihr Partner neben Ihnen auf dem Sofa sitzt oder am anderen Ende der Welt für drei Wochen ohne Sie Urlaub macht.

Am Ende dieses Kapitels werden Sie sich vielleicht fragen, welche Nähe-Intensität denn nun die richtige für Sie ist und wie viel Nähe und wie viel Distanz eine gute Partnerschaft braucht? Die Antwort ist: Entscheidend ist der Grad an Nähe, der Sie und Ihren Partner glücklich macht! Falls Sie zusätzlich eine grobe Richtlinie wünschen, dann halten Sie sich an die wunderbaren Worte von Khalil Gibran:

*Aber lasst Raum zwischen euch.*
*Und lasst die Winde des Himmels zwischen euch tanzen.*
*Liebt einander, aber macht die Liebe nicht zur Fessel:*
*Lasst sie eher ein wogendes Meer zwischen den Ufern eurer Seelen sein.*
*(…) Und steht zusammen, doch nicht zu nah:*
*Denn die Säulen des Tempels stehen für sich,*
*Und die Eiche und die Zypresse wachsen nicht im Schatten der anderen.*
KHALIL GIBRAN, *Von der Ehe*

# Führen oder geführt werden: Wer hat wann die Hosen an?

> Geliebt wirst du einzig, wo du schwach dich zeigen darfst, ohne Stärke zu provozieren.
> THEODOR W. ADORNO, *Minima Moralia*

Eine Kirche, ein Mann im Smoking, eine Frau in Weiß, Blumenschmuck in den Gängen, gerührte Gäste und die Frage aller Fragen. Verliebt blickt sich das Paar in die Augen, beide bejahen das Eheversprechen, der Mann hebt den Schleier seiner Braut und darf sie küssen.

Schnitt: Vier Jahre später: Die beiden sitzen beim Frühstück, es herrscht angespannte Stimmung.

»Ich würde so gerne wieder arbeiten gehen«, spricht die Ehefrau ihren sehnlichen Wunsch zum wiederholten Male aus.

»Du brauchst nicht zu arbeiten. Ich verdiene genug Geld. Kümmer dich lieber um unseren Sohn und den Haushalt!«, ordnet der Mann energisch an.

»Du hast bei der Heirat mein Vermögen bekommen, du hast bei allen Entscheidungen das letzte Wort, also bitte lass mir wenigstens meinen Beruf!«, bäumt die Ehefrau sich ein letztes Mal verzweifelt auf, wohl wissend, dass sie sowohl gesellschaftlich als auch gesetzlich am kürzeren Hebel sitzt.

Hätten Sie gewusst, dass dieses Gespräch in den 70er

Jahren des 20. Jahrhunderts in Deutschland stattgefunden haben könnte? Bis dahin mussten Frauen sich nämlich verpflichten, der Hausarbeit oberste Priorität einzuräumen, und ihren Mann um Erlaubnis fragen, wenn sie einem Beruf nachgehen wollten. Ihr Vermögen fiel bei einer Heirat automatisch dem Mann zu, der auch nach einer Scheidung darüber verfügen konnte, wenn die Frau »schuldig« an der Trennung war. Welche Frau würde im Jahre 2010 wohl unter diesen Bedingungen noch heiraten?

Zum Glück hat sich inzwischen viel verändert. Die einst belächelten und sogar bekämpften Emanzipationsbewegungen von Frauen haben längst schon eine Gleichberechtigung zwischen den Geschlechtern geschaffen, von der vorherige Generationen höchstens zu träumen wagten.

Mittlerweile beruhen die Lebensentwürfe von Paaren auf gemeinsamen Absprachen. Die starren Mann-Frau-Hierarchien der Vergangenheit sind heute zumindest in der westlichen Welt nicht mehr anwendbar. Stattdessen ist das Maß der Führung persönlichkeitsabhängig und muss in jeder Beziehung neu ausgehandelt werden, wie die folgende Szene zeigt.

## Führungspersönlichkeiten: stark und nachgiebig

Freitag, 19 Uhr. Zwei befreundete Paare sitzen beisammen und überlegen, wie der Abend gestaltet werden soll.

»Was haltet ihr davon, heute mal so richtig schick auszugehen – erst in eine Bar und später noch in einen Club?«, schlägt Kerstin vor.

»Auf gar keinen Fall. Du weißt doch, dass ich Tanzen hasse«, fällt Matthias, Kerstins Freund, ihr ins Wort.

»Wie wäre es denn mit einem Abendessen in dem tollen italienischen Restaurant, das letzte Woche neu eröffnet hat? Danach können wir noch etwas trinken gehen«, versucht Stefan zu vermitteln.

»Was möchtest du denn unternehmen?«, fragt Kerstin Mona, die sich mit geschlossenen Augen auf dem Sofa ausgestreckt hat.

»Ach, mir ist alles recht«, antwortet Mona.

»Ja, aber worauf hättest du denn am meisten Lust von den vorgeschlagenen Sachen?«, bohrt Kerstin nach, die hofft, in Mona eine Verbündete für den Clubbesuch zu haben.

»Ehrlich, mir ist alles egal. Ich schließ mich euch an.«

»Gut, dann gehen wir doch erst mal was essen und schauen dann mal weiter«, entscheidet Stefan.

Was wie eine recht harmonische Entscheidungsfindung aussieht, folgt einem bestimmten Führungsszenario. Schauen wir auf die Einzelpersonen und die jeweilige Paarkonstellation:

Kerstin und Matthias sind ein Paar, das oft Machtkämpfe miteinander austrägt. Beide sind Führungspersönlichkeiten, treffen gerne und schnell Entscheidungen und geben ungern nach.

Stefan und Mona haben unterschiedliche Rollen: Stefan ist der Führende, Mona lässt sich gerne von Stefan inspirieren und schließt sich seiner Meinung und seinen Vorschlägen an.

Stefan war schon als Kind durchsetzungsfähig und hatte in seiner Klasse und seinem Freundeskreis das Sagen. Während der gesamten Oberstufenzeit wurde er zum Klassensprecher gewählt. In seiner Studienzeit engagierte er sich in seiner Freizeit bei Greenpeace und Amnesty International und lud am Wochenende oft zu Partys ein. Stefan wusste früh, welchen Beruf er ergreifen wollte: Arzt. Als Leitender Arzt einer chirurgischen Station hat Stefan heute viel Verantwortung und muss schnell und sicher Entscheidungen treffen, eine Anforderung, die ihm keine Probleme bereitet. Neben seiner praktischen Tätigkeit im Krankenhaus ist Stefan oft auf internationalen Kongressen eingeladen, also häufig unterwegs.

Obwohl Stefan viel arbeitet, ist er nicht nur auf seinen Beruf fixiert und genießt seine freie Zeit in vollen Zügen. Kino und Theater, Konzertbesuche, Treffen mit Freunden – Stefans Terminkalender ist mitunter über Monate hinweg verplant, und sowohl Mona als auch viele seiner Freunde verlassen sich auf Stefan und seine guten Ideen zur Freizeitgestaltung. Mona überlässt Stefan auch die Urlaubsplanung und lässt sich überraschen, wohin es geht und welch interessante Reiseroute er wieder ausgearbeitet hat.

Mona ist relativ entspannt, was ihr Leben anbetrifft. Sie lässt sich gern treiben, und Stefan bietet ihr immer wieder neue Inspirationen. Sie ist sehr kompromissbereit, und es liegt ihr nichts daran, ihren eigenen Kopf durchzusetzen. Sie weiß, dass sie sich auf Stefan hundertprozentig verlassen kann. So besorgte er ihr zum Beispiel einen neuen Job, als sie in ihrem alten immer unzufriedener wurde. Eine Partnerschaft mit Stefan ist für sie ideal, denn sie verlangt vom Partner nur eines: Anpassungsbereitschaft. Solange Mona sich Stefans Vorschlägen und Interessen fügt, verstehen die beiden sich wunderbar. Problematisch wird es nur, wenn Mona eigene und abweichende Ideen entwickelt. So bekam sie vor einiger Zeit ein traumhaftes Jobangebot, das sie gerne angenommen hätte, auch wenn sie dafür hätte umziehen müssen. Stefan war strikt dagegen, umzuziehen, und eine Fernbeziehung war für ihn undenkbar. Also blieb Mona, wo sie war. Diese Bereitschaft, sich unterzuordnen, kann durchaus als Kehrseite der Medaille im Zusammenleben mit führungsstarken Partnern gesehen werden. Für Stefan wäre es eine Entwicklungsaufgabe, einige Entscheidungsbereiche an Mona zu übergeben oder bei wichtigen Entscheidungen einen Kompromiss mit seiner Frau einzugehen. Mona hingegen könnte lernen, mehr Eigeninitiative zu entwickeln und auch mal für eigene Wünsche einzustehen.

Grundsätzlich jedoch ergänzen sich die beiden in ihrem Verhalten. Sie sind *komplementär* – in einer solchen Verbindung gibt es stets einen überlegenen und einen unterlegenen Partner, zumindest, was die Kommunikation und die Führungsrolle betrifft.

Weisen zwei Partner hingegen ähnliche Strukturen auf, haben sie also wie im Fall von Kerstin und Matthias ein ähnliches Führungsbedürfnis, dann geht man von einer *symmetrischen* Beziehung aus, in der beide Partner sozusagen ein spiegelbildliches Verhalten an den Tag legen.

Bei zwei *führungsstarken* Partnern kann man häufig Machtkämpfe beobachten: Soll es eine Wohnung in der Stadtmitte oder ein Häuschen auf dem Land sein? Geht es in den Ferien in die Berge oder ans Meer, zu Weihnachten zu seinen Eltern oder zu ihren? Wer macht mehr im Haushalt? Er wünscht sich Kinder, sie Karriere; er möchte Geld sparen, sie Handtaschen sammeln; selbst wer beim Sex häufiger oben liegt, soll schon gezählt worden sein.

Bei zwei *führungsschwachen* Partnern hingegen nimmt man mitunter eine gewisse Trägheit wahr. Da werden die Haushaltsarbeiten hin- und hergeschoben, bis Abwasch und Müll sich schließlich in der Küche stapeln. Gemeinsame Anschaffungen für die Wohnung, Urlaube und Umzüge werden bestenfalls geplant, aber nie in die Tat umgesetzt. Vielleicht wohnt das Paar noch immer in einer WG mit Möbeln von Oma und Opa, weil die Anschaffung neuer Möbel Planung und Entscheidung bedürfte – und wer soll das übernehmen?

Studien besagen, dass sich symmetrische Typen eher selten finden. Aber bestimmt kennt jeder ein Paar, das sich über Jahre hinweg über gewisse Bereiche streitet, dabei aber keinen Millimeter vorankommt, weil beide vom jeweils anderen erwarten, er möge sie inspirieren und auf den richtigen Weg bringen. Solche Paare haben mitunter große Schwierigkeiten, sich zu trennen, weil keiner den Absprung findet und beide darauf warten, dass der andere den entscheidenden Schritt geht. Es gibt freilich auch Paare, wo beide Partner ähnlich entscheidungsstark (oder -schwach) sind, denen es aber gelingt, eine Aufteilung der Lebensbereiche herzustellen.

## Innerer Machthaushalt: nach außen mächtig, innen schmächtig

In vielen Beziehungen ist es klar, wer über oder unter dem Pantoffel steht. Das stellte schon der amerikanische Romancier John Updike fest: »Jede Ehe besteht wohl aus einem Aristokraten und einem Bauern. Einem Lehrer und einem Schüler.«

Allerdings ist die Außenwirkung von Paaren nicht immer identisch mit dem inneren Machthaushalt. So kann Doris, die nach außen hin immer freundlich und kooperativ wirkt, in ihrer Beziehung schon mal zwei Tage schmollen und schweigen, um ihren Mann Günther zu bestrafen und auf diese Art versuchen, ihren Kopf doch einmal durchzusetzen. Und ihr Mann, der in der Öffentlichkeit die Emanzipation der Frauen preist und großzügig eine Runde nach der anderen schmeißt, wedelt hinter verschlossenen Türen mit der Macht seines Geldes und weist Doris in Krisensituationen immer wieder mal darauf hin, dass er als einkommensstärkerer Partner von beiden auch mehr Entscheidungsbefugnis über ihr gemeinsames Leben habe.

Letztlich besitzen wir alle unsere eigenen Strategien, um Macht auszuüben und unseren Kopf durchzusetzen – mal durch die Wand, mal sanft und fast unbemerkt.

Eine besonders raffinierte Form, eigene Interessen durchzusetzen, ist die »verdeckte Mimosenführung«. Sylvias Mutter war eine Spezialistin auf diesem Gebiet. Geruhsame Ferien auf Sylt gefielen ihr besser als die von ihrem Mann gewünschten Fernreisen, also wurde aus dem leichten Unwohlsein beim Fliegen eine ausgewachsene Flugangst, die es natürlich der gesamten Familie unmöglich machte, in die Ferien zu fliegen. Und der Urlaub im Strandkorb war dann ja auch immer sehr erholsam. Sylvias Vater liebte es, ganzjährig mit offenem Fenster zu schlafen, Sylvias Mutter hingegen schloss das Fenster auch in lauen Sommernächten mit der Begründung, sie würde sich sonst erkälten. Sylvia musste immer möglichst leise spielen und durfte keine Spielkameraden einladen, da zu viel Krach einen Migräneschub bei der Mutter hätte auslösen können. »Rücksichtnahme« hieß das Machtwort der Mutter, und die ganze Familie tanzte pflichtbewusst nach ihrer Pfeife.

Doch Vorsicht: Auch diese vermeintlich clevere Führungsstrategie führt nicht selten zu starkem Groll beim Gegenüber, der aus Rücksicht und Mitleid immer wieder auf eigene Wünsche verzichten muss. Was anfangs noch gerne für den anderen getan wird, weil man von einer Ausnahme ausgeht, kann irgendwann für Verbitterung sorgen. Wenn aus einer harmlosen einmaligen Manipulation ein ausgeklügeltes Herrschaftssystem wird, kann auch aus gutmütigem Verzicht ein genervter Vorwurf entstehen.

## Kontrolle um jeden Preis

Schwierig wird es, wenn ein Mensch das Gefühl hat, *immer* bestimmen zu müssen. Vielleicht hat man schon früh gelernt, dass man sich nicht auf andere verlassen kann oder andere dem eigenen Perfektionismus nicht entsprechen. »Wenn ich es nicht mache, macht es keiner« ist den Kontrollfreaks unter uns ein altbekannter Leitsatz.

Auch wenn es in vielen Lebensbereichen gut ist, den Überblick zu behalten und entscheidungsstark zu sein: Wenn die Balance kippt und das Ganze in einen Kontrollzwang ausartet, wird das eigene Leben und das Miteinander mit anderen anstrengend. Wenn ich immer alles besser weiß, vergeht dem anderen vielleicht irgendwann die Lust, überhaupt noch am gemeinsamen Leben teilzunehmen. Das Gefühl, alles bestimmen zu müssen, kann auch durch den Partner ausgelöst oder verstärkt werden, etwa weil dieser sehr phlegmatisch ist und sich gerne alles abnehmen lässt. So entsteht eine Dynamik, die beide Partner frustriert: Der Kontrollfreak gelangt irgendwann an den Rand seiner Kräfte und fordert Hilfe vom anderen, der sich aber schon längst zurückgezogen hat – aus Bequemlichkeit oder aus Angst vor allzu gewohnter Kritik.

Kontrollfreaks outen sich rasch im Alltag. Besonders gut kann man sie am Umgang mit Kindern erkennen. Das gilt zum Beispiel für Mütter, die nicht ohne ihre Familie in Urlaub fahren oder nur, wenn für das gesamte Wochenende vorgekocht wurde, damit die Kinder auch ja genug Vitamine zu sich nehmen: »Wer weiß, womit mein Mann die Kinder sonst vollstopfen würde!« Oder die Väter, die dem Arzt und der Hebamme gern erklären würden, wie sie das Baby aus dem Bauch zu holen haben, mit Argusaugen die Betreuung in der Kita und später die schulische Förderung bzw. die sportlichen Erfolge ihres Sprösslings überwachen. Eine inzwischen von einem männlichen Kontrollfreak getrennte Mutter klagte ihrer Anwältin ihr Leid: »Ständig redete mir mein Mann rein, wie ich mit dem Kind umgehen sollte. Wenn er gekonnt hätte, hätte er unserem Baby auch die Brust gegeben!«

Entscheidungen treffen zu können, den anderen mitreißen oder überzeugen zu können, sich durchzusetzen – das alles sind durchaus gute Fähigkeiten. Wenn jedoch der andere gar kein Mitspracherecht am gemeinsamen Leben mehr hat, ist Gefahr in Verzug.

## »Ich mach alles, was du willst.« Führungsschwache Persönlichkeiten

Wäre die Fähigkeit, sich unterzuordnen, eine olympische Disziplin, hätte Karl bestimmt schon eine Goldmedaille gewonnen. Wenn er liebt, dann richtig – und wie durch Zauberhand ist Karl nach kurzer Zeit all seinen Freundinnen unterlegen. Wie stellt er das an?

Karl wird regelmäßig abhängig von seinen Partnerinnen. Schon nach kurzer Zeit kann er sich nicht mehr vorstellen, ohne seine Freundin zu leben. Ab diesem Moment würde er alles dafür tun, dass die Beziehung fortgesetzt wird, egal, was er dafür aufgeben muss, bis hin zur Selbstaufgabe. Es seiner Partnerin recht zu machen wird zu seiner Lebensaufgabe. Karl hat wenig Selbstvertrauen und behält lieber den Spatz in der Hand, als von der Taube auf dem Dach zu träumen, zumal er sich auch in einer unglücklichen Beziehung nie vorstellen kann, noch einmal eine andere Freundin abzubekommen.

Durch diese Selbstabwertung erhält seine Partnerin automatisch mehr Macht und sitzt am längeren Hebel – ob sie will oder nicht. »Wie du möchtest, Schatz« kann auf die Dauer allerdings auch nerven, wenn es bedeutet, dass man alles allein entscheiden muss und kein Gegenüber hat, mit dem man sich beraten oder an dem man sich reiben kann. Das traurige Ende vom Lied ist meist, dass die Frauen glauben, Karl habe sie gar nicht verdient.

Doch nicht immer liegt es an mangelndem Selbstbewusstsein, dass Menschen in Beziehungen das Zepter aus der Hand geben. Auch die ausgeglichene Mona ist in ihrer Beziehung wenig dominant. Sie ist harmoniebedürftig und gibt in Belangen, die ihr nicht wichtig sind, schnell nach, um Diskussionen zu vermeiden. Ihr Herz hängt nicht daran, ob es zum Abendessen zum Italiener oder zum Griechen oder im Urlaub in die Berge oder ans Meer geht. Sie ist froh, wenn Stefan ihr viele Entscheidungen abnimmt, und weiß seine Macher-Qualitäten zu schätzen, da diese ihr das Leben bequemer machen.

Allerdings erkennt Mona an ihrer Lieblingstante Doris, worauf es hinauslaufen kann, wenn man sich einem Partner zu sehr unterordnet. Doris hat zeit ihres Lebens nach starken, entscheidungsfreudigen Männern Ausschau gehalten und sich jenen gerne untergeordnet. Ohne Vater aufgewachsen, fühlte sie sich schon als junges Mädchen meist zu älteren Männern hingezogen, die auf sie stark und lebenserfahren wirkten. Der Wunsch nach Sicherheit und Geborgenheit war stärker als das Bedürfnis, sich frei zu entfalten. Ihr erster langjähriger Freund schlug ihr vor, Stewardess zu werden, damit sie zusammen viel und günstig reisen könnten. Also wurde Doris, die gerne Kindergärtnerin geworden wäre, Flugbegleiterin und tröstete sich damit, dass sie ja irgendwann eigene Kinder bekommen würde, die sie umsorgen könnte.

Lange Jahre gefiel es Doris, sich in ihren Beziehungen führen und formen zu lassen. Mit 25 Jahren heiratete sie Bernd, der ihr mit seinem männlichen Charisma den Kopf verdreht hatte. Was von Außenstehenden als Unterdrückung wahrgenommen wurde, bewertete Doris als liebevoll und umsorgend: Bernd suchte im Restaurant das Essen für sie aus, unterbrach sie, wenn sie in seinen Augen zu viel »plapperte«, und begleitete sie beim Einkaufsbummel, damit sie sich genau nach seinem Gusto kleidete. Jedes noch so kleine Autonomiebestreben von Doris wurde von ihm im Keim erstickt.

Einen Wunsch jedoch ließ Doris sich nicht ausreden: Sie wollte Kinder – wenn schon nicht zwei, dann wenigstens eins, darin blieb sie unnachgiebig. Immer wieder sprach Doris das Thema an. Bernd wiegelte ständig ab und vertröstete sie. Im Laufe der Jahre wurde Doris immer unzufriedener, denn ihre innere Uhr tickte und der Wunsch, Mutter zu werden, nahm nicht ab, sondern zu. Nie wird Doris den Abend vergessen, an dem Bernd ihr mitteilte, dass er sie für eine andere Frau verlassen werde. Doris war bereits 39 Jahre alt und verlor an diesem Abend nicht nur ihren Mann, sondern auch die Hoffnung, noch ein Kind zu bekommen.

Zwei Jahre brauchte Doris, um sich von diesem Schlag zu erholen. Sie schwor sich, nie wieder alles für einen Mann aufzugeben und das nächste Mal ihren Partner weiser zu wählen. Als sie Günther kennenlernte, wusste Doris genauer als jemals zuvor in ihrem Leben, was sie von einem Mann und einem gemeinsamen Leben erwartet. Noch heute findet sie dominante Männer anziehend, aber ein gewisser Freiraum ist ihr inzwischen wichtig geworden. Günther, ein erfolgreicher Börsenmakler, bietet ihr sowohl Sicherheit als auch Eigenständigkeit. Er kontrolliert sie nicht, wenn sie auf Reisen ist, kommentiert weder ihren Kleidungs- noch Einrichtungsgeschmack und verwöhnt sie mit großzügigen Geschenken. Für Doris ist Günther zwar nicht die große Liebe, aber sie hat pragmatisch gewählt: Sie schätzt ihn und das Leben an seiner Seite, sie mag viele Seiten an ihm, und es ist mehr als in jeder Beziehung zuvor ein gegenseitiges Geben und Nehmen. Sie repräsentiert gerne für ihn, richtet Geschäftsessen aus, kümmert sich um Haus und Garten und stärkt ihn durch ihr Lob und ihre Wertschätzung. Im Gegenzug liebt Günther es, Doris auszuführen und ihr Komplimente zu machen. Ihrem Kinderwunsch stand er neutral gegenüber, solange sie sich allein um das Kind gekümmert hätte. Darüber hinaus hat er Doris ein Haushaltskonto eingerichtet, das keine Wünsche offenlässt, und in einem Ehevertrag für den Fall der Trennung eine großzügige Summe festschreiben lassen, durch die sie für immer versorgt wäre.

Mona wird manchmal traurig, wenn sie über ihre Tante nachdenkt, die einem Mann zuliebe ihren größten Wunsch aufgegeben hat: Mutter zu werden. Mona hat sich deshalb vorgenommen, in Herzensentscheidungen mehr auf sich selbst zu hören und sich darin gegen Stefan durchzusetzen, um nicht irgendwann einen so großen Verlust wie ihre Tante Doris zu erleiden.

Als Mona vor ein paar Jahren schwanger wurde, überzeugte sie Stefan von ihrem Kindheitstraum: ein Familienleben auf dem Land in einem eigenen kleinen Häuschen mit Garten. Stefan war zwar nicht sofort Feuer und Flamme, da er gerne in der Stadt lebte, Mona jedoch ließ nicht locker, denn dieses Mal war es ihr wirklich wichtig. Nach einer Weile des Abwägens begannen die beiden mit der Haussuche in einer Gegend, die nicht allzu weit von der Stadt entfernt und dennoch ländlich und grün ist.

Mona ist jedes Mal glücklich, wenn sie in ihrem Garten sitzt und ihrer kleinen Tochter Greta beim Spielen zuschaut. Auch Stefan fühlt sich inzwischen wohl mit dem Landleben, das einen guten Ausgleich zu seinem ansonsten hektischen Leben bietet. Wenn eingefleischte Stadtmenschen ihn fragen, wie er es am Ende der Welt eigentlich aushält, zuckt er grinsend mit den Schultern, und ein bisschen stolz auf die selbstgeschaffene Idylle antwortet er dann: »Happy wife, happy life!«

Mona und Stefan haben erkannt: Es gilt, den goldenen Mittelweg zu finden. Führen, wenn notwendig und erwünscht, aber nicht alles kontrollieren und entscheiden müssen; sich anpassen können, aber nicht in Lethargie und Bequemlichkeit versinken, weil andere das eigene Leben bestimmen.

### ♥ ÜBUNG
**Erkennen Sie Ihre Führungsmentalität**

Chef oder Angestellter, Königin oder Zofe, Dirigent oder Orchestermusiker – welche Führungs- oder Anpassungsqualitäten stecken in Ihnen? Mit den folgenden Fragen können Sie Ihre eigene Führungsmentalität unter die Lupe nehmen.

- Stellen Sie fest, ob Sie in Beziehungen eher ein »Chef« oder ein »Angestellter« sind. Bestimmen Sie über Freizeitaktivitäten, die Erziehung der Kinder, Urlaubsziele und die meisten Gesprächsthemen? Oder ist es Ihr Partner, der den Ton und das Tempo vorgibt?
- Ordnen Sie auch Ihre bisherigen Partner bezüglich ihrer Dominanz ein.
- Gibt es Bereiche, in denen Sie in Ihrer Partnerschaft unbedingt das Sagen haben möchten? Wenn ja, welche sind das?
- Gibt es Bereiche, in denen Sie sich die Entscheidungen gerne abnehmen lassen?
- Wie setzen Sie Ihre Führungsmacht ein? Offensiv (durch Kommandos, fertig ausgearbeitete Pläne oder gar vollendete Tatsachen, die Sie dem anderen präsentieren) oder defensiv (durch Schmollen, Rückzug, sexuelle Verweigerung)?
- Sitzen Sie etwas gerne aus? Oder kümmern Sie sich gerne und schnell um eine Lösung?
- Welcher Typ Partner ist für Sie interessanter – einer, der bestimmt, oder einer, der sich fügt?
- In welchen Bereichen gab und gibt es immer wieder Revierkämpfe mit Ihrem jeweiligen Partner?
- Gibt es Bereiche, die gut geklärt sind? Wenn ja, wie ist Ihnen das gelungen?

**TIPP!**
**Wenn Sie Ihre Führungsqualitäten ändern wollen**

*Sie wollen Ihre Dominanz abschwächen.*

- Beginnen Sie, in Bereichen, die Ihnen nicht so wichtig sind, Kontrolle abzugeben.
- Fragen Sie Ihren Partner, wo er gerne mehr Führung oder Entscheidungsbefugnis haben möchte, und nehmen Sie sich bewusst vor, sich um diese Bereiche weniger oder gar nicht mehr zu kümmern. Es ist leichter, mit für Sie unwichtigen Bereichen anzufangen; eventuell lassen Sie Ihren Partner in nächster Zeit beispielsweise die Kinofilme oder Restaurants aussuchen, oder Sie wechseln sich zumindest mit der Auswahl ab.
- Wenn es Ihnen in unwichtigen Bereichen gelungen ist, Ihrem Partner mehr Entscheidungen zu überlassen, gehen Sie Schritt für Schritt zu wichtigeren Themen über.
- Überprüfen Sie, wie sich dies auf Ihre Beziehung auswirkt. Bleiben Sie mit Ihrem Partner darüber im Gespräch: Was sind positive Auswirkungen? Was hingegen fällt Ihnen und Ihrem Partner schwer an der neuen Führungsaufteilung? Wie fühlt es sich für Sie an, wenn Sie einen Kompromiss eingehen oder die Dinge nicht so laufen, wie Sie es sich vorstellen? Menschen mit ausgeprägter Dominanz und Perfektionismus haben oft Schwierigkeiten, wenn etwas von Ihrem Plan abweicht. Identifizieren Sie Ihre Gefühle so genau wie möglich: Handelt es sich um Ungeduld, Unzufriedenheit, Wut oder Enttäuschung?
- Ergründen Sie, in welchen Phasen Ihres Lebens, an-

gefangen in der Kindheit, es besonders wichtig war, die Zügel im Griff zu behalten. Was wäre passiert, wenn Sie damals weniger Kontrolle über Ihr Leben gehabt hätten?

- Überlegen Sie genau: Was für Auswirkungen hätte es heute, wenn Sie ab und zu gelassener wären und weniger Kontrolle ausübten? Die alten Befürchtungen sind oft nicht auf unser heutiges Leben zu übertragen, und so verhält es sich auch mit dem Maß an Kontrolle, das zu anderen Zeiten wichtig war. Vielleicht ist es heute nicht mehr lebenswichtig für Sie, die Zügel stets in der Hand zu haben. Vielleicht haben Sie heute sogar einen verantwortungsbewussten Partner an Ihrer Seite, der Ihnen wunderbar mal etwas abnehmen kann. Dann können Sie ihm vertrauen und sich entspannt zurücklehnen …
- Erinnern Sie sich an Ihre Eltern: Wer war Führer, wer eher Gefolge? Welche Sätze haben Sie vom elterlichen Anführer noch im Ohr? Welche Haltung stand dahinter? Und welche Haltung haben Sie eventuell unbewusst übernommen? Wie gut passt diese Haltung heute in Ihr Leben? Oft übernehmen wir Grundsätze unserer Eltern und leben anhand derer unser erwachsenes Leben, ohne sie zu hinterfragen, obwohl sie störend und unpassend sind.

*Sie wollen Ihre Führungsqualitäten stärken.*

- Bestimmt gab es schon Momente in Ihrem Leben, in denen Sie sich geärgert haben, dass Sie zu wenig für sich eingestanden sind. Rufen Sie sich möglichst viele dieser Momente ins Gedächtnis und stellen Sie fest, welche

Konsequenzen diese auf Ihr weiteres Leben hatten. Widmen Sie sich den wichtigsten Situationen und überlegen Sie, wie Ihr Leben heute aussehen würde, wenn Sie damals innere und äußere Stärke gezeigt hätten.

- Überlegen Sie, in welchen Bereichen Sie stärker werden, deutlicher Ihre Meinung vertreten oder selbstbewusster Entscheidungen treffen möchten.
- Werden Sie sich darüber klar, was Sie bisher davon abgehalten hat, sich durchzusetzen. Womit assoziieren Sie Dominanz, Führung oder Entscheidungskraft in einer Partnerschaft? Vielleicht fallen Ihnen zunächst nur negative Begriffe wie »Egoismus« oder »Rechthaberei« ein, was erklären könnte, warum Sie sich bisher in Partnerschaften nicht durchgesetzt haben. Welche positiven Bewertungen können Sie stattdessen finden?
- Gibt es Menschen, die Sie hinsichtlich Ihrer Führungskompetenz als Vorbild empfinden? Was haben diese Menschen für eine Art, sich durchzusetzen? In welchen Bereichen können sie gut führen? Was genau gefällt Ihnen an ihnen? Welche dieser attraktiven Züge könnten Sie übernehmen und in welchen Bereichen?
- Betrachten Sie Ihren jetzigen Partner, aber auch ehemalige Partner, sofern sie dominanter waren als Sie. Wann konnten Sie mit deren Dominanz gut umgehen, wann haben Sie diese eher als unangenehm empfunden? Überlegen Sie sich Alternativen zu dem Verhalten, das Sie gestört hat, etwa wenn Ihr (Ex-)Partner Sie bei wichtigen Entscheidungen übergangen hat oder in Gegenwart anderer vor vollendete Tatsachen gestellt hat.
- Treffen Sie bewusste Entscheidungen. Beginnen Sie im

Alltag bei kleinen, unwichtigen Entscheidungen, und zwar immer dann, wenn Sie nach einer Entscheidung gefragt werden, die Sie sonst den anderen überlassen hätten. Wenn Sie zum Beispiel mit Freunden im Restaurant sitzen und der Kellner fragt, ob das Wasser mit oder ohne Kohlensäure gebracht werden soll, entscheiden Sie darüber – ebenso, welcher Kinofilm abends angeschaut werden soll, welche Freunde am Wochenende besucht werden sollen, wo Sie am Tisch sitzen wollen, ob Sie selbst fahren oder lieber Beifahrer sein möchten. Fragen Sie sich selbst, was Sie wirklich gerade wollen, und tun diesen Wunsch dann kund, bzw. handeln Sie dementsprechend.

- Nehmen Sie wahr, wie Ihr Gegenüber auf Ihre Entscheidungsfreude reagiert. Sie werden überrascht sein, wie dankbar manch einer ist, wenn endlich einmal *Sie* das Zepter in der Hand halten.

# Verantwortung und Fürsorge: Liebe bis zur Selbstaufgabe oder bewusstes Geben und Nehmen?

Viele Menschen sollten sich ein Beispiel an Vampirfledermäusen nehmen. Die kleinen Tiere haben nämlich ein ausgeprägtes Gedächtnis für Gerechtigkeit. Bringt so ein Vampir ein Beutestück nach Hause in seine Höhle, teilt er mit allen. Dabei merkt sich der Vampir genau, wer etwas abbekommen hat. Beim nächsten Mal erwartet er dann, selbst etwas von der Beute seines Gastes zu bekommen. Wenn ein anderes Tier diese Erwartung verletzt, hat es bei ihm verspielt und bekommt nie wieder etwas ab.

Auch bei uns Menschen hat Geben und Nehmen in sozialen Gefügen einen hohen Stellenwert. So unromantisch es klingt: Wir führen innere Konten. Leider ist das innere Konto beim Menschen viel schwieriger zu erkennen und zu bewerten als bei den Vampiren, die einfach Maus um Maus verrechnen. Menschen rechnen anders, weil sie nicht immer einschätzen können, wie viel sie gerade auf dem Konto haben. Manchmal haben sie sich auch schlimm verspekuliert. Oder sie kalkulieren noch. So wie Jana im Gespräch mit ihrer Freundin:

»Es ist doch zum Verrücktwerden! Jetzt habe ich endlich zwei Karten für das Konzert ergattert und freue mich seit Wochen darauf. Und was passiert? Genau heute kriegt Sebastian die Grippe!«

»Dann fällt das Konzert also aus? Machst du die Krankenschwester?«

»Ehrlich gesagt, würde ich lieber mit dir zum Konzert gehen. Aber ich kann den Armen doch nicht allein lassen. Der kann sich ja nicht mal einen Kamillentee machen.«

»Dann denk doch mal an Kanada.«

»Du meinst mit Jörg damals?«

»Wie war das noch mal? Du musstest die Reise absagen, auf die du dich so gefreut hast, weil der kein Geld mehr hatte. Für neue Felgen bei seinem Auto hat es aber noch gereicht.«

»Stimmt. Damals habe ich mich wahnsinnig über mich geärgert, dass ich nicht allein gefahren bin. Und jetzt wieder so was! Das Konzert sehe ich bestimmt nicht noch mal. Sebastian schon eher.«

»Der hat aber gar kein Auto und interessiert sich auf jeden Fall mehr für dich als für irgendwelche Felgen.«

»Auch richtig. Er ist ja oft so lieb zu mir. Also, was soll ich jetzt machen?«

Eine gute Frage. Zahlt Jana auf das innere Konto ein oder hebt sie ab?

Es gibt Menschen, die sich diese Fragen niemals stellen würden. Tante Agathe ist das beste Beispiel. Menschen wie Agathe verwandeln alles in einen warmen, wunderbaren Ort. Sie sind völlig frei von kalter Berechnung. Agathe versorgt ihre Enkel liebevoll: brät ihnen duftende Reibekuchen, legt kleine Betthupferl aufs Bett. Wer krank ist, bekommt stets Blumen und einen aufmunternden Besuch.

Auch ihrem Mann gegenüber ist Agathe sehr fürsorglich, sie würde fast alles für ihn tun. Dabei ist er keineswegs ein Traummann: beruflich nicht besonders erfolgreich, etwas füllig, ungeschickt und oft unwirsch zu ihr. Agathe kümmert sich dennoch wie selbstverständlich um ihn, deckt ihn beim Mittagsschlaf zu und bringt ihm nach dem Aufwachen eine Tasse Tee. Sie hört seinen Worten mit viel Geduld und Anteilnahme zu und achtet darauf, dass er sich genügend bewegt.

Was wäre eine Partnerschaft ohne Fürsorge und gegenseitige Verantwortung? Eine schreckliche Vorstellung. Die Evolutionspsychologie liefert dafür sehr pragmatische Gründe: Ihr zufolge dient Hilfsbereitschaft vor allem der Arterhaltung. Über die Jahrtausende haben Menschen ihr Körperfell verloren und sich einen aufrechten Gang angewöhnt. Das hatte zur Folge, dass sich Menschenkinder nicht mehr an ihren Menschenmüttern festhalten können. Schon rein anatomisch betrachtet kann eine Mutter nicht gleichzeitig ihr Baby auf dem Arm und das Geschwisterkind an der Hand halten, Milchflaschen auskochen, im Brei rühren und das klingelnde Handy ans Ohr halten. Insofern braucht sie den Vater in den ersten Lebensjahren des Kindes – zumindest um ihr mit Rat und Tat zur Hand zu gehen und um sie und das Kind mit Nahrung, Unterkunft und Kleidung zu versorgen.

Bevor sich nun ein Sturm der Entrüstung über diese recht schlichte Beschreibung entfacht, sei noch einmal daran erinnert, dass die Evolutionspsychologie eben eher einfache Erklärungen bevorzugt. Natürlich ist Fürsorge in Partnerschaften weit mehr als nur gemeinsame Brutpflege. Denn Mütter brauchen selbstverständlich auch Schuhe … Und Liebe!

Jeder Mensch benötigt ganz persönliche, liebevolle Zuwendung. Beim Partner kann man aufatmen, wenn man sich die Probleme des Tages von der Seele reden kann, wenn ein warmes Essen bereitsteht und er einen genau dann in den Arm nimmt, wenn man es braucht. Gerade wenn die eigene Familie räumlich oder emotional weit entfernt ist, ist die Partnerschaft oft der wichtigste Rückhalt. Die Gesellschaft wird immer anonymer und schnelllebiger, Freunde ziehen weg oder stehen beruflich unter Dauerstress. Deshalb brauchen wir eine Oase in der rauhen Steppe. In der Partnerschaft wollen wir Geborgenheit, Zuspruch und Zusammenhalt erfahren.

Besonders in Notfällen spielt die gegenseitige Unterstützung eine wichtige Rolle, denn vor einem Unfall oder Arbeitslosigkeit ist niemand gefeit. Der erfolgreiche Manager beispielsweise verliert plötzlich seinen Job und sitzt nun ohne Aufgaben zu Hause. Wie wichtig ist es für ihn dann, wenn seine Frau ihm Mut macht und ihn wieder aufbaut, damit er den Glauben an sich und seine Fähigkeiten nicht verliert. Andererseits braucht sie seine Schulter zum Anlehnen, wenn etwa ein Todesfall ihren Glauben an die Zukunft erschüttert. Wenn sinnbildlich das letzte Glas Wasser in der Wüste geteilt werden muss, zeigt sich erst recht die Fürsorge gegenüber dem Partner. Mancher todkranke Familienvater sorgt noch am Krankenbett dafür, dass Frau und Kinder ausreichend abgesichert sind, bevor er sich erlaubt zu sterben. Selbst im Falle einer Trennung zeigen sich viele Männer großzügig gegenüber ihrer Exfrau und den gemeinsamen Kindern, damit sie ihr gewohntes Leben weiterführen können.

Es ist gut, wenn wir uns zurücknehmen können. Denn die Liebe selbst verlangt immer wieder Kompromisse und Opfer. Er wohnt in München, sie in Kiel – einer muss irgendwann umziehen. Er möchte keine Kinder, sie auf jeden Fall – einer muss seinen Traum aufgeben.

Wer ein Opfer für die Liebe bringt oder eine große Einzahlung auf das Beziehungskonto macht, sollte sich über das eigene Motiv dazu im Klaren sein. Schlecht ist es, wenn einer nur deswegen etwas tut, weil er Angst hat, seine Partnerin oder seinen Partner zu verlieren. Dann wohnt er nämlich anschließend in Kiel, hat seine Münchner Freunde nicht mehr um sich und fühlt sich durch die Entscheidung geschwächt. Er spürt innerlich, dass er auch die nächste Entscheidung gegen seinen Willen treffen wird und dadurch immer mehr von seinem eigenen Weg abkommt. Besser ist es, wenn er mit dem Ziel nach Kiel zieht, mehr Nähe zu seiner Freundin zu schaffen, und weil er neugierig auf die Stadt an der Ostsee ist.

Wenn Sie auf solche Weise in Vorleistung gegangen sind, ist es vernünftig, wenn nun das nächste Mal der Partner etwas in das rosarote Sparschwein der Liebe legt. Es ist wichtig, dass man mit seiner eigenen nächsten Einzahlung abwartet, bis der Partner das Konto ausgeglichen hat. Ebenso wichtig ist es, beim Einzahlen bestimmte Grenzen nicht zu überschreiten. Wenn man etwas partout nicht will, dann sollte man es auch dem Partner zuliebe nicht machen, sonst ist die eigene Lebenszufriedenheit schnell dahin. Falls also Annas Freund es nicht mag, dass sie Gitarre spielt, sollte sie das Musizieren dennoch auf keinen Fall aufgeben, denn sie würde sonst einen wichtigen Teil von sich aufgeben. Und wenn sie sich darauf einließe, in das Haus ihrer zukünftigen Schwiegereltern einzuziehen, damit ihr Mann keine Miete bezahlen muss, würde sie auf direktem Weg in ihr eigenes Unglück fahren.

Sie können in sich hineinhorchen, welche Liebesgaben Sie gut mit sich vereinbaren können und welche Ihnen schaden. *Sie* entscheiden letztendlich über den Wert einer Einzahlung auf das Liebeskonto.

## Wie entwickelt ein Mensch Hilfsbereitschaft?

Interessant ist dabei, dass wir sehr unterschiedliche Vorstellungen vom Ausmaß an Hilfsbereitschaft und Fürsorge an den Tag legen. Diese Eigenschaften scheinen nach Ergebnissen von Zwillingsstudien nicht angeboren zu sein. Sie werden vorwiegend in der sozialen Umgebung der Ursprungsfamilie vorgelebt und entsprechend ausgebildet.

Stefan kommt selbst aus einem liebevollen und aufmerksamen Elternhaus. Seine Eltern hatten ein gutes Gespür für die gegenseitigen Bedürfnisse und halfen sich selbstverständlich und natürlich auch ihren Kindern. Hatte Stefan den Bus verpasst, holte sein Vater ihn ab. War er vom Regen durchnässt, ließ seine Mutter ihm ein heißes Bad einlaufen.

Stefan wurde von den Eltern aber auch angeleitet, etwas zurückzugeben. Er musste den Tisch decken und auf seine kleineren Geschwister aufpassen. Stefans Eltern legten außerdem Wert auf Mitgefühl. War sein Vater erschöpft, wollte er in Ruhe gelassen werden. War die Mutter traurig, freute sie sich über den Trost ihrer Kinder. Hatten Mutter oder Vater Geburtstag, wurden sie von ihren Kindern regelmäßig mit selbstgepflückten Blumen und einem unglaublich klebrigen Schokokuchen verwöhnt.

Stefans Eltern wussten genau, dass Kinder, deren Wünsche ständig über das Wohl der Eltern gestellt werden, zu wahren Weltmeistern im Nehmen werden. Wenn Kinder zum Beispiel eine ellenlange Wunschliste an den Weihnachtsmann schreiben, aber kein Geschenk für die Eltern gebastelt haben, zeigt sich ein klares Missverhältnis. Als Erwachsene haben solche Menschen dann oft Probleme, sich rücksichtsvoll zu verhalten oder zu erkennen, wo sie vorausschauend mithelfen können.

Das richtige Maß spielt eine wichtige Rolle. Kinder aus einem ungeregelten Umfeld oder aus Familien, in denen sie vernachlässigt wurden, können keinen normalen Umgang mit dem Helfen entwickeln. Karl hatte eine Mutter, die unter Depressionen litt. Sie lag oft apathisch im Bett, im Haushalt herrschte Chaos. Der Vater griff häufig zum Alkohol. Karl stand dazwischen und versuchte, seine Eltern glücklich zu machen. Er wusch das Geschirr ab, malte schöne Bilder und stellte seine eigenen Gefühle zurück, um die Eltern nicht noch mehr zu belasten. Es half nicht viel: Seine Mutter blieb weiter unglücklich, und der Vater trank ebenfalls weiter. Karl fühlte sich schuldig, dass er es nicht schaffte, die Familie in Ordnung zu bringen.

Heute hat Karl in seinen Liebesbeziehungen Probleme, das angemessene Maß an eigener Zuwendung zu finden. Er bringt sinngemäß eine Liebesgabe nach der anderen nach Hause, obwohl seine Partnerin nichts beisteuert. Und manchmal sogar fremdgeht.

Karl bemuttert seine Freundin trotzdem. Indem er seiner Partnerin all das gibt, was er selbst als Kind gebraucht hätte, spürt er seine eigene Bedürftigkeit nicht so stark. Und da das bei hilfsbedürftigen Partnerinnen besser klappt, sucht er sich unbewusst genau solche. Weil er kein gutes Selbstwertgefühl hat, möchte er sich durch das Helfen unentbehrlich machen, um nicht verlassen zu werden. Der Satz »Du bist ein Schatz, ich wüsste nicht, was ich ohne dich täte« spornt ihn zu immer neuen Hilfeleistungen an.

Bilanztechnisch gesehen ist Karl somit ein Meister beim Einzahlen aufs Liebeskonto. Aber eigentlich macht er damit nur Verlust.

## Wer passt zu wie viel?

Wenn beide Partner wenig hilfsbereit sind, fehlt es der Beziehung langfristig an Intimität und Wärme. Sylvia, die Vorstandsassistentin, hat dies in ihren Beziehungen bisher oft erfahren. Sie hat Angst davor, sich schwach oder einsam zu zeigen, und beißt sich lieber auf die Zunge, ehe sie einen Wunsch oder ein Bedürfnis äußert. Denn sie befürchtet: Mein Partner wird meine Schwäche ausnutzen und mich enttäuschen.

Woher kommt dieser Gedanke? Sylvia wurde schon oft von einem Partner im Stich gelassen. Ihr Exfreund Ralf zum Beispiel hielt nicht viel von Verantwortung. Wenn Sylvia ihn bat, ihr die Einkäufe in den vierten Stock zu tragen, stieß sie auf taube Ohren. Aus Stolz schleppte sie die Tüten bald lieber selbst. Sylvia hat für sich gelernt: »Frage besser nicht nach Hilfe, sondern erledige alles alleine. Hinter hohen Mauern ist deine Seele sicher.«

Auch Sylvia selbst ist nicht sehr fürsorglich. In ihrer Familie ging es kühl und sachlich zu. Leistung zählte, Gefühlsregungen waren nicht erwünscht. Entsprechend war auch in Sylvias Beziehungen wenig Verbundenheit zu spüren, und insgeheim fühlten sich beide Partner einsam. Oft hatte Sylvia Zweifel an ihrem Partner: »Kann er mich überhaupt lieben, wenn er mich so oft im Stich lässt?« Immer wieder überdachte sie auch ihre Gefühle: »Warum habe ich so wenig Lust, etwas für ihn zu tun?«

Das Beziehungskonto ist auf beiden Seiten tief im Minus. Keiner zahlt ein, denn jeder denkt: »Bevor ich was tue, soll erst mal der andere was für mich tun.«

Sylvia und Ralf legten großen Wert auf Eigenständigkeit

und Eigenverantwortlichkeit. Keiner mochte Rücksicht nehmen oder seine Interessen zurückstellen. Sylvia machte ihre Amerikareise, als ihr Exfreund gerade im Examen war und ihre Hilfe gebraucht hätte. Ihr Freund wiederum brachte sie nicht zum Flughafen. Als sie zurückkam, war er einige Tage verreist, die Wohnung war unaufgeräumt und zeigte kein Zeichen von Willkommensfreude.

Wie kommt man aus solch einem ichbezogenen Denken heraus? Wir werden uns dieser Frage später widmen. Im jüdischen Glauben jedenfalls gibt es dazu ein wunderbares Bild von Himmel und Hölle: Menschen sitzen um einen Topf mit Essen herum und halten einen Löffel, dessen Stiel so lang ist, dass man ihn nicht zum eigenen Mund führen kann. Im Himmel füttern sich alle gegenseitig, bis sie satt sind. In der Hölle hingegen versucht es jeder für sich – und verhungert.

## Unausgeglichen läuft schief

Wenn in einer Beziehung ein Partner deutlich hilfsbereiter ist als der andere, kann eine unangenehme Schieflage entstehen. Wir kennen das von Karl. Schon in der ersten Phase der Verliebtheit beginnt das Ungleichgewicht. Karl liest seiner Partnerin aufmerksam jeden Wunsch von den Augen ab und stellt sich selbst hintan. Mit der Zeit wird diese Verteilung zu einem normalen Zustand, aus dem beide nicht mehr herauskommen.

Deshalb sollte man unbedingt von Anfang an auf Fairness und Gleichbehandlung achten. Innere Konten zu führen ist sehr menschlich. Wir sind nämlich nicht so selbstlos, wie wir gerne sein möchten. Stellen Sie sich vor, Sie buchen und bezahlen eine Fünf-Sterne-Reise und bekommen dafür eine Zwei-Sterne-Reise. Wie fühlen Sie sich? Wahrscheinlich ungerecht behandelt und verärgert. Andersherum: Sie buchen zwei Sterne und bekommen fünf? Gar nicht so schlecht, oder?

In der Liebe ist das nicht anders. Es gilt das Gesetz des Gleichgewichts. Wer ständig das Gefühl hat, mehr in die Beziehung zu investieren als der Partner, wird auf Dauer unzufrieden sein. Man fühlt sich gekränkt und ungeliebt oder empfindet Wut und macht seinen Vorwürfen möglicherweise auch lauthals Luft.

Aber Vorsicht – wenn Sie sich unfair behandelt fühlen, sollten Sie eines beachten: Auch im Bereich der Fürsorge gibt es, wie auch in Sachen Nähe (siehe S. 143 f.), unterschiedliche Währungen. Es ist möglich, dass Ihr Partner Ihnen einiges zurückgibt, Sie das aber gar nicht mitkriegen, weil er »in einer anderen Währung bezahlt«. Sie verabreichen ihm Massagen, warmen Tee und hören ihm zu und erwarten das Gleiche von ihm. Ihr Partner erklärt Ihnen stattdessen stundenlang den neuen Computer, hilft Ihnen beim Umzug und nimmt sich selbst in stressigen Phasen Zeit für einen Ausflug. Hier nutzt Ihr Partner andere Wechselkurse, auf die Sie unbedingt achten sollten. Es ist also wichtig, in einer Beziehung nicht einfach alles präzise gegeneinander aufzurechnen, sondern miteinander klare Wünsche und Prioritäten anzusprechen.

Wenn ein Partner jedoch auf Dauer stets mehr gibt als der andere, ist auch für den nehmenden Partner die Lage höchst angespannt. Karls Freundin empfindet sich selbst als egoistisch und unfair. Sie spürt eine Bringschuld und hat das Gefühl, etwas zurückgeben zu müssen. Doch Karl übertreibt seine Zuwendung so sehr, dass ihr Lust und Kraft vergehen, sich angemessen erkenntlich zu zeigen. Sie fühlt sich durch sein Verhalten wie gelähmt.

Ein Patient beschrieb das mal sehr treffend: »Meine Frau feuert das große Feuerwerk ab und gibt der Familie alles, es fällt ihr sehr leicht. Ich dagegen stehe da mit meinen mickrigen drei Wunderkerzen und denke mir: Das kannst du auch gleich sein lassen.«

Es gibt noch eine weitere Variante dieser unausgeglichenen Beziehungen: wenn zwischen den Partnern eine Art Abkommen besteht. Ein Partner ermöglicht dabei dem anderen, sich nur um sich selbst zu kümmern. Er stellt ihn sozusagen von allen Verantwortlichkeiten frei. Insbesondere Künstlerbeziehungen verlaufen oft nach diesem Muster. Der Künstler malt ungestört im Atelier, während seine Partnerin alle weiteren Aufgaben wie den Haushalt, die Finanzen oder die alltäglichen Bedürfnisse der Kinder von ihm fernhält. Oder: Weil seine Frau so zart und empfindlich ist, schont der Ehemann sie und erledigt ihre Aufgaben ganz selbstverständlich mit.

Ein prominentes Paar mit einer ähnlichen Rollenverteilung kennen Sie (auch wenn es sich nicht um eine Beziehung im klassischen Sinne handelt): Es sind Ernie und Bert aus der »Sesamstraße«. Ernie darf vergnügt mit seinem Quietscheentchen spielen und hält Bert nachts wach, weil er zum Einschlafen laut Feuerwehrautos mit ihren Sirenen zählt. Bert indes muss alle Arbeit allein erledigen, wird ständig von Ernie gestört und glänzt dementsprechend durch seine ständige schlechte Laune.

## Alles in der Waage?

Wie sieht eine Beziehung aus, wenn beide Partner sehr hilfsbereit sind? Mona und Stefan führen so eine Beziehung. Während bei anderen Paaren oft der Satz geäußert wird: »Mach du mal«, hört man hier: »Lass mal, ich mach das schon.« Ihre Tochter Greta wird gut umsorgt, mal von Mona, mal von Stefan. Auch Gäste fühlen sich auf Anhieb wohl, denn beide sind ein gutes Team und verwöhnen ihre Freunde in harmonischer Zweisamkeit. Mona und Stefan verspüren eine tiefe gegenseitige Geborgenheit und wissen, dass sie sich felsenfest aufeinander verlassen können.

Allerdings neigen sehr fürsorgliche Menschen öfter auch dazu, sich selbst in dieser Zweisamkeit zu verlieren. Das Ich-Gefühl bleibt dann auf der Strecke. Susann und Robert, die Sie bereits aus dem Kapitel *Nähe und Distanz* kennen, haben ihre Aufmerksamkeit sensibel auf den Partner gerichtet. Sie kennen die Lieblingsgerichte, Sorgen und Bedürfnisse des anderen manchmal besser als ihre eigenen. Wenn man Susann zum Beispiel fragt, wie es ihr geht, erzählt sie nicht von sich, sondern von Roberts neuem Beruf. Ihr fällt es oft schwer, sich selbst wahrzunehmen.

Susann und Robert nehmen sich zurück, wenn es um ihre Freiheiten, Hobbys, Interessen und Freunde geht. Beide möchten ganz für den Partner da sein, insbesondere wenn es ihm schlecht geht. Einige Paare gehen noch weiter und opfern sogar die eigene Entwicklung, weil sie alles in die Beziehung investieren. Agathe verzichtete zum Beispiel stets auf Reisen mit ihren Freundinnen, weil sie glaubte, sie müsse immer für ihre Familie da sein. Als sie dann doch einmal über ihren Schatten sprang, trat sie die Reise völlig erschöpft an. Sie hatte nämlich für die gesamte Zeit ihrer Abwesenheit vorgekocht. Am Telefon erkundigte sie sich außerdem mehrmals täglich über das Befinden ihrer Lieben zu Hause. Echte Erholung sieht anders aus.

»Liebe deinen Nächsten wie dich selbst« kann hier ein guter Leitsatz sein. Ein Blick auf die Notfallkarte im Flugzeug hätte es für Agathe aber auch getan: Erst einmal sich selbst die Sauerstoffmaske aufsetzen, bevor man den anderen hilft. Denn mehr Kraft für andere hat nur der, der auch für sich selbst gut sorgen kann.

**TIPP!**
**Wenn Sie Ihre Fürsorglichkeit verändern wollen**

*Sie möchten Ihre Fürsorglichkeit abschwächen.*
Wenn Sie merken, dass Sie in Beziehungen zu viel investieren, können Ihnen die folgenden Tipps weiterhelfen.

- Verschaffen Sie sich einen Überblick über Ihre Dienste für Ihren Partner bzw. Ihre Partnerin. Führen Sie zwei Wochen lang Notizen. Zum Beispiel: »Dienstag, 9 Uhr. Fahre Peter zum Bahnhof.« Markieren Sie dann in Ampelfarben, wie Sie zu den Handlungen stehen: Grün heißt: »Mache ich gerne«, Gelb bedeutet: »Weiß nicht so genau«, und Rot steht für: »Das möchte ich nicht mehr tun.«
- Sprechen Sie mit Ihrem Partner oder Ihrer Partnerin über die Dinge, die Sie in Zukunft nicht mehr für ihn oder sie tun möchten. Sie können in Gesprächen nach Alterna-

tiven suchen. Beispiel: Sie wollen sonntags nicht mehr kochen, stattdessen kocht der Partner mit den Kindern, oder der Pizzabote kommt. Bekräftigen Sie Ihr »Nein« – und bleiben Sie dabei.

- Fragen Sie Ihren Partner, welche Ihrer Hilfeleistungen und fürsorglichen Gesten ihm viel bedeuten und auf welche er gut verzichten könnte. Das bietet nicht selten Überraschungen: Es kann sein, dass der Partner gar nicht vom Flughafen abgeholt werden möchte, sondern die Taxifahrt genießt. Und dass er Wert darauf legt, am Abend noch entspannt mit Ihnen auf dem Sofa zu liegen, statt dass Sie Hausarbeit nachholen, eben weil Sie ihn vom Flughafen abgeholt haben.
- Wenn Ihr Partner oder Ihre Partnerin enttäuscht darauf reagiert oder Sie von schlechtem Gewissen geplagt werden: Machen Sie sich klar, dass Sie ein Recht haben, nach Ihren Gefühlen zu handeln. Sie haben selbst entschieden, was Sie möchten und was nicht. Am Anfang ist das ungewohnt für Sie beide; auch Ihr Partner oder Ihre Partnerin hat sich mit der Zeit an viele Bequemlichkeiten gewöhnt. Deshalb ist es verständlich, wenn er oder sie die neuen Spielregeln zunächst nicht versteht oder sogar abwehrt. Mit der Zeit und mit Übung wird es für beide leichter.
- Planen Sie feste Auszeiten für sich ein, in denen Sie nichts für den Partner (oder die Familie) tun. Eine Stunde am Tag ist das Minimum. Wenn Ihnen das zu Hause nicht gelingt, unternehmen Sie in der Zeit etwas Schönes außerhalb der eigenen vier Wände.

*Sie wollen Ihre Fürsorglichkeit stärken.*

- Beobachten Sie zuerst die Partnerschaft aus einem neutralen Blickwinkel: Welche Aufgabenbereiche übernimmt Ihr Partner, welche Sie? Hören Sie genau auf Ihren Partner: Welche Wünsche bekommen Sie zu hören? Leider werden die Wünsche oft in Form von Vorwürfen geäußert. Denken Sie daran, dass hinter jedem Vorwurf ein Wunsch steckt. Worum geht es dabei: um das (Nicht-)Putzen? Um das (Nicht-)Freizeitunternehmungen-organisieren? Ums (Nicht-)Zuhören? Was möchte Ihr Partner?
- Suchen Sie sich Bereiche heraus, in denen Sie zuverlässig Verantwortung und Initiative übernehmen wollen. Wenn Sie das noch nicht genau wissen, können Sie Ihren Partner nach seinen Wünschen fragen: Was ist ihm am wichtigsten? Oder suchen Sie sich Bereiche aus, die zu Ihren Fähigkeiten passen, etwa Reparaturen vornehmen, kochen, die Buchhaltung übernehmen, nach einem harten Tag eine Massage anbieten. Auch Delegieren an Dritte ist erlaubt, zum Beispiel durch das Engagement einer Putzhilfe.
- Machen Sie eine Liste von Dingen, die Sie für den Partner und für die Beziehung tun wollen. Am besten tragen Sie diese Dinge verbindlich in Ihren Terminkalender ein. Tipp: Diese Liste sollte unbedingt geheim gehalten werden, sonst schmälert es die Wirkung Ihrer Wohltaten. Günstig ist eine Kombination aus Pflichtdiensten, die den Partner entlasten (Auto zur Reparatur bringen, Buchhaltung, Putzen), und Liebesdiensten, die ihn überraschen und erfreuen. Darunter fällt zum Beispiel, dass

Sie mal wieder das indische Rezept aus der Anfangszeit Ihrer Partnerschaft kochen oder an einem besonders schwierigen Tag einen »Du schaffst das schon«-Anruf tätigen. Auch ein wertschätzendes »Danke schön« zeigt dem Partner, dass Sie seinen Einsatz nicht für selbstverständlich halten. Die Autorinnen dieses Buches kennen übrigens keine einzige Frau, die sich nicht über Blumen, und keinen einzigen Mann, der sich nicht über Nackenkraulen freut …

- Ändern Sie Ihre Haltung. Zeigen Sie Ihrem Partner, dass er Ihnen Ihre Mühen wert ist und dass Sie gerne etwas für ihn tun. Sätze wie »Du kannst immer zu mir kommen, wenn du etwas brauchst« oder »Das mache ich gerne für dich« wirken Wunder!
- Und: Sie benötigen Durchhaltevermögen. Gerade Partner, die lange enttäuscht wurden, brauchen etwas Zeit, um solche Veränderungen in ihrem Verhalten zu bemerken und an deren Beständigkeit zu glauben. Verrichten Sie die geplanten »Dienste« regelmäßig, und sparen Sie sich Ausreden, wenn Sie sie vergessen.

# Pragmatismus: Gehören Vernunft und Berechnung zur Liebe?

> Stier-Mann, 50/188, niveauvoll, belesen, gutsituiert, sucht adäquate Frau aus gutem Hause (30 bis 50 J.) für Traumhochzeit in Weiß.

Das hatte sich Doris anders vorgestellt. Eigentlich wollte sie mit ihrer Freundin Birgit gemütlich Kaffee trinken. Aber dann kommt das Gespräch wieder auf ihren Mann Günther. Und da platzt es aus Birgit heraus:

»Ich verstehe wirklich nicht, was du an Günther findest. Der ist so langweilig wie ein Sitzsack, und wenn du mal ehrlich bist, hat er außer seinem Geld nicht viel zu bieten.«

Doris verteidigt sich und ihren Partner: »Günther kümmert sich um mich. Er ist zwar manchmal ein richtiger Pascha, aber mit ihm habe ich ein schönes Leben – Skilaufen im Winter, die Finca in Spanien, und ich muss nicht arbeiten.«

»Luxus pur, vollkommen richtig. Aber was fühlst du für ihn? Was sagt dir dein Herz, wenn er nach Hause kommt?«

»Mag sein, dass er nie meine große Liebe war. Aber wir mögen uns und kommen ganz gut zurecht. Und die große Liebe, die gibt's doch sowieso nicht.«

Hat die Einstellung von Doris etwas mit Liebe zu tun? Oder halten Sie Doris für berechnend? Ein Blick auf ihre Lebensgeschichte macht die Hintergründe deutlicher.

Doris wuchs nach der Scheidung der Eltern bei der Mutter auf, die jeden Pfennig umdrehen musste und ihr weder emotionalen noch finanziellen Halt geben konnte. Was Spaß machte, sah Doris nur bei anderen: Die Klassenkameradinnen fuhren in den Urlaub, und ihre Freundinnen trugen schöne Kleider. Doris schämte sich immer für ihre Klamotten, die überwiegend vom Flohmarkt stammten. Und sie wuchs ohne Vater auf. So blieb es für sie als Kind und Jugendliche ein unerfülltes Bedürfnis, umsorgt zu werden und sich sicher fühlen zu können.

Heute stellt Günther für Doris eine Vaterfigur dar und bietet ihr genau dieses kostbare Gefühl. Die finanzielle Absicherung ist für sie gleichbedeutend mit innerer Sicherheit und Geborgenheit. Daher empfindet sie Dankbarkeit für ihn und steht zu ihm. Seit Jahren führen die beiden eine Partnerschaft, die eigentlich eher einer Geschäftsbeziehung ähnelt, mit der sich aber beide irgendwie abgefunden haben.

Ihre Freundin Birgit setzt bei Männern völlig andere Prioritäten. Deshalb ist sie auch so entsetzt über Doris' Wahl. Birgit fühlt sich von Männern angezogen, die intensiv, kompromisslos und unkonventionell leben. Sie sind immer leidenschaftlich und sexy, gefühlvoll und manchmal etwas gefährlich.

Ihr jetziger Freund ist André: intensive Augen, Dreitagebart, muskulöser Körper. Er ist Bildhauer, lebt in seinem Atelier und verkauft gelegentlich sogar eine seiner Arbeiten. Mal arbeitet er tagelang intensiv und vergisst alles um sich herum, dann bleibt er wochenlang im Bett und leidet unter Selbstzweifeln. Er hat weder Organisationstalent noch einen Sinn fürs Kaufmännische. Kontoauszüge finden sich bei ihm neben alten Kaffeefiltern. Ersparnisse gibt es keine, dafür öfter mal Schulden. André lässt das aber kalt, denn er interessiert sich wenig für die Zukunft.

Birgit findet das wunderbar und kann sich damit problemlos arrangieren.

Wir alle haben Anteile von Doris und Birgit in uns. Die eine verzichtet aus dem Bedürfnis nach Sicherheit und Annehmlichkeit auf Leidenschaft und tiefe Zuneigung. Die andere ignoriert, dass Liebe auch in der Realität gelebt werden muss, mit allen praktischen Anforderungen. Beide Seiten sprechen mitunter sehr unterschiedliche Sprachen.

Woody Allens Film *Match Point* erzählt vom Konflikt eines Mannes aus einfachen Verhältnissen, der sich aus Bequemlichkeit und Berechnung in die betuchte Oberschicht einheiratet. Gleichzeitig verzehrt er sich vor Leidenschaft zu einer attraktiven, arbeitslosen Schauspielerin. Eine endgültige Entscheidung für diese Frau vermag er jedoch aus Angst, die gewonnenen Privilegien zu verlieren, nicht zu treffen. Als seine Geliebte schwanger wird, verwandelt sich die Furcht in eine Bedrohung seiner Existenz, und so begeht er einen Mord.

Im wirklichen Leben wird in der Regel nicht gemordet, zumindest nicht real. Innerlich kann das schon eher passieren – wenn nämlich eine Seite unseres Ichs zum Schweigen gebracht wird und wir uns nur noch auf die Stimme der anderen Seite konzentrieren.

## Körper ziehen sich an

Körperliche Anziehung hat wenig mit dem Kopf zu tun. Warum kann man sich nicht einfach nach Plan verlieben, am besten in den guten Freund, mit dem wir stundenlang lachen und reden können, der uns das Ikea-Regal anbringt und der darüber hinaus noch attraktiv ist? Aber das alles reicht halt leider meistens doch nicht, und das kann ganz einfache Gründe haben. Er riecht vielleicht irgendwie nicht richtig, seine Augen wirken müde oder was auch immer – er bringt uns einfach nicht in Wallung; was nicht heißt, dass ihm das bei anderen Frauen nicht gelingen kann.

Wie soll man sich andererseits wehren, wenn das Herz oder der Körper offensichtlich andere Vorstellungen haben als der Kopf? Da gibt man der zugegebenermaßen etwas unterbelichteten, aber umwerfenden Tanzlehrerin im Salsakurs den Vorzug vor der intelligenten Buchhändlerin mit dem zweifelhaften Faible für Filzröcke und viel zu weite Blusen.

Wir sehen: Mit wem man gerne Sex haben möchte, lässt sich vielleicht anhand körperlicher Vorzüge und erotischer Anziehungskraft noch nachvollziehen. Aber bei wem einen wirklich Amors Pfeil trifft, ist und bleibt rätselhaft.

Der unmittelbare und häufig tiefempfundene Bereich von körperlicher Anziehung, gemeinsamer Wellenlänge, Sympathie, Wohlfühlen und Erotik ist weit von der Vernunft entfernt.

Die Vernunft bestimmt jedoch immerhin, welcher Stellenwert diesen Aspekten in unserem Leben eingeräumt wird. Sie diktiert, ob man sich erlaubt, derartige Gefühle auszuleben, oder ob die Impulse nüchtern ignoriert werden. Auch im Verlauf der Beziehung hat der Kopf ein Wörtchen mitzureden und bestimmt nach pragmatischen Kriterien, ob man bei Unzufriedenheit mit dem Partner bleibt oder geht.

In Ihrem privaten Umfeld gibt es bestimmt Beispiele für Paare, die nur wegen des Hauses oder nur wegen der Kinder zusammenbleiben, obwohl die Liebe sich schon vor langer Zeit verabschiedet hat. Egal, ob diese Menschen Angst vor Trennungen, dem Alleinsein oder vor etwas Neuem haben: Sie lassen sich auf jeden Fall stark von der Vernunft leiten und leben in einem Beziehungsskelett, in dem ein geordneter Rahmen die Hauptrolle spielt.

Es gibt eine ganze Palette von praktischen, vernünftigen Überlegungen, die eine Partnerschaft beeinflussen. Und diese Aspekte haben natürlich auch eine psychologische Wirkung.

## Geld oder Liebe?

Auch wenn es Paare ungern zugeben: Geld ist in Beziehungen neben Sex das Konfliktthema Nummer eins. Denn Geld ist in unserer materiell geprägten Gesellschaft weit mehr als nur ein Zahlungsmittel. Wenn man sich in einer Partnerschaft auch finanziell zusammentut, können konträre Vorstellungen vom Umgang mit Geld zu empfindlichen Reibungen führen.

Sylvias Exfreund Dominik kommt aus einer kleinbürgerlichen Familie mit fünf Kindern, die sparsam haushaltete, damit Rücklagen für den Notfall blieben. Sein Taschengeld fiel stets knapp aus, und selbst die kleinen Geldgeschenke von den Großeltern waren eine seltene Besonderheit. Sylvia hingegen stammt aus einem wohlhabenden Elternhaus und bekam an materiellen Dingen alles, was sie wollte. Geldprobleme waren ihr unbekannt. Als Sylvia und Dominik zusammen waren, verdienten beide relativ gut. Aber die

Vergangenheit beeinflusste auch ihre gegenwärtigen Gewohnheiten. Sylvia gab ihr Geld gern aus und genoss den Luxus. Ein teurer Schal war für sie ebenso selbstverständlich wie eine kleine Wochenendreise ins Fünf-Sterne-Hotel. Dominik hatte hingegen immer im Kopf, dass er sein Geld zusammenhalten müsse. Obwohl er es sich leisten konnte, sparte er an der eigenen Kleidung und besohlte seine Schuhe, so oft es ging, bevor er neue kaufte. Von Geiz zu sprechen wäre hier falsch. Denn Dominiks sensibler Geldumgang bezog sich nur auf ihn. Für Sylvia gab er gern Geld aus.

Bei vielen Menschen weist die Summe, die sie in ihren Partner investieren, sogar auf den Grad ihrer Liebe hin. Günthers Freund Jan zum Beispiel liebt seinen Sportwagen, technisches Spielzeug und maßgeschneiderte Anzüge. Kein Wein ist ihm zu teuer, kein Restaurant zu schick – es muss immer das Beste vom Besten sein. Zu seiner Lebensgefährtin Lea ist Jan allerdings längst nicht so großzügig wie zu sich selbst. Er sieht zwar darüber hinweg, dass sie als Angestellte nicht mit seinem Lebensstil mithalten kann, trotzdem wird die Miete hälftig bezahlt. Auch sonst herrscht Kostenteilung: Lea bezahlt die Lebensmittel, Jan das Auto. Gelegentlich bezahlt Jan mit großer Geste das Essen im Restaurant, das er dann von der Steuer absetzen kann. Jan empfindet dies als gerecht, aber Lea fühlt sich zurückgesetzt und manchmal sogar ungeliebt.

Nicht zuletzt kann man innerhalb einer Beziehung über Geld auch viel Macht ausüben. Wer deutlich mehr besitzt als der andere, kann in der Regel auch entscheiden. Im Grunde genommen wird dabei eine Eltern-Kind-Konstellation wiederholt, bei der die Eltern durch ihr Geld über das Kind bestimmen können.

## Die Macht der Kinderstube

Unsere Umgangsformen und Vorstellungen vom Leben werden in hohem Maße von unserem Elternhaus geprägt. Tatsächlich gilt noch immer: Was wir von zu Hause kennen, halten wir für richtig.

Stellen wir uns vor, ein Mann kommt aus einer einfachen Familie mit eher lockeren Umgangsformen, die Eltern seiner Freundin hingegen sind Juristen. Wenn er beim gemeinsamen Essen fernsieht und den Ellbogen aufstützt, bleibt ihr regelmäßig die Luft weg. Er wiederum verdreht die Augen, wenn sie den Tisch mit teurem Silberbesteck und elegantem Porzellan deckt, weil Freunde zum Essen eingeladen sind. Auch im Hinblick auf Einrichtung und Kleidung gibt es Kontroversen: Er hat nichts für ihre antiken Möbel übrig, und sie muss die Zähne zusammenbeißen, wenn er wieder im Jogginganzug durch die Wohnung läuft.

Besonders brisant wäre die Situation, wenn zum Beispiel eine gemeinsame Tochter geboren würde. Da würden sich sogar die Großeltern mit ganz eigenen Vorstellungen zur Namensgebung zu Wort melden. »Cecilia« von ihren Eltern würde gegen »Tina« von seinen Eltern stehen. Auch die Erziehung wäre heiß umstritten. Sprachliche Frühförderung und Ballettunterricht wären für die Eltern der Mutter genauso selbstverständlich wie der Besuch einer Privatschule. Den Eltern des Mannes hingegen wäre all dies gleichgültig. Sie würden die Enkelin dafür mit in den Campingurlaub an die Ostsee nehmen, ließen sie im Schrebergarten buddeln und würden einfach für die nächstgelegene Grundschule plädieren.

Die Vorstellungen der Eltern können so gesehen bei einem Paar immer wieder für Spannungen sorgen. Denn man kann seiner Familie nicht entrinnen. Diese bizarren Gebilde aus Gewohnheiten und Zusammengehörigkeitsgefühl stellen ein Paar vor viele Härteprüfungen. Insbesondere, wenn es um Kinder geht.

## Kinder erwünscht?

Kinder bekommen oder nicht? Das ist eine der zentralen Fragen des Lebens. Wer Kinder möchte, sollte sich unbedingt einen gleichgesinnten Partner suchen, der zudem einen ähnlichen Zeitpunkt für die Geburt im Kopf hat. Nicht wenige Beziehungen leiden erheblich, wenn ein Partner gerne eine Familie gründen möchte, der andere aber die Entscheidung ständig aufschiebt oder eigene Kinder sogar kategorisch ablehnt.

Neben den eigenen Kindern spielen auch Kinder aus früheren Beziehungen eine Rolle für die Partnerschaft. Das hatte Jana nicht erwartet, als sie die Beziehung mit Sebastian begann. Denn Sebastian kam nicht alleine, sondern im Doppelpack mit David, seinem 13-jährigen Sohn aus einer früheren Beziehung. David hatte schon viele Männer aus dem Bett seiner Mutter kommen sehen. Er wurde von ihr aus Bequemlichkeit immer wieder vor dem Fernseher geparkt und zeigte entsprechend viele Verhaltensauffälligkeiten. Er war extrem unruhig und nervös, die Leistungen in der Schule waren bedenklich, und auf Computerspiele konnte er weniger verzichten als auf frische Luft in seinem Zimmer. So verbrachte er jedes zweite Wochenende bei Sebastian und Jana. Sie hatte damit nicht nur einen verträumten Partner, sondern auch einen pubertierenden Jungen an der Seite, der es, ähnlich wie sein Vater, mit ihren Regeln des Zusammenlebens nicht so genau nahm. Womit wir schon beim nächsten Thema wären.

## Ordnung, Sauberkeit und Aufgabenteilung

Besonders bei jüngeren Paaren, die die klassische Rollenverteilung nicht mehr als zeitgemäß empfinden, sind die Verhandlungen über die Aufgabenverteilung besonders intensiv. Erstaunlicherweise beschreibt sich Sebastian sogar selbst als Chaot. Auch Sauberkeit und Körperpflege genießen bei ihm keine Priorität. Selbst wenn er verschmutzt von der Arbeit kommt, hat er nicht immer Lust, sofort zu duschen. Geschirr wäscht er zwar gelegentlich ab; wenn es aber einige Tage herumsteht, ist es aus seinem aktiven Blickfeld völlig verschwunden.

Jana, die mit Sebastians Bezeichnung »Putzteufel« keine Probleme hat, bringt das auf die Barrikaden. Sie mag es sauber und ordentlich. Nach ihrem Empfinden verbringt sie den halben Tag damit, hinter Sebastian herzuräumen und die Spuren seiner Nachlässigkeiten zu beseitigen. Eigentlich müsste sie am Schreibtisch für ihre Meisterprüfung lernen. Dort aber hat Sebastian seinen vollen Aschenbecher, seine Spielkonsolen und mehrere Kaffeebecher zurückgelassen. Irgendwann ist es Zeit für klare Worte von Jana:

»Basti, hast du dir diese Kaffeetassen mal angesehen?«

»Nein, wieso? Sind das nicht unsere?«

»Sehr witzig. Die stehen hier bestimmt schon eine Woche lang auf dem Schreibtisch. Warum räumst du die nicht weg?«

»Ich habe die Tassen nicht mehr gesehen, weil sie da schon so lange standen. Das blendet ein Mann irgendwann aus.«

»Ach so? Siehst du mich also irgendwann auch nicht mehr, obwohl ich jeden Tag alles vor deiner Nase wegräume?«

»Reg dich mal nicht auf. Ich mach das schon – später.«

»Später heißt bei dir nie. Entweder du machst das jetzt, oder du kannst was erleben!«

»Du solltest dich mal hören. Du klingst wie meine Mutter.«

»Und du benimmst dich wie ein Kind. Wer kümmert sich hier denn darum, dass alles funktioniert? Du schaffst es ja nicht mal, unseren Urlaub zu buchen, obwohl du bei deinen Computerspielen einen Highscore nach dem anderen knackst.«

»Und wer räumt hier ständig auf wie eine Fräsmaschine? Vor dir ist ja nichts sicher. Und du hörst nicht auf, bevor alles picobello ist. Weißt du eigentlich, wie ungemütlich das ist? Entspann dich einfach mal.«

»Wie soll ich mich bei so einer Einstellung entspannen?«

»Komm, wir rauchen erst mal eine.«

»Basti, bekommst du gar nichts mit? Ich habe schon vor drei Monaten damit aufgehört …«

Das Ende dieser Diskussionen ist immer das Gleiche: Sebastian verbringt die nächsten Stunden am Computer und Jana mit der Wäsche. Die Streitkultur von Jana und Sebastian ist tatsächlich wenig produktiv.

In der folgenden Übung können Sie noch einmal zusammenfassen, welche der pragmatischen Bereiche Ihnen besonders wichtig sind.

**♥ ÜBUNG**

**Wie pragmatisch sind Sie?**

Würden Sie weit außerhalb Ihres gesellschaftlichen Kreises heiraten, oder achten Sie darauf, keine Mesalliance einzugehen? Worauf legen Sie bei Ihrer Wahl Wert und warum?
Beschreiben Sie, welche Rolle Lebensstandard und Geld für Sie spielen. Wo stehen Sie jetzt, und welche materiellen Ziele haben Sie noch? Können Sie diese Pläne allein erreichen oder brauchen Sie dazu einen Partner?
Welche Vorstellungen haben Sie von Sauberkeit und Ordnung? Muss man vom Fußboden essen können, oder können Sie Unordnung gut ertragen? Schildern Sie, welcher Partner in dieser Hinsicht gut zu Ihnen passen würde.
Schreiben Sie auf, in welchen Bereichen Ihrer Beziehung Sie Verantwortung übernehmen (z. B. bei der Urlaubsplanung, bei Einkäufen, bei der Kinderbetreuung). Welche Vorstellung haben Sie von der Aufgabenverteilung in einer Partnerschaft?

Früher waren mehrere Köpfe an der Partnerwahl beteiligt, denn auch die Eltern haben mitentschieden. Heute wird man von Kriterien wie Herkunft, Alter, Beruf und Besitz nicht mehr zwingend beeinflusst. Es ist unsere Beziehungspersönlichkeit, die darüber entscheidet, ob wir bei der Partnerwahl den Kopf einschalten oder das Bauchgefühl bevorzugen.

Ein Aspekt ist dabei jedoch wichtig: Romantik und Pragmatismus müssen sich nicht ausschließen. Wer gut verdient und ein geordnetes Leben führt, kann trotzdem leidenschaftlich und lebenslustig sein. Und wer mit der Ordnung eher einen lockeren Umgang hat, muss nicht unbedingt ein glühender Romantiker sein.

**TIPP!**
**Wenn Sie Ihren Pragmatismus ändern möchten**

*Sie wollen Ihren Pragmatismus schärfen.*
Sie geraten immer wieder an den Falschen und erleben, dass Sie die praktischen Probleme unzufrieden machen.

- Finden Sie heraus, welche der praktischen Bereiche Ihnen besonders wichtig sind. Sind es zum Beispiel die Sauberkeit, die geordneten Finanzen oder die Aufgabenteilung? Welche negativen Folgen erwarten Sie, wenn Sie in diesen Bereichen einen unpassenden Partner wählen? Wie fühlen Sie sich genau, wenn im praktischen Bereich das Fundament nicht stimmt und Sie beispielsweise unter ständiger Geldnot leiden? Stellen Sie sich vor, wie die Beziehung in einigen Monaten oder in Jahren aussieht, wenn sich daran nichts ändert.
- Schauen Sie genau hin, wenn Sie jemanden kennenlernen. Unternimmt er eine teure Motorradtour mit Freunden und klagt gleichzeitig über Steuerschulden? Sagt sie wiederholt gemeinsame Wochenenden ab, weil ihr Expartner die Kinder nicht betreut? Nehmen Sie diese Verhaltensweisen wahr und fragen sich, was sie für Sie bedeuten. Welche Konsequenzen ergeben sich für Sie

daraus? Keine dieser Verhaltensweisen ist grundsätzlich beklagenswert, sondern jede hängt vielmehr von Ihrer persönlichen Bewertung ab. Seien Sie sich jedoch darüber im Klaren, dass sich Ihr Partner kaum verändern wird, und überlegen Sie sich, ob Sie mit dieser Situation langfristig leben können.

Sie sind mit einem Partner zusammen, mit dem es in praktischen Dingen starke Konflikte gibt.

- Machen Sie sich klar, dass es schwer ist, erwachsene Menschen zu verändern und sie zum Beispiel zur Mithilfe im Haushalt oder zum Sparen zu bewegen. Sprechen Sie mit Ihrem Partner offen über Ihre Erwartungen, und treffen Sie konkrete Vereinbarungen über die Aufgabenteilung. In diesen Gesprächen sollte kein Raum für Gefühlsduselei sein: Aufgabenteilungen sind prinzipiell unromantisch und sollten entsprechend nüchtern behandelt werden.
- Beobachten Sie auch, wie Sie sich fühlen, wenn diese Vereinbarungen nicht eingehalten werden. Denken Sie daher auch über Konsequenzen nach. Wenn er beispielsweise die Küche wiederholt nicht aufgeräumt hat, dann bestellen Sie einfach eine Putzfrau – und zwar auf seine Kosten.

Sie werden von Ihrem Partner für mangelnden Ordnungssinn, sorglosen Umgang mit Geld und wegen Ihrer Einstellung zu Kindern oder deren Erziehung kritisiert.

- Definieren Sie zunächst Ihre Position. Seien Sie ehrlich zu sich. Wollen Sie wirklich etwas an Ihrem Verhalten ändern, oder finden Sie Ihr Verhalten in Ordnung?

- Wenn Sie nichts an sich verändern wollen: Beziehen Sie Ihrem Partner gegenüber eine klare Position. Sie haben vielleicht eine ganz andere Vorstellung von Ordnung, von der Erziehung der Kinder oder bevorzugen einen unkomplizierteren Umgang mit Menschen als er. Stehen Sie dazu – es ist *Ihr* Leben, und *Sie* entscheiden, wie und wo Sie Prioritäten setzen. Wenn Sie bereits mit mehreren Partnern am gleichen Konflikt gescheitert sind, überlegen Sie, welche Art Partner gut zu Ihnen passen würde.
- Wenn Sie aber doch etwas an sich verändern wollen: Machen Sie sich klar, was Sie dadurch gewinnen. Mittlerweile gibt es Ratgeberliteratur, Seminare und Trainingsangebote für fast jedes Thema – vom Umgang mit Geld bis zur Entsorgung von Altlasten auf dem Dachspeicher. Setzen Sie sich realistische Ziele, oder besprechen Sie mit Ihrem Partner, wie Sie bestimmte Bereiche handhaben wollen. Manche Paare einigen sich zum Beispiel darauf, dass einer das Geld verwaltet und dem anderen nur eine bestimmte Summe aushändigt.

*Sie wollen Ihren Pragmatismus abschwächen.*
Sind Sie in Ihren Beziehungen meist der Vernünftige? Ärgern Sie sich, dass Ihnen Ihr Partner alle Verantwortung überlässt?

- Sprechen Sie mit Ihrem Partner über wichtige Aspekte wie Sauberkeit, Ordnung oder Geld, um Verantwortungsbereiche festzulegen und die Aufgaben fair aufzuteilen.

- Machen Sie Ihrem Partner klar, wie sehr es die Liebe tötet, wenn Sie die meisten Aufgaben übernehmen müssen.
- Machen Sie sich bewusst, dass auch Ihr Partner seine eigene Art hat, Dinge zu erledigen. Sehen Sie sich selbst nicht als Maß aller Dinge.
- Machen Sie sich gleichzeitig klar, welche Eigenschaften Ihr Partner hat, die Sie selbst nicht zulassen. Hat er zum Beispiel die Ruhe weg, selbst wenn überall schmutziges Geschirr herumsteht? Kann er unwichtige Dinge leicht ausblenden, während Sie selbst sich davon irritieren lassen? Das können ja unter Umständen auch positive Eigenschaften sein, bei denen Sie sich etwas abschauen können.
- Wenn Sie feststellen, dass Ihr Partner die kritisierten Eigenschaften nicht ablegen kann, können getrennte Zimmer oder getrennte Wohnungen eine Lösung sein. Wenn Ihr Partner mit den Finanzen unkontrolliert umgeht, dann bestehen Sie auf getrennte Konten und leihen Sie ihm kein Geld. Das entspannt Ihr Verhältnis und stabilisiert die Partnerschaft.

## Konfliktbewältigung: Wie streiten Sie – konstruktiv oder destruktiv?

> Gedacht heißt nicht immer gesagt, gesagt heißt nicht immer gehört, gehört heißt nicht immer richtig verstanden, verstanden heißt nicht immer einverstanden, einverstanden heißt nicht immer angewendet, angewendet heißt noch lange nicht beibehalten.
>
> KONRAD LORENZ

Lammfromm oder außer Rand und Band, hinter verschlossenen Türen oder mitten im Einkaufszentrum, mit 100 Dezibel Gebrüll oder im Flüsterton – es gibt viele Arten, sich zu streiten.

Jana ist unter ihren Freunden als »kleiner Vulkan« bekannt. Wer Jana nicht gut kennt, kann sich kaum vorstellen, dass diese zierliche Person zu lauten Wutanfällen neigt und ihren Partnern in aller Öffentlichkeit filmreiche Szenen hinlegt. Auf diese Weise hat sie bereits drei Männer vergrault, die sie sehr geliebt hat. »Ich kann einfach nicht aus meiner Haut«, jammert sie, wird aber gleich von ihrer besten Freundin Sarah korrigiert: »Doch, du fährst ja ständig aus ihr heraus!«

Sarah ist im Streit eher introvertiert. Es dauert lange, bis sie ihren Unmut äußert. Das Gefühl der Wut, das Jana ihr erklärt als »eine heiße Stichflamme, die aus dem Bauch nach oben schießt und dich plötzlich ganz ausmacht, so dass du explodieren *musst*«, ist ihr fremd. Sarah neigt eher dazu, sich zu verschließen und sich in Konfliktsituationen zurückzuziehen. Laute Auseinandersetzungen sind ihr verhasst, und sie kann gut verstehen, dass Janas Exfreunde die Flucht ergriffen haben. »Aber das ist doch nicht meine Schuld, wenn die mich so wütend machen!«, verteidigt sich Jana.

Hat sie recht? Ja und nein. Wenngleich unser individuelles Streitverhalten ein Teil unseres Selbst ist, so ist unsere Art zu kommunizieren doch in gewissem Maße auch von unserem Gegenüber abhängig. Und so freut sich Jana, dass es mit ihrem neuen Freund Olaf viel harmonischer als in ihren vergangenen Beziehungen zugeht. Erstens bietet er ihr weniger Zündstoff, zweitens lässt seine humorvolle Art ihre Wut rasch verrauchen. Es gibt also Paare, bei denen immer wieder die Fetzen fliegen. Andere schweigen sich tagelang an und gehen sich aus dem Weg, wenn sie uneins sind. Eine weitere typische Konstellation ist, dass einer der beiden streitet und schimpft und der andere sich zurückzieht, was den Partner noch mehr reizt – ein Teufelskreis entsteht. Dann gibt es noch die Paare, denen es gelingt, sich relativ ruhig miteinander über einen Streitpunkt auseinanderzusetzen und einen Kompromiss zu finden, der für beide lebbar ist.

## Das 5:1-Prinzip

Wie viel Konfliktstoff braucht bzw. wie viele Konflikte verträgt eine Partnerschaft eigentlich? Wie viel Porzellan kann zerschlagen werden, wie viele Risse und Abschürfungen durch verbale Grobheiten, wie viele Verletzungen hält der Partner und die Partnerschaft aus?

In den USA untersuchte eine Forschungsgruppe um den Psychologen John M. Gottman Hunderte von Paaren hinsichtlich ihrer Kommunikation. In einem »Liebeslabor« wurden Paare im alltäglichen Umgang beobachtet. Bei Konfliktsituationen konzentrierten sich die Forscher nicht auf den Inhalt der Konfliktgespräche, sondern auf die Art des partnerschaftlichen Umgangs. Bei dem Vorwurf »Nie räumst du deine Socken weg« wurde dementsprechend auf den Tonfall und auf die begleitenden Gesten geachtet, das Thema »Socken wegräumen« war für die Forscher uninteressant. Die Forscher unterschieden zwischen positivem und negativem Verhalten. Als positiv galten beispielsweise lächeln, einlenken, den anderen berühren, sich entschuldigen und zuhören. Im Gegensatz dazu wurden Beleidigungen, unterbrechen, wegschauen und die Aussage des anderen übergehen als negatives Verhalten gewertet.

Die Ergebnisse von Gottmans Untersuchung geben zu denken: Menschen brauchen *fünfmal* so viel Lob und Anerkennung wie Kritik. Anders gesagt: Auf eine negative Äußerung sollten fünf positive Gesten folgen, um im Gegenüber wieder ein Wohlgefühl auszulösen.

Das bedeutet: Wir sollten tagtäglich auf das Gleichgewicht zwischen positiven und negativen Gesten achten. Selbst im Streit gibt es für Sie Möglichkeiten, Ihrem Partner trotz aller Meinungsverschiedenheiten respektvoll zu begegnen, zum Beispiel indem Sie ruhig und mit liebevoller Stimme sprechen oder ihm da, wo es möglich ist, zustimmen. Halten Sie Kontakt – durch Blicke und Berührungen. Schließlich ist Ihr Partner kein Feind, sondern eben Ihr *Partner*, mit dem Sie eine gemeinsame Lösung aushandeln möchten.

Wenn Sie Ihren Partner jedoch einmal richtig auf die Palme bringen oder gar vergraulen möchten, dann befolgen Sie folgende Strategien: Beginnen Sie Ihr Gespräch mit einem »groben Auftakt«, also einer heftigen Kritik, einer sarkastischen Bemerkung oder einer Beleidigung. Benutzen Sie dann einen oder mehrere der vier »apokalyptischen Reiter«, die Gottman als schwerwiegende Kommunikationsfehler identifiziert hat: Üben Sie *Kritik* in Form eines persönlichen Angriffes, zum Beispiel: »Immer lässt du alles rumliegen, du bist so was von faul!« Auf Gegenkritik (auch ein Kommunikationsfoul) reagieren Sie am besten mit *Verteidigung*, um den Partner noch mehr zu frustrieren. Besonders gut gelingt das, wenn Sie die Sätze mit »Ja, aber« beginnen. Mischen Sie dann noch ein bisschen *Verachtung* in Ihre Stimme oder in Ihre weiteren Attacken. Seien Sie gewiss, dass spätestens jetzt der Streit am Laufen ist und die Verletzungen nachhaltig sind. Haben Sie keine Lust mehr auf Ihren verärgerten, gekränkten Partner, dann treten Sie schließlich den ignoranten *Rückzug* an: Sie können dazu Löcher in die Wand starren, sich innerlich mit dem letzten Fußballspiel oder Ihren morgigen Terminen beschäftigen oder auch einfach kommentarlos den Raum verlassen. Vielleicht pfeifen Sie dabei noch eine Melodie vor sich hin.

Vermutlich lächeln Sie jetzt. Aber überlegen Sie mal, wie oft Sie am Tag (unbewusst natürlich!) eine oder gar mehrere dieser Strategien anwenden. Selbstverständlich ist Ihnen auch das eine oder andere Mittel zur Wiederherstellung des Friedens bekannt, und so gelingt es Ihnen oft, eine Konfliktsituation zu entschärfen und zu beenden. Problematisch wird es jedoch, wenn ein Streit nicht mehr aufgelöst werden kann und der verbale Boxkampf keine Regeln und kein Ende mehr kennt. Im schlimmsten Fall kann das zu einer

Streitspirale führen. Schon bei kleinen Missstimmungen gibt dann ein Wort das andere, und es werden ständig neue Kriegsschauplätze aufgetan. Von außen betrachtet, wirken solche Paare wie »Streithähne«: aggressiv, immer auf dem Sprung und bereit, einander anzugreifen und sich selbst zu verteidigen.

Um aus diesen »Streitfallen« herauszukommen, ist es nützlich zu wissen, welche Mittel Streit schlichten können. So ist es sinnvoll, einen kräftezehrenden Streit zu unterbrechen und mit dem Liebsten einen Termin zu vereinbaren, an dem man sich noch mal in Ruhe zusammensetzt. Wenn ich meinem Partner dann meine eigenen Fehler eingestehe und mich dafür entschuldige, mich ihm gegenüber öffne und verletzlich zeige, ohne mit dem Zeigefinger zu wedeln, ist viel gewonnen. Auch liebevoller, an der richtigen Stelle eingesetzter Humor kann Wunder wirken.

Ein erster wichtiger Schritt, um einen konstruktiven Konfliktstil zu erlernen, besteht darin, die eigenen Anteile an der Auseinandersetzung zu erkennen. Neben dem *Inhalt* des Streites gibt es immer auch eine *Art*, wie der Streit ausgetragen wird. Auf diese unterschiedlichen Arten zu streiten bzw. einen Konflikt auszutragen wollen wir im Folgenden eingehen.

## Die Art des Streitens – die üblichen Verdächtigen

Die US-amerikanische Familientherapeutin Virginia Satir unterscheidet vier negative Kommunikationsstile, die typischerweise Menschen anwenden, wenn sie sich in ihrem

Selbstwert angegriffen fühlen. Wir haben den vier Typen einen weiteren hinzugefügt, der sich in der freien Wildbahn ebenfalls häufig findet.

1. ***Beschwichtigen,*** so dass die andere Person nicht ärgerlich wird. Der *Beschwichtiger* bekommt in einer Konfliktsituation schnell das Gefühl, er mache alles falsch und er müsse alle glücklich machen, um geliebt zu werden. Deshalb versucht der Beschwichtiger, eventuelle Gesprächswogen schnell zu glätten, indem er sich selbst zurücknimmt und versucht, es allen recht zu machen – nur sich selbst nicht.
2. ***Anklagen,*** so dass mein Gegenüber mich als stark ansieht. *Ankläger*-Typen sind wahre Fehlersucher, sie verbreiten die Stimmung: »Du machst nie etwas richtig.« Häufig steckt hinter dieser kritischen, einschüchternden Fassade das Gefühl: »Niemand schert sich um mich. Solange ich nicht herumbrülle, tut sowieso niemand etwas.«
3. ***Rationalisieren,*** um die drohende Ablehnung nicht fühlen zu müssen und den eigenen Selbstwert durch große Worte zu stabilisieren. *Rationalisierer* wirken und sprechen überaus vernünftig, kühl und gesammelt. In unserer westlichen Kultur ist der Rationalisierer, der reglos Fakten verbreitet, seine Emotionen unterdrückt und dessen höchstes Gut die Selbstkontrolle ist, das Ideal. Rationalisierer gehen oft mit dem Gefühl durch die Welt, sie müssten ihrer Umgebung beweisen, wie klug sie sind. Fehler zu machen oder sich gehenzulassen ist ihnen unerträglich, stattdessen streben sie danach, andere mit Logik zu überzeugen.
4. ***Ablenken,*** um unangenehme Gefühle zu ignorieren und sich so zu verhalten, als sei nichts passiert. Dieser sogenannte *irrationale Typ* geht nicht auf sein Gegenüber ein. Fragen werden nicht direkt beantwortet, sondern er weicht

ihnen aus; das Gespräch wird immer schwammiger, so dass man zum Schluss gar nicht mehr weiß, worum es eigentlich geht. Das unsichere Gefühl, welches der Ablenker im Inneren fühlt, entsteht oft auch im Gesprächspartner, der vielleicht sogar anfängt, an seiner eigenen Intelligenz zu zweifeln, weil er dem irrationalen Typen und dessen Verbalakrobatik nicht folgen kann. Der Ablenker kämpft innerlich mit Einsamkeits- und Sinnlosigkeitsgefühlen, weil er so viel Verwirrung stiftet, dass er selbst nicht mehr weiß, wer er ist und was er will, und auf diese Weise den Kontakt zu sich selbst und zu anderen verliert.

5. ***Schweigen.*** Ein weiterer Typ, der sich häufig findet, ist der *trotzige* oder *unsichere Schweiger*, der sich in Konfliktsituationen beleidigt oder verunsichert zurückzieht. Dieser Typ kann Kritik schwer aushalten, den Worten des Gegenübers schlecht folgen und hört innerlich nur einen bedrohlichen Text: »Mein Gegenüber liebt/mag mich nicht mehr. Eigentlich hasst er mich bereits und will mich nun vernichten!« Auch bei sachlicher Kritik empfindet der Schweiger eine Zurückweisung seiner gesamten Person. Bei weiblichen Schweigern ist der Rückzug oft mit Tränen verbunden. Der Schweiger hat das Gefühl, sich nicht wehren zu können. Sein einziger Schutz (und meist auch seine einzige Waffen) sind der Rückzug und das Schweigen. Oft ist der Rückzug mit dem Gefühl verbunden, der andere, also der Aggressor, sei dem Schweiger etwas schuldig, müsse sich eigentlich bei ihm entschuldigen und ihn aus seinem selbstgewählten Exil wieder herausholen.

### ÜBUNG
**Finden Sie Ihren Konfliktstil heraus**

- Versuchen Sie, eine typische Art Ihres Konfliktstils herauszufinden. Sind Sie eher ein anklagender Vulkan? Ein beschwichtigender Unter-den-Teppich-Kehrer? Ein unnahbar wirkender Faktenvertreter? Ein Verwirrung erzeugender Ablenker? Oder am ehesten ein trotziger Schweiger?
- Wenn Sie eine Mischung aus verschiedenen Typen sind, versuchen Sie, die unterschiedlichen Konfliktstile prozentual zu bestimmen und, wenn möglich, den jeweiligen Streitpartnern zuzuweisen.
- Stellen Sie sich eine ideale Situation bei einem Ihrer nächsten Konflikte vor: Welches Gefühl möchten Sie dabei haben? Welcher Satz würde dazu passen? Beispiel: Wenn Sie der Typ »Ankläger« sind, dann könnten Sie sich zum Beispiel folgendes Gefühl wünschen (und entsprechend folgenden Satz vorsagen): »Ich bin es wert, angehört zu werden. Ich gehe respektvoll mit mir und meinen Mitmenschen um.« Wenn Sie oft beschwichtigen, ablenken oder sich schweigend zurückziehen, könnten Sie sich mit folgenden inneren Sätzen stärken: »Ich bin wichtig, meine Meinung ist wichtig, und ich möchte mich klar und deutlich äußern. Auch wenn man mir nicht zustimmt, bin ich wertvoll und liebenswert.« Dem Rationalisierer könnte der Satz helfen: »Gefühle und Fehler sind menschlich und okay. Nobody is perfect!« Führen Sie sich vor Augen, welche positiven Reaktionen auf die anderen Ihnen mit diesen veränderten Haltungen jeweils zur Verfügung stehen.
- Spielen Sie mit möglichen Gefühlen und Sätzen. Sobald Sie das Passende für sich gefunden haben, nehmen Sie sich

ein paar Minuten Zeit, um sich die Situation vorzustellen und das gewünschte Gefühl entstehen zu lassen. Begleiten Sie diese Visualisierung mit dem passenden Satz, und seien Sie neugierig, welche Wirkung diese Übung auch auf Ihren Körper hat.

- Versuchen Sie, die aus den vorherigen Übungen gewonnenen Erkenntnisse von jetzt an bewusst in Ihren Alltag und in die nächsten Konfliktsituationen einzubauen. Sie werden staunen, welche Wirkung dies auf Ihr Wohlbefinden und Ihren Partner hat. Achtung: Innere Haltungen sind nicht von heute auf morgen zu verändern; bleiben Sie dennoch am Ball – eine Fremdsprache lernt sich auch nicht über Nacht, wohl aber nach einer Weile des konsequenten Übens und Anwendens!

## Mama schimpft, Papa schmollt – die familiäre Schule des Streitens

Um nachzuvollziehen, wie sich Ihre Konfliktfähigkeit entwickelt hat, sollten Sie einen Blick zurück in Ihre Kindheit werfen. Denn dort wurden die ersten Weichen gestellt. Stritten die Eltern hinter verschlossenen Türen oder auf offener Straße? Wurde bei einem Konflikt die Heizung hochgedreht und Kaffee und Kuchen serviert, oder flogen plötzlich Teller an die Wand?

Wir alle werden bereits in der Kindheit durch unsere familiäre Streitkultur nachhaltig geprägt. Die explosive Jana kommt aus einer Familie, in der laute Auseinandersetzungen zum guten Ton gehörten. Es wurde viel und heftig diskutiert und im Eifer des Gefechts auch schon mal unter die Gürtellinie geschossen. Eine gewisse Lautstärke gehörte zu den meisten Gesprächen ohnehin dazu, und von außen betrachtet hätte man oft meinen können, die Familienmitglieder würden sich streiten, selbst wenn in Wirklichkeit beste Stimmung herrschte.

Janas Exfreund Sebastian hingegen ist aus seinem Elternhaus ruhige, besonnene Auseinandersetzungen gewohnt. Es versetzt ihn regelrecht in Stress, wenn Freunde in eine erhitzte Diskussion geraten; am liebsten möchte er dann sofort vermitteln, um wieder Harmonie herzustellen. Auch Janas impulsives Streitverhalten macht ihm zu schaffen. Wenn sie im Affekt ihre Stimme erhebt und mit der Zeit immer lauter wird, stellen sich ihm die Nackenhaare auf. Er kann nicht verstehen, warum Jana aus einer Mücke immer gleich einen Elefanten machen muss und ihr Lautstärkepegel wie eine Sirene anschwillt.

Meist verschwindet Sebastian in solchen Momenten. Er verlässt den Raum oder zieht sich innerlich hinter dicke Mauern zurück, die ihn von seiner Umgebung abschirmen. Als Reaktion auf Sebastians Rückzug wird Jana noch wütender und versucht, ihn noch vehementer zu erreichen, woraufhin er sich immer weiter von ihr abwendet, um sich zu schützen.

Weder Jana noch Sebastian haben bislang an ihrem Streitverhalten etwas ändern können. Schuldzuweisungen und Vorwürfe fliegen zwischen ihnen hin und her, und beide besitzen nur wenig Werkzeug, um mit emotionsgeladenen Situationen umzugehen. Jana schwingt immer wieder den Hammer, während Sebastian Zement für eine dicke Mauer anrührt, hinter der er in Deckung gehen kann. Wären beide im Besitz eines Multifunktions-Handwerkszeuges, das sie je nach Bedarf einsetzen könnten, wären die Wogen viel schneller geglättet.

Glücklicherweise kann sich unser Konfliktverhalten im Laufe der Jahre jedoch ändern, weil wir uns weiterentwickeln und lernen, dass sowohl die Vogel-Strauß-Taktik als auch die Mit-dem-Kopf-durch-die-Wand-Technik nicht immer zielführend und nervenschonend sind.

### ❤ ÜBUNG
**Rückblick ins Elternhaus**

- Erinnern Sie sich an die Streitkultur in Ihrer Familie: Ging es hart oder herzlich, laut oder leise zu?
- Wie haben der Vater, wie die Mutter gestritten – und wem von beiden ähneln Sie selbst heute in Ihrer Art, Konflikte auszutragen?
- Wie reagierten Ihre Eltern, wenn Sie als Kind zeigten, dass Ihnen etwas nicht passte? Ging man auf Sie ein, wurden Sie ignoriert, oder gab es Sanktionen – und wenn ja, welche?
- Mit welchen Verhaltensweisen und Mitteln konnten Sie sich als Kind und Jugendlicher bei einem Konflikt am besten durchsetzen? Mit Trotz, beleidigtem Rückzug oder gar blinder Raserei? Oder eher mit einschmeichelndem oder kühlem Taktieren, Beschwichtigen oder vernünftigen Argumenten?
- Wie konnten Ihre Eltern Sie am ehesten wieder beruhigen, wenn Sie in Rage waren?

## Richtig streiten will gelernt sein

»Richtiges« Konfliktverhalten ist eine der wichtigsten Zutaten für eine funktionierende Partnerschaft. Gute Kommunikation zeichnet sich aus durch viel Lob, Wertschätzung und möglichst wenig Kritik. Wenn Kritik angebracht ist, sollte sie möglichst so vorgetragen werden, wie wir alle es uns wünschen: ohne Aggression und vernichtende Sätze (»Immer machst du alles falsch.«). Auch Fingerspitzengefühl und das richtige Timing spielen eine wichtige Rolle. Es ist also dringend davon abzuraten, dem Partner ausgerechnet auf seiner Geburtstagsparty vor allen Gästen mitzuteilen, dass sein Übergewicht Sie stört. Und wenn Ihr Partner gerade bei einer Beförderung übergangen wurde, ist es kein guter Zeitpunkt, ihm aufzuzählen, welche Charaktereigenschaften ihn auch privat zum Versager machen.

Sollte es einmal passiert sein, dass Sie ins Fettnäpfchen getreten, im Überschwang der Gefühle zu weit gegangen sind und Ihren Partner verletzt haben, dann bricht Ihnen kein Zacken aus der Krone, wenn Sie sich anschließend in aller Form entschuldigen. Auch die Bereitschaft, Kompromisse zu finden und zu schließen, gehört zur Kommunikationsfähigkeit. Es geht nicht immer darum, recht zu bekommen, sondern als Paar einen guten Weg zu finden, mit dem beide leben können.

Im Gegensatz zu vielen anderen Bereichen einer Partnerschaft ist »gute« Kommunikation keine Geschmacksfrage, sondern wesentlich für die Zufriedenheit in einer Beziehung. Wie können wir selbst spüren, dass unsere Kommunikation »richtig« ist? Eine gute Art zu kommunizieren und Konflikte zu lösen besteht darin, mit sich selbst eins zu sein, das heißt, sowohl die Worte als auch die begleitenden Gesten, die Mimik, der Körperausdruck und das innere Gefühl stimmen überein. Auch in einer Konfliktsituation fühlen wir uns dann sicher und nicht gleich in unserem Kern, in unserem Selbstwertgefühl, bedroht oder gar getroffen.

Jede Form der Kommunikation steht uns frei. Im Idealfall ist uns aber bewusst, was wir tun und warum wir es tun. In diesem Sinne ist es durchaus okay, auf einen der bereits beschriebenen Konfliktstile zurückzugreifen und zu beschwichtigen, zu kritisieren, rational zu antworten oder auch mal auszuweichen. Ich kann mich entschuldigen, wenn ich einsehe, dass ich einen Fehler gemacht habe. In diesem Fall wird mein Gegenüber meine Entschuldigung schnell akzeptieren, weil er spürt, dass ich es ernst meine. Ich kann kritisieren, wenn mir etwas am Verhalten des anderen nicht gefällt – allerdings funktioniert diese Kritik nur ohne Anklagen und ohne beim Partner Vernichtungsängste heraufzubeschwören. Im Idealfall offenbare ich meinem Gegenüber meine Wünsche, so dass in der Zukunft mehr Verständnis zwischen uns herrscht. Ich kann auch rational agieren, wo es angemessen ist. Idealerweise bleibe ich sachlich in der Angelegenheit, ohne meinem Partner jedoch unnahbar, perfektionistisch oder schlimmstenfalls von oben herab zu begegnen.

Zu Ihrer Entspannung: Sie müssen nicht immer alles nach Plan und Lehrbuch klären wie ein gut programmierter Streitroboter. Im Gegenteil: Überraschenderweise stellte Gottman in seiner Untersuchung fest, dass von den drei stabilen Paartypen, die entweder eine vermeidende, eine wertschätzende oder eine impulsive Streitkultur pflegten, ausgerechnet ein Typ die höchste Paarzufriedenheit aufwies: die Impulsiven! Dieses Ergebnis widerspricht dem allgemeingültigen Konsens, man möge sich erst mal beruhigen und sich dann mit reflektierten Emotionen und klar formulierten Wünschen erneut an einen Tisch setzen.

Es ist erleichternd, zu wissen, dass wir uns also auch mal fetzen dürfen und es mit Goethe halten können: »In der Ehe muss man sich manchmal streiten, nur so erfährt man etwas voneinander.«

**♥ ÜBUNG**

**Ändern Sie Ihr Streitverhalten**

- Gibt es Themen, auf die Sie in bisher all Ihren Beziehungen besonders heftig reagierten und die bei Ihnen »alte« Streitmuster reaktivierten? Versuchen Sie, diese Themen zu konkretisieren; meist geht es um alte Wunden und unerfüllte Bedürfnisse. So könnte etwa die heftige Reaktion bei Eifersucht ein Indiz dafür sein, dass Sie sich von Ihren ersten Beziehungspartnern – Ihren Eltern – nicht ausreichend geliebt fühlten oder dass alte Rivalitäten zu Geschwistern aufbrechen. Geraten Sie außer Kontrolle, wenn Ihr Partner Sie ignoriert, wenn Sie seine Nähe suchen oder etwas mit ihm besprechen möchten? Dann sollten Sie sich an Ihre Kindheit erinnern und daran, wessen Aufmerksamkeit Sie wann besonders gebraucht hätten.
- Gibt es ein Streitverhalten an Ihnen, worüber sich unterschiedliche Menschen, gerade auch verschiedene Partner, bereits beschwert haben? Was möchten Sie an diesem Verhalten ändern?
- Gibt es eine Art zu streiten, die Sie Ihrerseits an verschiedenen Partnern nicht mochten? Versuchen Sie, einen Zusammenhang zu Ihrer eigenen Vergangenheit zu finden:

Wer hat in Ihrer Familie so gestritten? Wie haben Sie sich als Kind damals gefühlt?

- Als Kind ist man dem Konfliktverhalten der Eltern relativ ungeschützt ausgesetzt. Heute sind Sie erwachsen und können sich bei unangemessenem Streitverhalten entsprechend abgrenzen! Überlegen Sie sich Strategien, wie Sie beim nächsten Streit idealerweise reagieren möchten. Sie könnten zum Beispiel einen destruktiven verbalen Schlagabtausch einfach beenden und einen Zeitpunkt vereinbaren, an dem Sie sich mit Ihrem Gegenüber wieder ruhig über das Streitthema unterhalten möchten. Falls Sie mit einem trotzigen Schweiger im Clinch sind, könnten Sie sich ebenfalls zurückziehen.
- Wenn Sie grundsätzlich etwas an Ihrer Kommunikations- und Konfliktfähigkeit ändern möchten, seien Sie optimistisch: Konstruktives Streitverhalten kann gelernt werden wie eine neue Sprache! Besuchen Sie Kommunikationsseminare (zum Beispiel EPL – *Ein partnerschaftliches Lernprogramm*), gehen Sie zu einem Coach, zu einem (Paar-) Therapeuten oder beschäftigen Sie sich mit geeigneter Literatur.

# Extraversion: Wie gesprächig sind Sie Ihrem Partner gegenüber – und wie viel Außenkontakt brauchen Sie als Paar?

Für beide war es nicht einfach. Aber irgendwann ging es nicht mehr: Jana und Sebastian trennten sich. Danach hörte Jana von vielen Seiten einen Ausspruch, der ihr zu denken gab: »Eigentlich kannten wir Sebastian gar nicht. Wir haben irgendwie nie Kontakt zu ihm bekommen.« Das sagten ihre Eltern, die Kollegen und sogar die besten Freunde.

Es ist seltsam. Man sieht Sebastian auf Fotos vom Skiurlaub, vom Grillen im Garten und von der Weihnachtsfeier. Obwohl er anwesend war, war er anscheinend dennoch irgendwie nicht mit von der Partie. »Wie schafft man es, mit Menschen in einem Raum zu sein und ihnen doch nicht zu begegnen?«, fragt sich Jana und merkt, wie wenig sogar sie selbst von Sebastian wusste, etwa, was ihn beschäftigte oder was ihm tatsächlich wichtig war.

Im Gegensatz zu Jana ist Sebastian sehr introvertiert. Schon als Kind war er froh, wenn er seine Ruhe hatte. Er streifte stundenlang am Fluss entlang, baute Radios auseinander und wieder zusammen oder vertiefte sich in Bücher. Oft vergingen viele Wochen, ohne dass er sich mit einem anderen Kind zum Spielen verabredete. Über das, was ihn bewegte, sprach er selten und machte es lieber mit sich selbst aus.

Jana hingegen war es schon als Kind gewohnt, alles sofort und ausführlich mit ihren Freundinnen zu besprechen. Ihre Eltern bedauern heute, dass die Telefon-Flatrate damals noch nicht erfunden war. Zu ihrem siebenten Geburtstag wollte sie 18 Kinder einladen: »Das sind alles meine Freunde!« Ihr Vater schlug mehrmals seufzend vor, die Wohnungstür gegen eine Drehtür auszutauschen.

Woran liegen diese Unterschiede beim Bedürfnis und bei der Fähigkeit, mit anderen in Kontakt zu kommen? Die entsprechende Veranlagung zeigt sich bereits, bevor ein Kind laufen lernt. Einige Kinder krabbeln begeistert auf andere Kinder zu, einige sind anfangs reserviert und tauen erst nach längerer Bekanntschaft auf. Die Umwelt und insbesondere die Familie formen diese angeborenen Unterschiede weiter aus. Eltern können soziale Kontakte fördern, wenn sie über einen großen Bekanntenkreis verfügen und ein offenes Haus führen, in dem andere Kinder ganz selbstverständlich willkommen sind. Hilfreich ist es auch, wenn das Kind den Kindergarten besucht und möglichst in einer kinderreichen Nachbarschaft lebt. Auch die Kommunikation wird von den Eltern vorgelebt: In einigen Familien reden alle Mitglieder lebhaft durcheinander, wenn sie angeregt von ihrem Tag erzählen, in anderen Familien ist der Fernseher die einzige Geräuschquelle, während alle schweigend essen.

Eltern geben vor, was und wie viel man Dritten gegenüber preisgeben darf. So bilden sich beispielsweise Gewohnheiten, ob man offen über Geld oder die eigenen Gefühle und Probleme spricht.

Erzählen will jedoch gelernt sein, und dazu braucht ein Kind einen Zuhörer, der sich Zeit nimmt und Interesse an den Dingen hat, die es erlebt und die es beschäftigen. Wenn niemand an ihren Eindrücken teilnimmt, reduzieren Kinder ihre aktive Kommunikation und ziehen sich vor den Fernseher, den Computer, die Spielkonsole oder in eine eigene, innere Welt zurück.

Vor einiger Zeit zeigten Plakate in ganz Deutschland das Foto eines Kindes, dessen Mund mit einem Hinweisschild verklebt war. Auf dem Schild stand: *Defekt wegen Vernachlässigung*. In der Tat: Mangelnde Fürsorge führt immer wieder dazu, dass sich ein Kind verschließt oder seinem Umfeld entzieht.

## Kommunikation mit dem Partner

In Liebesbeziehungen wird wiederholt, was in der Kindheit gelernt und entwickelt wurde. Wer sich vor den Eltern schweigend zurückgezogen hat, wird dies auch in einer Partnerschaft eher tun als jemand, der sich mit den Eltern lebhaft unterhalten hat.

Dennoch können auch die Liebespartner einen Einfluss auf die Gesprächigkeit haben. In den *ehrlichen Kontaktanzeigen* aus der Zeitschrift *Neon* (Dezember 2008) verrät Janosch (25): »Bevor ich von Liebe spreche, muss viel passieren. Ich bin einer dieser distanzierten Typen, mit denen Mädchen wochenlang reden müssen, bevor sie etwas Persönliches von mir erfahren.« Einem Mädchen mit viel Geduld, Feingefühl und Aufmerksamkeit könnte es gelingen, dem ehrlichen Janosch tiefere Hintergründe zu entlocken. Der Einsatz lohnt sich vielleicht.

Gleichermaßen kann selbst der gesprächigste Partner zum Verstummen gebracht werden. Typische Mittel sind hier Spott, Desinteresse oder Indiskretion: »Was für eine Operation hast du noch mal demnächst? Ach ja, Nierensteine! Das habe ich ganz vergessen. Und wann lässt du deine

Segelohren operieren? Uns allen gehen langsam die Witze darüber aus.«

Bereits beim Kennenlernen zeigt sich, wie extrovertiert jemand ist. Der eine flirtet locker mit der attraktiven Unbekannten, der andere läuft rot an, senkt den Blick und bekommt kein Wort heraus, wenn er seiner Traumfrau gegenübersteht. Manche Menschen sind die geborenen Erzähler und Unterhalter, andere zeigen ihre Vorzüge eher als verständnisvolle Zuhörer.

Welch erstaunliche Wirkung richtiges Zuhören hat, zeigt sich, wenn Sie ein kleines Experiment machen: Hören Sie Ihrem Gegenüber aufmerksam zu, fragen Sie interessiert nach, und geben Sie gelegentlich wieder, was Sie gehört haben. Halten Sie sich mit eigenen Erlebnissen oder Ratschlägen zurück, und vermeiden Sie das Wort »Ich«. Passen Sie Ihre Haltung und Ihre Körpersprache dem Gesprächspartner an. Sie werden erstaunt sein, wie viel man mit dieser simplen Technik von seinem Gegenüber erfahren kann.

Tatsächlich belegen Studien, dass die aufmerksamsten Zuhörer beim Kennenlernen die meisten Sympathien gewinnen konnten. Es kommt nicht darauf an, möglichst interessant zu wirken, sondern möglichst interessiert zu sein. Wer lediglich von sich selbst spricht, dem hört bald schon niemand mehr zu.

Jeder Mensch hat bewusste oder unbewusste Vorstellungen davon, wie er sich die Kommunikation mit dem Partner vorstellt. Tilman (25), der in *Neon* (Dezember 2008) ebenfalls eine *ehrliche Kontaktanzeige* aufgab, wollte aufrichtig sein: »Ich quatsche am liebsten über die beiden langweiligsten Themen der Welt: Musicals und öffentliche Verkehrsmittel«, bekennt er und beklagt, dass Frauen sich nicht für ihn zu interessieren scheinen. Vielleicht nutzt Tilman hier lediglich einen bewährten Trick der Kleinanzeigenliteratur, indem er sich selbst abwertet und hofft, dass Frauen ihn vom Gegenteil überzeugen wollen. Aber natürlich ist klar: Es lohnt sich, über die eigenen Gesprächsthemen nachzudenken, die Sie beim Kennenlernen und in einer Liebesbeziehung ins Feld führen. Denn nicht alles, was einen selber interessiert, ist auch für andere interessant.

**♥ ÜBUNG**

**Was sind Ihre Lieblingsthemen und wie kommen diese an?**

- Erinnern Sie sich an Momente, in denen Sie eine attraktive Person kennengelernt haben.
- Beschreiben Sie, wie Sie das Gespräch begonnen und welche Themen Sie in den ersten Minuten angeschnitten haben.
- Denken Sie an Erlebnisse mit einem Partner oder einer attraktiven Person, bei denen Sie sich im Hinblick auf das Gespräch besonders wohl gefühlt haben. Um welche Themen ging es dabei?
- Schreiben Sie die Themen auf, bei denen Sie sich in Gesprächen mit potentiellen Partnern unsicher, unangenehm berührt oder gelangweilt fühlen. Wo liegen die Gründe dafür?
- Beschreiben Sie, wie es Ihnen geht, wenn Sie und Ihr Partner schweigend gemeinsam spazieren gehen oder schweigend zusammen im Restaurant sitzen.

Es ist wichtig, zu ergründen, welche Gespräche in Ihrer Partnerschaft tatsächlich Nähe schaffen. Das Kriterium dafür ist simpel: Gute Gespräche sind solche, bei denen sich beide Partner wohl fühlen, die entspannen, anregen, gute Laune machen und verbinden. Manche Paare erzählen sich intensiv von den Erlebnissen mit ihren Kindern oder Haustieren, andere tauschen sich leidenschaftlich über die Probleme mit ihren Chefs aus, fachsimpeln ausführlich über das letzte Fußballspiel oder senden sich regelmäßig ein- bis zweideutige SMS-Nachrichten.

Besonders wichtig ist immer das Gespräch über die eigenen Empfindungen. Wenn Sie und Ihr Partner sich gegenseitig anvertrauen, was Sie derzeit innerlich beschäftigt, wie Sie sich in der Partnerschaft fühlen und was jeder gerade vom anderen braucht, dann ist das eine wesentliche Voraussetzung für das Glück Ihrer Beziehung. Es gibt auch Faktoren, die Ihre Gespräche hilfreich unterstützen können: Neben einer angenehmen und ruhigen Umgebung ist zum Beispiel wichtig, dass kein Zeitdruck herrscht. Entspannende Unternehmungen wie ein Spaziergang, ein Frühstück am Wochenende oder ein gemeinsames Bad sind ebenfalls bestens geeignet.

Gespräche zwischen Partnern müssen unbedingt von Freiwilligkeit begleitet sein. Ohne Erwartungsdruck ist es für jeden Menschen einfacher, über seine Gefühle zu sprechen, Nachfragen zu Themen, über die Ihr Partner offensichtlich nicht reden möchte, sind kontraproduktiv. Hören Sie zu und hören Sie hin – und denken Sie dabei daran: Es geht nicht um die Bewertung von Gefühlen, sondern um einen Einblick in die Gefühlswelt Ihres Partners. Ihre Kommunikation wird damit eine spürbar neue Qualität erhalten.

## Traute Zweisamkeit oder reges Sozialleben?

Der wissenschaftliche Begriff der *Extraversion* umfasst nicht nur, wie ein Paar miteinander kommuniziert. Ebenso wichtig ist die Frage, wie jeder gemeinsam mit dem Partner die Kontakte zu Freunden, Bekannten und Nachbarn gestaltet.

Auch hier gibt es verschiedene Facetten. Einige Paare flüchten sich in ein reges Sozialleben, um davon abzulenken, dass sie sich nichts zu sagen haben. Andere Paare unterhalten sich gerne miteinander und erleben ihren Freundeskreis als eine echte Bereicherung für ihre Beziehung. Wieder andere meiden größere Menschenmengen und intensive Kontakte, weil ihnen ihre gemeinsamen Gespräche auf langen Spaziergängen ausreichen.

### ❤ ÜBUNG

**Erkennen Sie Ihre Bedürfnisse nach Geselligkeit**

Wie Sie Ihre Außenkontakte gestalten, wird am besten an Ihren Hochzeitsfotos deutlich. Wenn Sie nicht verheiratet sind, stellen Sie sich Ihre Hochzeit oder einen Ihrer runden Geburtstage vor.

- Ist es ein rauschendes Fest, auf dem Ihr gesamter Freundes- und Bekanntenkreis eingeladen ist? Oder feiern Sie im kleinen Kreis? Wenn Letzteres der Fall ist: zusammen mit den engsten Freunden und nächsten Verwandten oder gar nur zu zweit?
- Betrachten Sie sich die Menschen, die Sie an diesem wichtigen Tag an Ihrer Seite wünschen. Wie viele sind es, und was verbindet Sie mit ihnen?

- Berücksichtigen Sie auch die Gäste, die Ihr Partner mitbringt. Beschreiben Sie, worin Gemeinsamkeiten oder Unterschiede zwischen den Freunden Ihres Partners und Ihren Freunden bestehen.

Wenn Sie und Ihr Partner sehr unterschiedliche Bedürfnisse nach Außenkontakten haben, müssen Sie sich viel Toleranz und Respekt entgegenbringen. Der Introvertierte benötigt einen eigenen Raum für Rückzug, eigene Interessen und Ruhe. Der Extravertierte wünscht die Beteiligung des Partners an Gesprächen und Besuchen, ohne es von ihm extra einfordern zu müssen.

In ihrem Bedürfnis nach Außenkontakten und Gesprächen sind Jana und Sebastian sehr verschieden. Diesen Unterschied empfanden beide zunächst als anziehend: Sebastian fühlte sich durch Janas Temperament belebt und bewunderte ihre Art, auf Menschen zuzugehen. Jana wiederum entdeckte bei Sebastian eine Ruhe, die sie vorher nicht gekannt hatte. Er nahm sich Zeit und hörte ruhig zu.

Nach einiger Zeit zeigte sich jedoch, dass Jana nicht nur Stille wollte und Sebastian eigentlich keine neuen Kontakte suchte. Im Urlaub wollte Jana, dass Sebastian und sie mit einem Paar, das sie am Strand kennengelernt hatte, etwas gemeinsam unternahmen. Sebastian hingegen wäre lieber allein mit Jana geblieben. Er brauchte sowieso nur eine Zeitung und seine Ruhe und bemühte sich wenig um Gespräche mit Jana. Und so fühlte sie sich im Laufe der Zeit an seiner Seite zunehmend einsam und gelangweilt.

Was hätte man Jana und Sebastian bei all ihrer Unterschiedlichkeit empfehlen können?

Zunächst ist es wichtig zu wissen, dass ein Mensch nicht

nur introvertiert oder nur extravertiert ist, sondern über beide Eigenschaften verfügen kann. Wer pausenlos nach außen lebt, läuft Gefahr, zu überdrehen oder seine innere Stimme nicht mehr zu hören; erst Alleinsein und Schweigen bringt Menschen dazu, sich selbst kennenzulernen und inneren Halt zu gewinnen. Viele Dinge erledigen wir übrigens am besten, wenn wir allein sind. Möchten Sie, dass jemand Ihnen beim Tagebuchschreiben über die Schulter schaut oder Sie beim Nachdenken unterbricht? Die Beziehung zu uns selbst ist eine wesentliche Grundlage für Liebesbeziehungen. Darum ist es wichtig und hilfreich, sich selbst auch in der Ruhe wohl zu fühlen – oder es gegebenenfalls zu lernen.

Mit dem Alleinsein sollte man es allerdings nicht übertreiben. Wer lediglich in seiner eigenen Welt lebt, verliert den Bezug zur Realität und entwickelt einsiedlerisches Verhalten. Es fehlen Rückmeldung und Anregung von anderen. Und es mangelt an wertvoller Kritik. Wenn wir verlernen, wie man Kontakte aufnimmt und aufrechterhält, fehlen uns wichtige Grundlagen der Kommunikation. Kontakte fordern uns, nicht zuletzt, wenn es sich um Kontakte zu Kindern, älteren Menschen oder Menschen mit Problemen handelt, auf die wir uns einstellen müssen. Denn Zuwendung und Hingabe sind das beste Mittel, egozentrisches Verhalten bereits im Grundsatz zu vermeiden. Natürlich sind die Freunde nicht zu vergessen. Sie sind neben dem Partner wichtige Bezugspersonen und auch im Falle einer Trennung eine verlässliche Instanz für ein stabiles soziales Umfeld.

Haben Sie durch Ihr Testergebnis den Eindruck, zu stark auf einer der beiden Seiten zu stehen? Glauben Sie, zu sehr nach außen oder nach innen orientiert zu sein? Im folgenden Kapitel finden Sie dazu viele Anregungen, wie Sie dem entgegenwirken können.

**TIPP!**
**Wenn Sie Ihre Geselligkeit und Ihre Kommunikation verändern wollen**

*Sie möchten Ihre Geselligkeit verstärken.*
Es gibt die unterschiedlichsten Arten, mit anderen Menschen zusammen zu sein. Aber nicht jeder grillt begeistert mit den Nachbarn oder zieht gern mit dem Partner durch Clubs und Kneipen. Auch der gemeinsame Urlaub in der Finca auf Mallorca mit sechs befreundeten Paaren ist nicht für jeden die ultimative Vorstellung von Erholung. Die falschen Menschen am falschen Ort zur falschen Zeit können einem ordentlich die Laune verhageln.
Darum ist es wichtig, dass Sie herausfinden, was Ihnen gefällt und was nicht. Rufen Sie sich in Erinnerung, welche geselligen Situationen mit Ihrem Partner Ihnen Freude bereitet und welche sich als Flop erwiesen haben. Und: Nehmen Sie die Zügel selbst in die Hand, wenn Sie sich mit Freunden verabreden. Ihre Laune wird spürbar steigen, wenn Sie machen, was *Sie* wollen, statt Ihrem Partner zu folgen.

- Schreiben Sie auf, welche Rahmenbedingungen Sie mögen, wenn Sie mit anderen Menschen zusammen sind. Beschreiben Sie die optimale Länge einer Begegnung, die beste Tageszeit oder den besten Wochentag für Kontakte, aber auch die Zeiten, zu denen Sie gern ungestört sind. In welcher Umgebung treffen Sie sich bevorzugt? Verbinden Sie Verabredungen gern mit Aktivitäten wie zum Beispiel Musik hören, ins Theater gehen, wandern oder am Haus und im Garten arbeiten?

- Unterscheiden Sie, welche Menschen Sie mögen und gerne wiedertreffen möchten und wen Sie am liebsten nie wiedersehen würden. Welche Eigenschaften haben die Menschen, die Sie mögen bzw. nicht mögen?
- Schreiben Sie auf, was Sie gern zu Begegnungen mit Freunden beitragen und was Sie eher ungern tun. Wichtig ist immer: Sie *müssen* gar nichts, und Sie haben das gute Recht, Ihre Kontakte und Ihren Umgang so zu gestalten, wie es Ihnen liegt.

*Wenn Sie mehr mit Ihrem Partner reden wollen.*
Die Kommunikation in einer Partnerschaft ist ein wichtiges und sensibles Thema. Ob sie gut ist oder nicht, hängt von verschiedensten Bedingungen ab. Die Kommunikation auf die Schnelle mit einigen cleveren Tipps zu verbessern funktioniert leider nicht – das wäre ebenso unmöglich, wie nach einem Erste-Hilfe-Kurs sofort als Arzt zu arbeiten. Daher stehen im Folgenden nur einige kurze Anregungen, wie Sie sich über die Kommunikation in Ihrer jetzigen Partnerschaft klarer werden können.

- Zeigen Sie Interesse an Ihrem Partner, und hören Sie ihm zu, ohne wertende Kommentare zu geben. Vorteilhaft ist es, wenn Sie ihm das Gefühl vermitteln, dass Sie ihn verstehen und unterstützen. Wenn Sie nicht sicher sind, was er fühlt, halten Sie sich mit Deutungen und Vermutungen zurück und lassen Sie ihn einfach aussprechen.
- Ist die Kommunikation in Ihrer Partnerschaft schon zu Beginn Ihrer Beziehung ähnlich gewesen wie heute? Wenn sie sich verschlechtert hat, ist es wichtig, die Ursachen dafür zu ergründen. Liegt es an speziellen Krän-

kungen, Konflikten oder Missverständnissen? Oder an der Art, wie Sie grundsätzlich miteinander umgehen? Versuchen Sie, den Zeitpunkt zu finden, an dem sich das Blatt wendete. (Weitere Hinweise zu diesen Fragestellungen finden Sie im Kapitel *Konfliktbewältigung* ab Seite 202).

- Wenn die Gespräche miteinander nachgelassen haben, können Sie sie durch gemeinsame Unternehmungen wieder beleben. Machen Sie etwas Ungewöhnliches, Neues und Aufregendes zusammen und verlassen Sie dazu Ihre Wohnung und Ihr gewohntes Umfeld. Oder denken Sie an eine typische Situation, in der Sie gerne etwas von sich erzählt haben.
- Lernen Sie Ihre eigene Art der Kommunikation kennen. Machen Sie sich Notizen über Themen, die Ihnen angenehm sind, und Felder, die Sie als Reizthemen empfinden. Ergründen Sie die Ursachen dafür, dass diese Themen für schlechte Stimmung sorgen. Was hält Sie davon ab, mit Ihrem Partner über bestimmte Gefühle und Themen zu sprechen? Ist es Ihre Erziehung, das Verhalten des Partners oder eigene Unsicherheiten?

*Wenn Sie Ihr Bedürfnis nach Geselligkeit abschwächen wollen.*

- Wenn Sie übermäßig extravertiert sind, können Sie sich selbst hinterfragen: Was sind die Gründe für Ihren Drang nach Gesprächen und Ihren Wunsch nach ständiger Gesellschaft? Geht es um Aufmerksamkeit, Geltungsbedürfnis, Angst vor dem Alleinsein? Oder ist es pure Langeweile? Überlegen Sie sich, in welcher Weise Ihre

Bedürfnisse befriedigt werden können und ob es nicht Alternativen zu den bisherigen Handlungsweisen gibt. Gegen Langeweile hilft beispielsweise auch ein Spaziergang, das Führen eines Tagebuchs oder Lesen, anstatt das Adressbuch durchzutelefonieren.

- Auch das Alleinsein muss geübt werden – geben Sie sich dafür ausreichend Zeit. Wie bei einem Instrument oder einer Fremdsprache lernt man nur durch regelmäßige Übung, bestimmte Ruhezeiten einzuhalten und mit sich allein entspannt zu sein. Dabei sind schweigende Aktivitäten wie Lesen, Meditieren oder Gartenarbeit hilfreich. Es kann das Selbstbewusstsein und die innere Ruhe fördern, wenn man sich selbst als gute Freundin bzw. guten Freund betrachtet. Planen Sie immer wieder feste Zeiten ein, in denen Sie sich mit sich selbst verabreden.

*Wie Sie die Gespräche mit Ihrem Partner verbessern können.*

- Achten Sie bei Ihren gemeinsamen Gesprächen auf Qualität statt auf Quantität. Wenn Sie das Gefühl haben, dass Ihr Partner nicht mehr richtig zuhört, überprüfen Sie seine Reaktion. Beobachten Sie genau, was ihn interessiert und wozu er Kommentare abgibt und bei welchen Themen bei ihm Zeichen von Desinteresse aufkommen. Auch nonverbale Signale wie flache oder seufzende Atmung, abwendende Blicke und Unruhe sind hierfür aufschlussreiche Indikatoren. Fragen Sie nach, was Ihren Partner interessiert.
- Hören Sie Ihrem Partner aufmerksam und wertschätzend zu, wenn er von sich aus etwas erzählt. Vermeiden Sie

es unbedingt, dann zugleich von sich zu erzählen, dabei auch noch das Wort »ich« zu benutzen oder Ratschläge zu geben. Wenn Ihr Drang, ihm zu antworten, zu stark wird, dann rollen Sie die Zunge nach hinten. Das stärkt Ihre Selbstkontrolle.

- Respektieren Sie das Bedürfnis Ihres Partners, Ruhe zu haben und sich zurückzuziehen. Wer sich ungestört und mit gutem Gewissen regenerieren kann, kann auch leichter wieder auf den anderen zukommen.

# Lust, lüstern, lustig?
# Wie wir unsere Sexualität erleben

> Sex ist der Leim, der das Gefüge der menschlichen Beziehungen zusammenhält; er bringt Familien und Romanzen hervor.
>
> JOHN UPDIKE, *Ehepaare*

Stellen Sie sich vor: Sie kommen abends nach Hause, schließen die Wohnungstür auf, und im ganzen Flur stehen Kerzen, und auf dem Weg zum Schlafzimmer sind Kleidungsstücke Ihrer Liebsten auf den Dielen verteilt. Aus dem Schlafzimmer tönt leise Ihre Lieblingsmusik, und auf dem Bett liegt das Objekt Ihrer Begierde, wahlweise mit verführerischer Unterwäsche oder nur mit Schokoladentäfelchen bedeckt.

Springen Sie sofort ins Bett – oder eher davon? Steigt in Ihnen erotische Vorfreude auf oder treten Ihnen Tränen vor Lachen in die Augen?

Sexuelle Lust wird unterschiedlich geweckt. Es ist wie beim Essen: Dem einen läuft das Wasser im Mund zusammen, wenn es deftig riecht, der andere kann an keinem Stück Torte vorbeigehen. Überlegen Sie, welcher Reize es bedarf, um Sie zu reizen. Ein vielsagender Blick? Erotische Anspielungen? Zarte Berührungen oder eher ungestüme Handgriffe?

Und was ist, wenn Sie erst mal in Stimmung sind? Stehen Sie dann auf Hollywood-Romantik oder bevorzugen Sie den Quickie zwischendurch? Mögen Sie tägliche Matratzen-Akrobatik oder seltenen, dann aber fein zelebrierten Qualitätssex?

Für manch einen ist Sex ein probates Mittel zum Abbau von Stress. Günther zum Beispiel fühlt sich beim Geschlechtsverkehr und besonders nach seinem Orgasmus total entspannt; vergessen ist der geplatzte Deal, der ihn die letzten Nächte schlecht schlafen ließ. Für weniger lustbetonte Menschen kann Sex wiederum auch Stress produzieren. So ist Doris, Günthers Frau, ganz froh darüber, dass Günther mit fortschreitendem Alter immer seltener auf die Idee kommt, sie an ihre ehelichen Pflichten zu erinnern.

Wie auch immer Ihre Vorlieben sind: Schätzen Sie sich glücklich, wenn Sie einen Partner haben, mit dem die Chemie und auch das Liebesakt-Drehbuch stimmt. Oft genug treffen zwei Menschen aufeinander, die ganz unterschiedliche Bedürfnisse in der Sexualität haben. Dann sind Schwierigkeiten vorprogrammiert, etwa dann, wenn zum Beispiel ein triebstarker Mann auf eine sexmüde Frau trifft, die lieber kuschelt als verkehrt.

Anna, eine junge Frau mit großem sexuellem Appetit, wird wohl nie glücklich werden mit Karl, einem eher gehemmten und verunsicherten Mann, der schon beim Denken an versaute Worte einen roten Kopf bekommt. Und Jana, eine große Romantikerin, war jedes Mal vor den Kopf gestoßen, wenn ihr Exfreund Sebastian bei den sinnlichen Kuss-Szenen der Liebesfilme, die sie als Vorspiel gewählt hatte, zu gähnen begann und auf *Fast Forward* drückte. Mona und Stefan hingegen haben Glück gehabt. Beide finden in ihrer gemeinsamen Sexualität eine besondere Intimität, die eine für sie einzigartige und bewegende Nähe erzeugt.

## Sexualität von den Kinderschuhen bis zum Erwachsenenleben

Unsere Vorlieben in der Sexualität sind Ausdruck eines tiefverankerten sexuellen Skripts, das sich häufig unserer bewussten Wahrnehmung entzieht. Dieses Skript wird im Laufe unseres Lebens durch die jeweilige Kultur, unsere Erziehung, unser soziales Umfeld und eigene Erfahrungen und Neigungen geprägt. Menschen sind von Geburt an sexuelle Wesen, und je nach kulturellem und familiärem Umfeld entwickeln wir eine bestimmte Beziehung zu unserem Körper und zu Körperlichkeit allgemein.

Nicht immer gestaltet sich diese Entwicklung einfach. Manche Menschen gehen mit ihrem eigenen Körper eher schamhaft um und müssen sich ihren Zugang zu Sinnlichkeit und zu ihren eigenen Bedürfnissen mühsam erkämpfen.

Betrachten wir zwei Extreme: Anna wuchs bei einer Mutter auf, bei der Nacktheit und körperliche Geborgenheit zum Alltag gehörten. In Annas Kindheit wurde viel miteinander geschmust, sich abwechselnd gekrault, und am Wochenende gingen sie oft mit Freunden gemeinsam in die Sauna. Berührungen waren zwischen Mutter und Tochter ein wichtiges Medium für Aufmerksamkeit und Liebe. Annas Mutter legte großen Wert auf Harmonie. Ecken und Kanten der Kinder wurden gerne weggestreichelt und Konflikte unter den Teppich gekehrt.

Anna lebt heute wie ihre Mutter viele ihrer Bedürfnisse über ihren Körper aus. Sexuelle Freiheit und Befriedigung sind unabdingbare Bestandteile ihres Alltags, und sie lebt diese Maxime exzessiv und manchmal ohne Rücksicht auf

Verluste aus. Anna ist sich (noch) nicht bewusst, dass sie auf diese Weise einige wichtige Bedürfnisse kompensiert, zum Beispiel jenes nach Verbindlichkeit und nach emotionaler Sicherheit – Bedürfnisse, die schon in ihrer Kindheit nicht erfüllt wurden.

Verbindlichkeit und Treue gehören nicht zu Annas Stärken. Ihre Paarbeziehungen empfindet sie stets schnell als langweilig. Sie vermeidet echte Nähe und Hingabe zu ihren Freunden. So wird die tief in ihr lauernde Unsicherheit, ob ihre Liebhaber sie auch auf lange Zeit mit all ihren verborgenen Unzulänglichkeiten lieben können, besänftigt.

Im Vergleich zu Anna wuchs Sylvia körperlich quasi keimfrei auf. Berührungen wurden in ihrer Familie bestenfalls zu Geburtstagen und Weihnachten in Form von unsicheren Umarmungen ausgetauscht. Sylvia wurde beim Ballettunterricht und Fechten körperliche Haltung beigebracht; morgendliches Kuscheln im Bett der Eltern gehörte nicht zum Training.

Über Sexualität wurde in Sylvias Familie nicht gesprochen, selbst mit Nacktheit wurde spröde und schamhaft umgegangen: Anstatt die kleine Sylvia mit einem vorgewärmten Handtuch aus der Badewanne zu heben, vorsichtig trockenzureiben, sie in einen flauschigen Bademantel einzuhüllen, ihr eine Gutenachtgeschichte vorzulesen und sie anschließend in den Schlaf zu kraulen, wurde sie nach dem Bad kurz abgerubbelt und angehalten, sich ihren Schlafanzug schnell selbst anzuziehen.

Sylvia hat bis heute kein entspanntes Verhältnis zu ihrem Körper. So richtig wohl fühlt sie sich nicht in ihrer Haut, die sie auch ihren Partnern nur ungern nackt präsentiert, obwohl sie eine tolle Figur hat. Bis heute ist Sylvia in der körperlichen Askese ihres Elternhauses gefangen, und sowohl die liebevolle als auch die leidenschaftliche Beschäftigung mit ihrem Körper (wozu auch Selbstbefriedigung gehört) kommen im ohnehin schmalen Büchlein ihrer Sexualität kaum vor.

Doch niemand ist dazu verdammt, das eigene Sexleben für immer nach der elterlichen Schablone zu zeichnen! Wie in allen anderen Bereichen können wir uns Schritt für Schritt von alten Mustern, Verboten und Regeln lösen und neue, für uns passendere Spielregeln entwerfen.

### ♥ ÜBUNG

**Erkennen Sie Ihre familiäre sexuelle Prägung**

- Erinnern Sie sich daran, wie in Ihrer Familie mit Körperlichkeit und Sexualität umgegangen wurde. Welche Form der Kommunikation gab es über Sexualität? Konnte über alles gesprochen und alles gefragt werden, oder gab es das eine oder andere Tabu? Mit wem konnten Sie gut über intime Dinge sprechen, wem hingegen mochten Sie sich eher nicht anvertrauen?
- Gab es Grenzverletzungen? Erinnern Sie sich an Momente, in denen Sie sich geschämt oder unwohl gefühlt haben, weil Ihnen jemand zu nahe getreten war? Konnten Sie Ihre Gefühle damals äußern, oder stießen Sie auf taube Ohren?
- Vergleichen Sie Ihren heutigen Umgang mit Sexualität mit dem, der Ihnen anerzogen wurde. Was fühlt sich heute daran gut und passend an, und was möchten Sie lieber hinter sich lassen und ändern?
- Überlegen Sie, was Sie sich in Bezug auf Körperlichkeit und Sexualität für Ihre Kinder wünschen, und schreiben

Sie Ihre Vorstellungen genau auf. Fügen Sie hinzu, was Sie dazu beitragen können. Beispiel: Wenn Sie sich wünschen, dass Ihre Kinder ein unbefangenes und liebevolles Verhältnis zu ihrem Körper entwickeln, könnten Sie aufschreiben, wie Sie dies fördern können: zum Beispiel, indem Sie achtsam mit Ihrem Kind und dessen Bedürfnissen umgehen, es über die Sexualität aufklären, ihm beibringen, den Körper als einzigartiges Geschenk wertzuschätzen, dankbar zu sein für seine Beweglichkeit und Funktionstüchtigkeit, Freude an der Nacktheit zu haben usw. Lesen Sie sich alle Punkte anschließend noch einmal durch und überprüfen Sie, wo Sie in Ihrem *eigenen* Leben derzeit Abweichungen zu diesen Merkmalen feststellen. Behandeln Sie sich selbst ab sofort so, wie Sie es sich im besten Fall für Ihre Kinder wünschen würden. Seien Sie neugierig darauf, wie sich dadurch Ihr eigenes Verhältnis zu Ihrem Körper verbessert und welche positiven Auswirkungen dies auch auf Ihr Sexleben hat.

## Stille Wasser sind tief – die Verborgenheit sexueller Gelüste

Von außen lässt sich nicht erkennen, wie sich ein Mensch in Sachen Sex und Erotik tatsächlich verhält. Zuweilen bahnen sich uns selbst verborgene sexuelle Bedürfnisse ihren Weg ins Bewusstsein, und wir erlauben uns, Facetten unserer Sexualität auszuleben, die im Alltagsleben tabu sind.

So kann der erfolgsverwöhnte Bankvorstand, der Chef von vielen Tausend Mitarbeitern und in der Hierarchie ganz oben angelangt ist, sich danach sehnen, sexuell dominiert zu werden, und ab und an eine Domina aufsuchen. Die konservativ wirkende Juristin wiederum wird abends, nachdem sie ihr graues Kostüm und ihre Perlenkette abgelegt hat, zur wollüstigen Verführerin und wünscht sich insgeheim, auf Swingerpartys zu gehen und es mit mehreren Männern gleichzeitig zu treiben. Umgekehrt braucht die kurvige, extrovertiert wirkende Blondine, die in der Kneipe mit vier Männern gleichzeitig flirtet, tatsächlich Monate der intensiven Annäherung, bis sie einem Mann genug vertraut, um mit ihm erste sexuelle Handlungen zu wagen.

Sexuelle Phantasien und Neigungen lassen sich – zum Glück – nicht an der Nasenspitze ablesen. Dieser Bereich unserer Persönlichkeit wird nur den von uns ausgewählten Partnern gezeigt, und je nachdem, was sie aus uns herauskitzeln, auch unterschiedlich ausgelebt.

Viele wünschen sich, dass der Partner sexuell die Seiten verkörpert, die wir selber nicht haben, und uns somit »vervollständigt«. In einer intimen Beziehung, in der wir uns sicher genug fühlen, können wir diesbezüglich wachsen, uns entwickeln und neue Seiten an uns entdecken, wie Sue Miller es in ihrem Roman *Die gute Mutter* treffend beschreibt:

> *Was mich betraf, so war das, was mich an ihn fesselte, woran es mir fehlte, seine Wildheit, seine Offenheit für alles ... es war auch die Tatsache, dass ich, wenn wir miteinander schliefen, jedes Gefühl für die Grenzen zwischen uns verlor, seinen Schwanz als ein Gefühl in mir empfand, meine Möse als einen Teil seines Körpers, seines Mundes. Und weil ich bei ihm endlich eine leidenschaftliche Frau wurde.*

Eine leidenschaftliche Frau – so würde Mona sich heute bezeichnen. Sie lässt sich gerne von Stefan erobern und genießt es, wenn er ihre Lust wachkitzelt. Bevor Mona Stefan kennenlernte, war sie in einer langjährigen Beziehung, in der die Sexualität schließlich eingeschlafen war. Mit Stefan besteht diesbezüglich keine Gefahr. Er liebt es, Monas Körper immer wieder aufs Neue zu entdecken. Weil Mona im Bett zurückhaltender ist, kann Stefan sexuell den Weg weisen, und es erregt ihn, bislang verborgene erotische Facetten an ihr zu entdecken. Mona wiederum vertraut ihm genug, um sich ihm hinzugeben. Beide gewinnen Lust und Befriedigung aus der jeweiligen Fähigkeit des anderen, sexuell zu geben bzw. zu nehmen.

Mona gehört zu den Menschen, die Sexualität nur in vertrauensvollen, festen Beziehungen leben können. Ob wir Sexualität nun aber nur in exklusiven, also monogamen Beziehungen haben oder ob wir gerne auch mal in fremde Betten schlüpfen, hängt von unserer Persönlichkeit ab, speziell von unserem Bindungsstil und unserer Nähe-Distanz-Vorliebe. Für Anna besteht der Reiz gerade in einer gewissen Anonymität des Sexualpartners. Sie hält es für aufregend, sich immer wieder in neuen Armen und Betten wiederzufinden. Gelebte Sinnlichkeit und sexuelle Begegnungen sind Annas momentaner Lebensmotor, und auch in der Zukunft kann sie sich nicht vorstellen, Sexualität weniger Bedeutung beizumessen: »Schlimm, wie einige Paare einfach so nebeneinanderher leben! Eine Freundin von mir hat nur einmal im Monat Sex mit ihrem Freund, und dann auch noch Blümchensex – wie langweilig! Ich will auch mit 60 noch über meinen Mann herfallen, ihm schmutzige Phantasien ins Ohr flüstern und mit ihm Sextoys kaufen gehen, wenn wir Lust dazu haben.«

Stefan ist zehn Jahre älter als Anna und ein Beispiel dafür, dass sich die Priorität von Sexualität im Laufe des Lebens durchaus verändern kann. So gibt es Menschen, die in jungen Jahren nichts anbrennen lassen und später überaus treue Ehemänner und Ehefrauen sind. »Ach, ich hab mich ausgetobt, und irgendwann hat sich das Ganze irgendwie leer und reizlos angefühlt. Ich hab angefangen, mich nach einer echten, tiefen Beziehung zu sehnen, nach wirklicher Nähe und Geborgenheit«, sagt Stefan, der in seinen Zwanzigern als echter Schürzenjäger galt. Heute, mit Ende 30, ist er glücklich verheiratet und hat sich entschieden, seiner Frau Mona keine Affäre zuzumuten. Mona war zu Beginn ihrer Beziehung ein wenig eifersüchtig auf Stefans Exfreundinnen und fragte sich, ob er sein Draufgänger-Leben aufgeben könnte. »Bist du wirklich sicher, dass du treu sein kannst und willst? Mir bedeutet es sehr viel, mit einem Mann ins Bett zu gehen, ich öffne mich dabei total und muss mir schon sicher sein, dass es dem anderen ernst ist«, gab Mona Stefan am Anfang klar zu verstehen. Stefan war sich absolut sicher, und nach einer Weile hatte er mit viel Einfühlungsvermögen und Liebe Monas Herz und Vertrauen gewonnen.

## Eifersucht, die giftige Verwandte der Liebe

Tiere haben es einfach. Sex dient bei ihnen schlicht und ergreifend der Übertragung von Erbgut, also der Fortpflanzung. Um den eigenen Genpool zu vererben, hat sich die Tierwelt einiges einfallen lassen. So werden Nebenbuhler auf unterschiedliche Art und Weise vergrault. Männliche Stabschrecken zum Beispiel halten sich bis zu zehn Wochen lang auf dem Rücken des Weibchens fest, so dass anderen Anwärtern schließlich die Lust vergeht. Eine weitere effektive Anti-Fremdgeh-Variante praktizieren viele Insekten und Nager: Nach der Begattung versiegeln die Männchen die Geschlechtsöffnung des Weibchens mit einem Drüsensekret – sozusagen die Bio-Variante des Keuschheitsgürtels.

Uns Menschen sind diese doch recht primitiven Vorsichtsmaßnahmen vorenthalten, und so schleicht sich stattdessen von Zeit zu Zeit ein quälendes Gefühl der Unsicherheit heran: »Liebt er mich noch? Findet er mich noch attraktiv? Wieso unterhält er sich nun schon seit zehn Minuten so angeregt mit der Fremden da drüben?«

Die meisten von uns waren schon einmal eifersüchtig und kennen diesen mal jähen, mal anhaltend bohrenden Schmerz. In den für die meisten Paarkonstellationen üblichen exklusiven Beziehungen, in denen die Partner Anspruch aufeinander erheben, tritt Eifersucht immer mal wieder auf. Wenn unser Partner mit anderen flirtet, wenn er mit einer attraktiven Kollegin Überstunden macht, wenn er zu begeistert von einer anderen Frau spricht – all dies kann Auslöser für Eifersucht sein.

Oft ist Eifersucht ein Zeichen eigener Unzulänglichkeitsgefühle und Minderwertigkeitskomplexe. Wir sind dann eifersüchtig auf andere, die vermeintlich schöner, klüger oder erfolgreicher sind als wir. Bei diesen Vergleichen geht es weniger um die anderen als um uns selbst; sogar in Claudia Schiffers Augen wird es hübschere Frauen als sie selbst geben.

Es geht bei Eifersucht also häufig um Selbstliebe oder

Selbstwertgefühl. Wenn wir zufrieden mit uns sind, dann sind wir für selbstzerstörerische Vergleiche weniger anfällig. Wenn wir uns jedoch (über-)kritisch sehen, lassen wir oft kein gutes Haar an uns und überhöhen jedes Gegenüber, eventuell auch den Partner, der eigentlich viel zu gut für uns ist und uns ohnehin bald verlassen wird, sobald er unsere Minderwertigkeit endlich erkannt und etwas Besseres gefunden hat.

Manchmal ist Eifersucht jedoch auch real begründet – etwa dann, wenn der Partner uns betrügt oder tatsächlich in jemand anderen verliebt ist. Dann folgt der Eifersucht das Gefühl der Kränkung und Verletzung. Wie heftig die Wunde des Treuebruchs schmerzt, hängt eng mit unserem Maß an Empfindlichkeit und unseren Beziehungsregeln zusammen, und danach sollte man auch die Wahl des Partners ausrichten. Ein ewig treuer Schwan tut sich keinen Gefallen, wenn er sich in ein promiskuitives Häschen verliebt. Auch das »Bis dass der Tod Euch scheidet«-Versprechen nebst Ring am Finger hält längst nicht jeden von einem kleinen Abenteuer ab.

## »Einmal ist keinmal« – und andere Erklärungen für sexuelle Abenteu(r)er

Wer kennt sie nicht, die folgende, auf biologischen Erkenntnissen basierende Binsenweisheit: Männer sind untreu, weil sie ihr Erbgut möglichst häufig weitergeben wollen, und Frauen sind treu, weil sie einen Versorger für sich und die Nachkommen brauchen.

So weit, so gut. Nur leider stimmt die aus dem Tierreich hergeleitete Theorie nicht mit der menschlichen Praxis überein. Es gibt ebenso viele untreue Frauen wie Männer – wie sonst sollte das Wort *Kuckuckskind* und der Markt für Vaterschaftstests entstanden sein? Männer wollen längst nicht mit jeder Frau, die sie begatten, ein Kind, und Frauen, die ein Kind bekommen, können sich heutzutage zumindest in unserer Gesellschaft durch eigene Erwerbstätigkeit oder staatliche Unterstützung auch ganz gut selbst versorgen – ob sie einem Partner treu sind oder nicht, hängt mit der Versorgungslage also kaum noch zusammen.

Evolutionsbiologische Ableitungen greifen also zu kurz – wenn man mal vom wunderbaren Coolidge-Effekt absieht, der gern zur Erklärung von abnehmender sexueller Lust in Langzeitbeziehungen herangezogen wird.

Calvin Coolidge (1872–1933), der 30. Präsident der Vereinigten Staaten, besuchte einst mit seiner Frau eine Farm, bei deren Besichtigung Mrs Coolidge ein Hahn auffiel, der eifrig dabei war, eine Henne zu besteigen. Als die First Lady erfuhr, dass der Hahn bis zu zwölfmal am Tag seinem Trieb nachgehe, soll sie gebeten haben: »Sagen Sie das meinem Mann!« Als der Präsident davon erfuhr, fragte er nach, ob es sich jedes Mal um dieselbe Henne handeln würde. Dies wurde verneint – es würde sich jedes Mal um eine andere Henne handeln. »Sagen Sie das meiner Frau!«, befahl er daraufhin.

Fremdgehen kann viele Ursachen haben – vom einmaligen Ausrutscher (»Gelegenheit macht Diebe«) bis zu häufigen Affären aus Unzufriedenheit, Langeweile oder Angst vor zu viel Verbindlichkeit. Es gibt auch Menschen, die schlichtweg nicht treu sein können oder wollen. Zu viele Verführungen lauern im Leben, zu wenig innere Überzeugung kann sie von Seitensprüngen abhalten – »Der Geist ist willig, aber das Fleisch ist schwach ...«

Und dann gibt es da noch die sogenannten seriellen Monogamisten, die in ihren Beziehungen treu sind – wie lange diese Beziehungen halten, ist allerdings eine andere Frage. Der Reiz des Fremden wiegt mitunter schwerer als die Sicherheit des Vertrauten, ein neuer Partner verführt dann vor allem durch die noch nicht bekannte Andersartigkeit.

Wenn Sie das Gefühl haben, nicht treu sein zu können, und Sie bzw. Ihre Beziehungen darunter leiden, können Sie sich ab jetzt entweder auf den Coolidge-Effekt berufen (der übrigens durch wissenschaftliche Experimente an Tieren belegt ist) oder Sie könnten in sich gehen und erforschen, was Sie zu Seitensprüngen treibt. Diese Übungen können Sie auch machen, wenn Sie sich aufgrund Ihrer sexuellen »Unruhe« nicht dauerhaft binden können oder wollen und die Hintergründe hierfür verstehen möchten. Ersetzen Sie in diesem Fall im Folgenden bitte das Thema *Fremdgehen* mit dem Thema *Kurze, unverbindliche sexuelle Abenteuer*.

### ❤ ÜBUNG

**Ergründen Sie die wahren Ursachen Ihrer Untreue**

- Was sind oder waren Ihre Gründe fürs Fremdgehen? Ist es der Kitzel des Fremden? Finden Sie heraus, was es genau ist, das Sie dabei anspricht oder reizt. Was fehlt Ihnen davon in Ihrer Beziehung oder in Ihrem Leben insgesamt? Sind es Auszeiten vom Alltag mit Ihrem Partner, in denen Sie sich wie zu Beginn Ihrer Beziehung nur aufeinander konzentrieren? Ist es fehlende Spontaneität? Zu wenig Spaß und Leichtigkeit in Ihren Begegnungen mit dem

Partner? Überlegen Sie, wie Sie das Fremde bzw. das, was Ihnen fehlt, in Ihr Leben integrieren können – Sie könnten sich selbst damit treuer werden.

- Grenzen Sie die Zeitpunkte und Situationen ein, in denen Sie fremdgegangen sind. War es im Urlaub, auf Geschäftsreise, beim Ausgehen? War der Partner in der Nähe oder weit weg? Passierte es nach einem Streit mit dem Partner, bei Stress im Job oder bei Langeweile in der Beziehung? Überlegen Sie, welche Gefühle einem Fehltritt vorausgingen und ob Sie sich nach dem Fremdgehen besser als davor gefühlt haben. Wenn Sie Alternativen zum Fremdgehen finden möchten, überlegen Sie sich, wie Sie in Zukunft die entsprechenden Gelegenheiten vermeiden und wie Sie Ihre Stimmung auch ohne eine sexuelle Begegnung mit einem Fremden heben können.
- Können Sie einen Ausrutscher von Ihnen schnell ad acta legen oder plagen Sie sich danach lange mit einem schlechten Gewissen? Was an der Affäre wiegt eventuell solch negative Begleiterscheinungen (schlechtes Gewissen, Angst vor Entdeckung usw.) auf?
- Haben Sie jemals darauf gehofft, dass Ihr Partner von Ihrem Fehltritt erfahren würde? Wenn ja, warum? Was wäre anschließend passiert? Prüfen Sie, ob Sie Schwierigkeiten haben, eine Beziehung zu beenden und deshalb eventuell »schweres Geschütz« wie zum Beispiel eine Affäre auffahren müssen, damit Ihr Partner die Initiative zur Trennung ergreift.
- Wenn Sie sich nicht erklären können, warum Ihnen der eine oder andere Ausrutscher passiert ist, nehmen Sie sich Zeit und erforschen Sie Ihre geheimen oder unbewussten Motive. Erinnern Sie sich möglichst genau an die »Tatzeiten« und wie Sie sich zuvor gefühlt haben. Wie war die

Stimmung in Ihrer Partnerschaft? Waren Sie unzufrieden? Wenn ja, worüber? Fühlten Sie sich irgendwie von Ihrem Partner unter Druck gesetzt, etwa durch zu große Nähewünsche seinerseits? Oder hatten Sie vielmehr das Gefühl, dass Ihr Partner Ihnen zu wenig Aufmerksamkeit und Beachtung schenkt? Im Folgenden finden Sie zwei Beispiele für unbewusste Beweggründe des Fremdgehens:

*Beispiel 1:* Manch einer flüchtet sich vor zu viel Nähe mit dem Partner in eine Affäre. Hinter dieser Angst vor zu viel Nähe stecken meist übermächtige und zu nähebedürftige Bezugspersonen, die einen in der Kindheit mit elterlicher Liebe und unangemessenen Nähewünschen erdrückten. Wahrscheinlich haben Sie als Kind nicht gelernt, sich richtig von Ihren Eltern abzugrenzen. Sollte Ihnen klar werden, dass die Angst vor zu viel Nähe ein Grund fürs Fremdgehen war bzw. ist, dann machen Sie sich bewusst, dass Sie heute kein abhängiges Kind mehr sind, das den Bedürfnissen aller anderen ausgeliefert ist. Sie selbst können entscheiden, wie viel Nähe und Distanz für Sie in der Beziehung angenehm ist. Im Alltag können hier folgende Anregungen nützlich sein:

- Ziehen Sie sich zurück, wenn Sie Ruhe brauchen, und teilen Sie dieses Bedürfnis Ihrem Partner mit. So vermeiden Sie Kränkungen (»Ich brauche Ruhe für mich, nicht Ruhe vor dir«) und geben Ihrem Partner Gelegenheit, Ihr Ruhebedürfnis zu respektieren.
- Sagen Sie »Nein«, wenn Sie etwas nicht möchten. Sie riskieren zwar auf kurze Sicht, Ihren Partner zu irritieren, aber auf lange Sicht ermöglichen Sie sich eine wichtige persönliche Entwicklung. Nur wer klar »Nein« sagen kann, kann auch vollen Herzens »Ja« sagen.

*Beispiel 2:* Die Suche bzw. die Sucht nach Bestätigung kann auch glücklich Liierte immer wieder in fremde Arme treiben. Hinter dieser Gier nach Anerkennung, die ein einzelner Mensch kaum stillen kann, steckt meist ein geringes Selbstwertgefühl. Überprüfen Sie sich: Brauchen Sie viel bzw. ständig Anerkennung und Bestätigung, um sich wohl zu fühlen? Fühlen Sie sich leer und ungeliebt, wenn Komplimente und Lob mal eine Weile ausbleiben? Erwarten Sie von Ihrem Partner und von anderen Menschen, dass sie förmlich um Sie herumkreisen und viel Energie darauf verwenden, Sie glücklich zu machen? Wenn diese Situation auf Sie zutrifft, können Sie folgende Übungen machen:

– Erinnern Sie sich daran, wie Ihre Eltern Ihnen als Kind signalisiert haben, dass Sie liebenswert sind. War das Ausmaß an Zuwendung und Aufmerksamkeit für Sie ausreichend oder hätten Sie mehr gebraucht? Welche wichtigen Liebesbekundungen haben Sie vermisst? Erinnern Sie sich auch an schmerzhafte Momente, in denen Sie sich zurückgewiesen, ungeliebt und unerwünscht gefühlt haben. Durch diese alten Wunden entwickeln wir oft negative Glaubenssätze, die unser weiteres Leben beeinflussen. Identifizieren Sie Ihre ureigenen negativen Glaubenssätze, zum Beispiel »Ich störe« oder »Ich muss erfolgreich/schön/perfekt sein, um geliebt zu werden«. Schreiben Sie sie auf und setzen Sie den negativen Glaubenssätzen positive gegenüber, zum Beispiel »Ich bin eine Bereicherung für andere« oder »Ich bin liebenswert und wertvoll«. Nehmen Sie sich jeden Tag Zeit, sich diese Sätze zu verinnerlichen. Vielleicht beginnen Sie Ihren Tag, indem Sie Ihre individuellen positiven Leitsätze gleich morgens im Bett oder vor dem Spiegel aufsagen – egal, ob laut oder innerlich. Hilfreich ist es auch, sich in schwierigen Situationen diese wertvollen neuen Sätze ins Gedächtnis zu rufen.

- Konzentrieren Sie sich zunehmend darauf, sich selbst die Aufmerksamkeit und Wertschätzung zu geben, die Sie von anderen erwarten. Loben Sie sich selbst, belohnen Sie sich nach einem anstrengenden Tag, sorgen Sie immer besser für sich selbst, so dass Sie immer weniger von der Aufmerksamkeit anderer abhängig sind. Je mehr Sie Ihren eigenen inneren Wertschätzungstopf füllen, desto ausgeglichener und selbstbewusster werden Sie sich fühlen. Selbstzweifel oder aufgesetzte Selbstzufriedenheit können dann echter Zufriedenheit weichen. Ihre Fähigkeit, zu nehmen und zu geben, wird sich verbessern, und Ihre Beziehungen zu anderen werden sich vertiefen.
- Werden Sie sich darüber klar, dass Liebe immer bei einem selbst beginnt! Erst wenn ich mich selbst annehme und wertschätze – und zwar mit all meinen Schwächen und Stärken –, kann ich zuversichtlich in die Welt hinausgehen und mich vollständig präsentieren, ohne Angst vor Zurückweisung zu haben. Unsere Ausstrahlung hängt sehr von unserem eigenen Selbstwertgefühl ab, und Sie werden sehen, wie positiv Ihre Umwelt auf Sie reagieren wird.

- Stellen Sie sich vor, Sie treffen einen attraktiven Unbekannten, der Sie offensichtlich begehrt und nichts anbrennen lässt. Können und wollen Sie treu bleiben? Oder fällt es Ihnen schwer, nein zu sagen? Erforschen Sie die Gründe, die Sie schwach werden lassen könnten (z. B. den anderen nicht vor den Kopf stoßen zu wollen, »einmal ist keinmal« usw.). Was würden Sie brauchen, um standhaft und treu bleiben zu können?

- Betrachten Sie die Beziehung Ihrer Eltern, vielleicht sogar die Ihrer Großeltern. Welche Treue-Regeln galten dort? Wurde Untreue geduldet oder tabuisiert? War betrügen erlaubt oder streng verboten? Und wie wurde mit einem Fehltritt umgegangen – wurde er verheimlicht oder dem Übeltäter jahrzehntelang vorgeworfen?
- Gibt es familiäre Aufträge, die Sie erhalten haben, wie beispielsweise »Binde dich nie zu fest« oder »Lass dir nichts entgehen«? Überprüfen Sie, ob so ein Auftrag heute noch zu Ihnen passt und ob er bisher eher positive oder negative Auswirkungen in Ihrem Leben gehabt hat.

## Quantität und Qualität – die Unterschiede im Begehren

Menschen haben unterschiedliche Bedürfnisse – auch in der Sexualität. Vielleicht können Sie nicht genug von Berührungen und leidenschaftlichen Begegnungen bekommen. Wenn Sie Glück haben, sind Sie dann mit einem Partner zusammen, der dem Sex einen ähnlich hohen Stellenwert einräumt. Denn eine Beziehung, in der einer als »Sexmonster« und der andere als »Sexmuffel« gilt, wird auf Dauer für beide frustrierend sein. Allerdings können sich sexuelle Bedürfnisse auch ändern bzw. verringern – denken Sie an Menschen, die viel Stress ausgesetzt sind oder an Depressionen leiden, oder an Frauen, die gerade ein Kind bekommen haben.

Sexuelle Lustlosigkeit ist relativ verbreitet und betrifft sowohl Männer als auch Frauen. Die Betroffenen klagen darüber, keine Lust auf Sex zu haben oder sogar körperliche Abneigung dagegen bis hin zum Ekel zu empfinden.

Der Verlust der Libido ist häufig schambesetzt. Es fällt leichter, über körperliche Probleme wie einen Bandscheibenvorfall oder Diabetes zu sprechen als über sexuelle Lustlosigkeit. Aus diesem Grund leiden viele Menschen unnötig lange, ziehen sich von ihrem Partner zurück oder vermeiden es, neue Beziehungen einzugehen.

Auch das Gegenteil, also übermäßige sexuelle Lust, kann für die Betroffenen leidvoll sein. Früher wurden sexuell überaktive Frauen »Nymphomaninnen« genannt, der Krankheitsbegriff für Männer hieß »Satyriasis« oder auch »Donjuanismus«. Heute geistert der für beide Geschlechter geltende Begriff der »Sexsüchtigen« durch die Medien und Kliniken. Als sexsüchtig gilt, wer sich unkontrolliert häufig mit sexuellen Reizen auseinandersetzen muss: Die Beschäftigung mit Pornographie, Telefonsex, übermäßige Selbstbefriedigung oder sexuelle Kontakte mit anderen finden zwanghaft statt. Die Sucht nach sexueller Stimulation oder Befriedigung kann so weit gehen, dass Beruf, Familie und Freunde vernachlässigt werden und das Leben des Betroffenen nur noch durch sexuelle Inhalte gekennzeichnet ist.

Wenn Sex zu einer Droge wird und als Ersatz herhalten muss für andere Bedürfnisse, ist es Zeit, innezuhalten und sich zu fragen: Wovon lenke ich mich ab? Welchen Schmerz in mir möchte ich betäuben? Nur die ehrliche Beschäftigung mit sich selbst kann diesen Teufelskreis der falschen Bedürfnisbefriedigung auflösen und zu einem letztlich glücklichen (Sex-)Leben führen.

Was aber ist eigentlich die »normale« Menge Sex im Leben? Was ist zu viel oder zu wenig?

Sexualität ist ein intimes Thema, und nicht immer mag man Zweifel und Fragen darüber im Freundeskreis besprechen. In vielen Partnerschaften ist nach Jahren des Zusammenlebens »die Luft raus«, sowohl Zärtlichkeiten als auch sexuelle Begegnungen finden immer seltener statt.

Zu unser aller Entlastung und vielleicht auch Enttäuschung: Der anfängliche Hunger Frischverliebter, die jeden Tag lustvoll übereinander herfallen, muss im Laufe der Zeit zwangsläufig abnehmen. Wer jahrelang Tisch und Bett, Sorgen und Nöte, Toilette und Nassrasierer teilt, dem kann schon mal die Lust an der Lust vergehen. Liebesbeziehungen zeichnen sich ja auch aus durch ihren Wandel von frischverliebten Illusionen (der berühmten rosa Brille) zu stabilen, vertrauensvollen Verbindungen, die es unter anderem ermöglichen, Krisen und Krankheiten miteinander zu bewältigen, Kinder zu bekommen und gemeinsam großzuziehen.

Schließen Leidenschaft und eine langjährige Partnerschaft sich aus? Nein, aber beide Partner müssen etwas dafür tun, ihre Sexualität lebendig zu halten, damit keine Langeweile oder gar erotischer Stillstand einkehrt.

Viele Paare sind verunsichert durch vermeintlich repräsentative Statistiken, die besagen, dass es normal sei, zwei- bis dreimal pro Woche miteinander zu schlafen. Wir möchten Sie an dieser Stelle vielmehr ermuntern, Ihre eigene Statistik aufzustellen: Wie schön ist es, Ihren Partner zu berühren, Zärtlichkeiten auszutauschen, miteinander zu schlafen? Wünschen Sie sich eher mehr oder eher weniger Berührungen und sexuelle Kontakte? Wie zufrieden sind Sie im Moment mit Ihrem Sexualleben? Überlegen Sie sich, was sich gegebenenfalls ändern müsste, damit Sie in diesem Bereich Ihres Lebens richtig zufrieden werden.

Kommen wir von der Quantität zur Qualität: Was macht eigentlich einen guten Liebhaber bzw. eine gute Liebhaberin aus?

Grundsätzlich gilt: Wer sich über seine sexuellen Bedürfnisse und Wünsche bewusst ist und diese ausleben kann, ohne andere Bedürfnisse damit zu kompensieren, hat gute Voraussetzungen, eine erfüllte Sexualität zu leben. Und gleich noch ein zweites Prinzip: Es geht nicht darum, möglichst viel Erfahrung mit vielen Sexpartnern gehabt zu haben, sondern sich auf jede neue sexuelle Erfahrung – und sei es 50 Jahre lang mit demselben Partner – ehrlich einzulassen.

Es gibt Menschen, vor allem Frauen, die verunsichert gynäkologische und psychotherapeutische Praxen aufsuchen, weil sie nicht zum Orgasmus kommen können. Häufig wissen diese Frauen gar nicht, was ihr eigener Körper mag – Selbstbefriedigung wird bis heute von vielen Frauen nicht praktiziert. Solche Scham und Unwissenheit über den eigenen Körper und die eigene sexuelle Erregung verhindern natürlich auch die Lust am Sex mit einem Partner. Umso wichtiger ist es, sich in dieser Hinsicht selber zu erforschen. Denn bei sich bleiben, erspüren, was man sich gerade wünscht, welche Berührung guttut, was zu weit geht, genießen, geben, nehmen, sich schließlich ganz dem Moment hingeben – dies sind die Zutaten für sinnliche und befriedigende erotische Momente.

Wenn Sie sich und Ihre Sexualität besser kennenlernen und mehr Freude mit Ihrem Körper und Ihrem Partner haben möchten, nehmen Sie sich ein bisschen Zeit für folgende Fragen.

**ÜBUNG**

**Ihre intimen Wünsche und wie Sie sie umsetzen können**

- Was brauchen Sie, um »in Stimmung« zu kommen? Berücksichtigen Sie hierbei alles, was Sie jemals als sexuell stimulierend empfunden haben: die äußeren Einflüsse, wie etwa die Umgebung; bestimmte Aktivitäten oder Zeiten; bestimmte Erinnerungen, wie an den ersten gemeinsamen Urlaub, als Sie frisch verliebt waren und das Bett kaum verlassen haben; innere Bilder, die Sie sich ins Bewusstsein rufen, um die sexuelle Erregung zu steigern.
- Welchen Stellenwert nimmt Sex in Ihrem Leben und in Ihrer Beziehung ein? Hat er Priorität, oder steht er eher weiter unten in der Liste der Dinge, die Sie für eine glückliche Partnerschaft benötigen?
- In welchen Momenten können Sie sich Sex überhaupt nicht vorstellen? Und was brauchen Sie, um wieder Lust – bzw. Lust auf Ihren Partner –zu bekommen?
- Was war der beste, was der schlechteste Sex Ihres Lebens – und warum?
- Welche Art von Sex würden Sie sich in der Zukunft wünschen? Was hielt Sie bisher davon ab, Ihre Phantasien und Wünsche in die Tat umzusetzen? Was brauchen Sie, um dies ab sofort tun zu können?
- Beim Sex gilt: Erlaubt ist, was beiden gefällt. Was aber, wenn Sie Wünsche haben, die Ihren Partner überfordern, zum Beispiel in Sachen Häufigkeit, bestimmte sexuelle Praktiken oder gar der Wunsch nach anderen Intimpartnern? Wägen Sie ab, wie wichtig die Verwirklichung Ihrer Wünsche im Vergleich zu Ihrer Partnerschaft ist, wenn vorab klar ist, dass Ihr Partner deswegen verletzt wäre. Prüfen Sie sich selbst – so manche Phantasie, die in Gedanken

erregend ist, hätte, in die Realität umgesetzt, einen gegenteiligen Effekt!

- Sprechen Sie mit Ihrem Partner über Ihre unerfüllten Sehnsüchte – vielleicht gibt es doch die Möglichkeit, Ihre Phantasien zu verwirklichen …
- Haben Sie das Gefühl, dass Sie Sex benutzen, um ein anderes Bedürfnis zu befriedigen? Denken Sie genau nach: Was fehlt in Ihrem Leben oder in Ihrer Partnerschaft? Versuchen Sie, Ihre Bedürfnisse möglichst konkret zu benennen: Ist es die Sicherheit, geliebt zu werden? Der Wunsch, nicht allein zu sein? Bestätigung zu bekommen? Oder etwas völlig anderes? In welchen Situationen gehen Sie über Ihr eigentliches Bedürfnis hinweg und ersetzen es mit einer sexuellen Handlung?
- Wenn Sie sich über Ihre wirklichen Bedürfnisse klar geworden sind, können Sie die Bereiche Ihres Lebens füllen, die bisher noch leer sind, und zwar nicht ersatzweise mit Sex, sondern mit den Dingen, um die es eigentlich geht.

**TIPP!**
**Wie Sie wieder Schwung in Ihr Sexleben bringen**

Zu müde, zu kaputt, zu gestresst für Sex? Dieser Zustand könnte Ihr ganzes Leben anhalten, wenn Sie nichts dagegen tun. Wenn Ihr Körper, Ihre Sinnlichkeit und Ihre Hormone in einen »Dornröschenschlaf« gefallen sind, sollten Sie Ihre Lust wieder aufwecken! Folgende Dinge können dabei helfen:

- Zunächst einmal wenden Sie sich Ihrem eigenen Körper zu. Was gefällt Ihnen äußerlich? Wie fühlen Sie sich in Ihrer Haut? Gibt es etwas, was Sie besonders attraktiv an sich finden?
- Gönnen Sie sich eine sinnliche Erfahrung: Buchen Sie eine Massage, gehen Sie in die Sauna, machen Sie Sport, cremen Sie sich nach einem wohligen Bad ausgiebig ein. Lassen Sie sich etwas einfallen, um mit Ihrem Körper ins Reine zu kommen, den sie viel zu lange vernachlässigt haben. Schaffen Sie Rituale, mit denen Sie regelmäßig auftanken können; mit einer einmaligen »Rettungsaktion« ist es nicht getan.
- Wenden Sie sich Ihrem Partner zu. Was finden Sie an ihm attraktiv? Wenn ein Fremder Ihren Partner betrachten würde, was würde ihm positiv auffallen?
- Sollte es in Ihrer Partnerschaft eine längere Phase ohne Sex gegeben haben, fangen Sie langsam an, sich einander wieder anzunähern. Überfordern Sie sich dabei nicht, und setzen Sie sich nicht unter Druck. Es geht darum, sich wieder zu begegnen, miteinander Spaß zu haben – da kann zum Beispiel ein gemeinsames Sportprogramm mit anschließender gemeinsamer Dusche oder eine gegenseitige Massage ein guter Anfang sein.
- Wenn Sie und Ihr Partner Lust auf Sex haben und nur der Alltagsstress Sie davon abhält, miteinander zu schlafen, gibt es folgende Lösung: Planen Sie Schäferstündchen – und zwar regelmäßig! Herr und Frau Meyer gehen freitags immer Skat spielen, Sie beide hingegen gehen freitags halt gemeinsam in die Sauna oder in die Bade-

wanne und anschließend ins Bett. Klingt zunächst vielleicht künstlich, aber Sie wissen ja, was passiert, wenn Sie sich die Zeit füreinander nicht einplanen.

- Betrachten Sie auch die äußeren Umstände: Ihr Schlafzimmer, Ihre Schlafgewohnheiten. Welche lustfördernden Maßnahmen könnten wohl ergriffen werden, wenn Ihr Schlafzimmer wie ein Schlachtfeld aussieht und Sie mit Beißschiene, Pickelcreme und Schlafbrille ins Bett gehen?
- Überlegen Sie sich, wie Sie wären, wenn Sie sich neu verliebt hätten: Wie würden Sie auftreten, sich kleiden, auf den anderen eingehen? Wir alle geben uns zu Beginn einer Beziehung sehr viel Mühe, den anderen zu beeindrucken, und es ist unbegreiflich, warum diese Bemühungen eingestellt werden sollten.

## Sexualität: Unsere intime Persönlichkeit

In der Sexualität tauchen viele der in den vorherigen Kapiteln bereits angesprochenen Persönlichkeitsfacetten auf. Individuelles Nähebedürfnis, das Maß, sich zeigen zu wollen oder Neues auszuprobieren, Machtansprüche und Hingabewünsche drücken sich naturgemäß auch in der Sexualität deutlich aus. Bestimmt erkennen Sie die eine oder andere Persönlichkeitseigenschaft und Ausprägung in Ihrer Sexualität wieder. Wenn Sie ausgesprochen fürsorglich sind, kümmern Sie sich eventuell auch beim Sex eher um Ihren

Partner als um sich selbst. Wenn Sie im Alltag gerne die Führung übernehmen, bestimmen Sie vielleicht auch gern in sexueller Hinsicht.

Abgesehen vom eigenen Temperament und von persönlichen Vorlieben, werden in der Sexualität auch Kämpfe und Konflikte ausgetragen. Sebastian verweigert sich Jana, weil sie ihn seit Wochen zu sehr in Beschlag genommen hat und sein Bedürfnis nach Freiraum nicht gesehen hat, Jana wiederum verschweigt Sebastian, dass sie einen Orgasmus bekommen hat, damit er sich schuldig fühlt und sich mehr um sie bemüht. Günther wird mitunter grob beim Sex, wenn Doris sich zu wenig um ihn gekümmert hat, und Anna betrügt ihren Partner, um sich an ihm für eine verletzende Kritik zu rächen. Wie bei allen anderen *Lovely Nines* gilt auch hier: Die Art der Konfliktaustragung hängt zwar mit der Paardynamik zusammen, wird aber vor allem durch die Beziehungspersönlichkeit gelenkt: Mona, die weitaus weniger aggressive und dominante Anteile als Günther hat, wird auch in der Sexualität nicht verletzend werden, Anna neigt nicht zur passiven Unterwerfung, und Sylvia wird ihren Partner nie mit ausufernden Sexwünschen verfolgen. Wissen Sie, wie Sie diesbezüglich ticken? Im Folgenden finden Sie Übungen, die Ihnen mehr Verständnis für Ihre Persönlichkeitsfacetten und Ihre Kommunikation speziell im Hinblick auf Ihr Liebesleben bringen können.

♥ ÜBUNG
**Facetten der Persönlichkeit**

- Welche Ihrer Persönlichkeitseigenschaften erkennen Sie in Ihrer Sexualität wieder? Wie steht es mit Ihrer Fürsorglichkeit? Wie viel Führung, wie viel Nähe und wie viel Offenheit sind angenehm für Sie? Wie gehen Sie mit unterschiedlichen sexuellen Bedürfnissen oder Konflikten um? Wie sicher, wie stabil fühlen Sie sich mit Ihrer Sexualität? Vergleichen Sie Ihre Antworten mit Ihrer Ihnen bisher bekannten Beziehungspersönlichkeit. Gibt es Überraschungen oder sind die Ergebnisse deckungsgleich? Ähnlichkeiten der Ergebnisse sind wahrscheinlich. Sollte es in einzelnen Bereichen zu großen Abweichungen kommen – wenn Sie also beispielsweise im Beziehungsalltag gern die Zügel in der Hand halten, beim Sex aber lieber die Führung abgeben –, dann sollten Sie versuchen, den Grund dieser Abweichung herauszufinden. Gibt es vielleicht ein ungeschriebenes Gesetz, dem Sie und Ihr Partner im sexuellen Bereich folgen?
- Wenn Sie und/oder Ihr Partner diesbezüglich nicht zufrieden sind, sprechen Sie darüber, wie Sie vom Ist-Zustand zu Ihrem gemeinsam angestrebten Ideal-Zustand gelangen können. Die Art, wie Sie Konflikte austragen, ist in jeder Hinsicht elementar für Ihre Beziehung, auch im Bereich der Sexualität. Überlegen Sie an dieser Stelle: Welche Konflikte nehme ich mit ins Bett, und wie werden sie dort ausgetragen? Versuchen Sie, die einzelnen Themen möglichst genau zu identifizieren. Führt beispielsweise eine Zurückweisung des Partners am Morgen dazu, dass Sie dessen sexuelle Wünsche am Abend vernachlässigen? Oder fordern Sie beim Sex all die Auf-

merksamkeit ein, die Ihr Partner Ihnen ansonsten nicht zuteilwerden lässt?

- Überprüfen Sie, ob das Ausleben des jeweiligen Konfliktes im sexuellen Bereich förderlich oder Ihrer Sexualität, Ihrem Lustempfinden eher abträglich ist. Bei negativen Auswirkungen sollten Sie überlegen, wie Sie den Konflikt konstruktiv ansprechen und lösen können, damit er nicht weiter in Ihrer Beziehung oder in Ihnen selbst schwelt, immer größere Ausmaße annimmt und Ihr Intimleben beeinflusst.
- Gibt es Situationen, in denen Sex für Sie eine Funktion hat, zum Beispiel als Versöhnungsgeste nach einem Streit? Kommt es vor, dass Sie durch Sex Gespräche oder Aussprachen vermeiden? Überlegen Sie, ob dies auf Dauer Ihrer Beziehung zuträglich ist oder ob es sinnvoll wäre, Missstände dort zu klären, wo sie auftreten – und *trotzdem* leidenschaftlichen Sex zu haben. Wenn Versöhnungssex für Sie dazugehört, verschieben Sie das klärende Gespräch, aber vermeiden Sie es nicht. Ansonsten besteht die Gefahr, dass Ihre Beziehung nur noch durch Sex zusammengehalten wird; nach einer Weile reicht dieser Klebstoff nicht mehr aus, die anderen Brüche in der Partnerschaft zu kitten.

# Stabil oder labil: Wie reagieren Sie auf partnerschaftliche Belastungen?

Wer über die Liebe schreibt, muss auch viel über die Liebe lesen. Selbst beim Friseur findet sich dazu Fachliteratur, die nicht zu unterschätzen ist, etwa die *Gala.* Dort stießen wir (aus natürlich rein professionellen Gründen ...) im September 2008 auf eine interessante Titelstory, die das Liebesleben von Jennifer Aniston und Cameron Diaz verglich. Die Überschrift lautete: *So kann's gehen, Jennifer ... – Cameron Diaz zeigt Jennifer Aniston, wie es mit den Männern richtig geht, z. B. mit deren Exfreund Paul Sculfor.* Seit sich Brad Pitt von Jennifer Aniston trennte, verfolgt die internationale Regenbogenpresse mitleidig bis hämisch ihr Privatleben, ihr Suchen und Finden, ihre vermeintlichen Sehnsüchte und Trennungen. Und wenn der Verflossene eines Hollywood-Stars mit einem anderen Hollywood-Star anbändelt, liegt für Reporter nichts näher, als Vergleiche anzustellen: Wer ist attraktiver, schlanker, erfolgreicher? Und wer passt besser zu Paul Sculfor oder Justin Timberlake?

Die gut informierten Journalisten der *Gala* beschreiben die inneren Werte der beiden Frauen sehr eindrucksvoll und detailliert. Jennifer Aniston wird als unsicher und reserviert charakterisiert, angeblich klammert sie und setzt ihre Männer unter Heiratsdruck. Deshalb hätten auch schon einige ihrer Exfreunde die Flucht ergriffen. Cameron Diaz hingegen wird als unbeschwert beschrieben. Sie verfüge über viel Lebensfreude und könne jeden Augenblick bewusst genießen. Die Fotos in der *Gala* belegten das: Cameron schlenderte mit Paul gut gelaunt und Hand in Hand durch Hollywood. Trotz ihrer Verliebtheit sei die Freiheit ihr höchstes Gut, nicht nur als Schauspielerin, sondern auch als Frau brauche sie viele Freiräume, und die gewähre sie auch Paul. Unkompliziert sei sie auch: An ihrem Geburtstag war Paul nicht anwesend – für Cameron kein Problem, sie vertrieb sich den Tag mit ausgiebigem Shopping in Los Angeles. Die Fotos davon zeigten ihre Unkompliziertheit gestochen scharf.

Ein Mann mit zwei Frauen, die scheinbar unterschiedlicher nicht sein könnten – das ist ein passendes Szenario, um die Wirkung der Beziehungspersönlichkeit zu verdeutlichen. Die beiden weiblichen Hollywood-Stars scheinen sich sehr darin zu unterscheiden, wie leicht und gelassen sie das Leben nehmen.

Wie Sie bereits in der Formel für partnerschaftliches Glück erfahren haben, ist Gelassenheit in Partnerschaften eine der besonders wichtigen Zutaten. Bereits seit Jahrzehnten sind sich Forscher darin einig, dass die Instabilität und Überempfindlichkeit eines Menschen ein herausragendes Merkmal sind, um das Unglück seiner Partnerschaft vorauszusagen. Eindringliche Ratschläge waren schon um das Jahr 1920 in dem Ratgeber *Wie gewinne ich die Liebe eines Mannes* nachzulesen:

> *Gar viele Mädchen verscherzen ihr ganzes Lebensglück oft durch ihre große Launenhaftigkeit. Männer können an Mädchen alle Untugenden ertragen und sehen: Neid, Geiz, Eitelkeit und Verschwendungssucht erscheinen ihnen noch lange nicht so schlimm wie böse Launen.*

In Zeiten der Emanzipation sei angemerkt, dass diese Ratschläge für Männer gleichermaßen gelten sollten …

Da die Gelassenheit für eine Beziehung so wichtig ist, wollen wir drei Fragen näher betrachten: Wie zeigt es sich, wenn Menschen stabil oder labil in einer Partnerschaft sind? Wie wirkt sich labiles Verhalten auf den Partner aus? Und woran liegt es, dass ein Mensch labil ist?

## Wie äußern sich Empfindlichkeit oder Gelassenheit in der Partnerschaft?

Gelassene, stabile Menschen sind mit sich selbst im Reinen, führen im Großen und Ganzen ein zufriedenes Leben und brauchen wenig Rückversicherung durch einen Partner. Das beginnt schon bei der Wahrnehmung von sich selbst. Ein stabiler Mensch wie Mona braucht nur einmal kurz in den Spiegel zu sehen, um ihr Aussehen zu prüfen. Die Augenringe nach kurzen Nächten mit Greta nimmt sie genauso hin wie die fünf Kilo, die sie nach der Geburt noch immer nicht abgenommen hat. Mona registriert zwar, dass sie gerade nicht in Topform ist, aber sie verschont sich mit Selbstkritik. Sie sagt: »Eins ist doch klar: Als Mutter sieht man nicht mehr aus wie ein Model. Und vorher meistens auch nicht. Aber darauf kommt es auch gar nicht an. Stefan liebt mich so, wie ich bin. Und eigentlich sehe ich sowieso ganz attraktiv aus.«

Ganz anders Sylvia: Sie braucht immer wieder die Bestätigung von ihrem aktuellen Freund: »Findest du nicht auch, dass ich aussehe wie ein Kartoffelsack? Nein, wenn ich es mir recht überlege, sehe ich aus wie eine Kartoffel.« Sie steht vor ihrem vollen Kleiderschrank und klagt, dass eigentlich nichts richtig zu ihr passe. An allem hat sie etwas auszusetzen, am meisten an sich selbst. Wie bei allen instabilen Menschen mangelt es auch Sylvia an der Liebe zu sich selbst. In ihr klingt eine innere Stimme, die ihr ständig die widerwärtigsten Gemeinheiten an den Kopf wirft, ohne dass sie dagegen vorgeht. Sie kennt diese Stimme seit vielen Jahren und hat sich sogar daran gewöhnt. »Du findest nie einen Mann« oder »Ist ja mal wieder typisch, dass du das nicht geschafft hast« – Sätze wie diese hört Sylvia immer wieder und fühlt sich darum oft deprimiert und mutlos.

Auch Mona kennt ihre innere Stimme. Diese ist aber wesentlich praktischer veranlagt und führt sie sicher durch den Tag. In Liebesdingen hat Mona guten inneren Beistand, der sich manchmal erstaunlicherweise wie die Stimme ihrer Mutter anhört, die kluge Dinge sagt wie »Wenn du nicht weißt, was du machen sollst, schreib erst einmal deine Gedanken in ein Tagebuch« oder »Sorge gut für dich selbst, dann bist du auch viel gelassener mit Stefan«. Mona merkt, wie leicht ihr vieles fällt, und sie hat ein sehr gutes Gespür für ihre eigenen Bedürfnisse: Nach Gretas Geburt blieb sie zunächst drei Jahre zu Hause und arbeitet heute halbtags als Hebamme. So hat sie neben Kind und Beruf genügend Zeit, sich auszuruhen und ihre Stimmung stabil zu halten. Das erreicht sie durch ganz alltägliche, aber sehr wirkungsvolle Dinge. Wenn Mona etwa einen anstrengenden Tag hatte, ruft sie kurzerhand eine Freundin an und tauscht mit ihr lachend den neuesten Klatsch aus, oder sie geht öfter spontan joggen und lässt dabei Dampf ab.

Das alles ist Sylvia fremd. Immer wieder fordert sie mehr von sich, als ihr guttut. In ihren Augen sind ihre eigenen Leistungen nichts wert, und sie glaubt daher, ständig noch höher hinaus zu müssen. Lob und Belohnungen gibt es bei ihr nicht, denn das haben nur die Besten verdient, zu denen sie sich natürlich nicht zählt. Ihr wäre bereits sehr geholfen, wenn sie für sich den Maßstab »gut genug« einführen würde, denn tatsächlich ist sie in vielen Dingen gut genug – und in anderen sogar noch viel besser.

Es liegt auf der Hand, dass Menschen, die stets Höchstleistungen von sich fordern und sich dabei gleichzeitig klein machen, sehr erschöpft sind. Zwischen diesen Extremen wird es für sie unmöglich, ihren eigenen Wert zu finden. Deshalb muss der Partner einspringen und ihnen ständig Rückversicherungen geben. Das können Bestätigungen oder Komplimente sein, aber auch die eine oder andere Liebeserklärung hilft, der Selbstwertschätzung ein stabiles Fundament zu geben.

Allerdings kann der Partner nie genügend rote Rosen überreichen, um bei verunsicherten Menschen wirklich alle Selbstzweifel dauerhaft zu zerstören. Denn ein Zweifel sitzt tief im Inneren, und *da* müsste er eigentlich zerstört werden.

Karl fordert innerlich beispielsweise schon am Anfang einer Beziehung eine 150-prozentige Garantie dafür, dass seine neue Freundin ihn nie verlassen wird. Diese Garantie kann sie ihm selbstverständlich nicht geben. Sie möchte Karl erst kennenlernen und herausfinden, wie die Beziehung sich entwickelt. Doch Karl zweifelt und zerpflückt beispielsweise bei E-Mails jedes ihrer Worte und grübelt, warum sie nur »Kuss« statt »Tausend Küsse« geschrieben hat.

Sensibel-instabile Menschen haben eine große Antenne für Negatives an sich selbst und für Störungen von außen. Sie reagieren wie ein Hypochonder, der jedes kleine Zwicken im Körper aufmerksam registriert und sorgenvoll den Arzt aufsucht. Das ist für sie selbst und den Partner auf Dauer äußerst anstrengend. Instabile Menschen fühlen sich nur wohl, wenn die Partnerschaft außerordentlich harmonisch ist und sich beide einander sehr nah fühlen. Eine Beziehung besteht jedoch nicht immer nur aus Nähe und Verschmelzung. Es gibt Phasen, in denen sie distanzierter ist oder vor sich hin plätschert. Außerdem: Je mehr Liebe jemand einfordert, desto höher wird der Druck für den Partner, seine Liebe immer wieder zu zeigen. Und wenn der Partner spürt, dass sein Gegenüber sich selbst nicht achtet, werden auch ihm irgendwann Zweifel kommen, ob er die richtige Wahl getroffen hat. Stellen Sie sich vor, Sie wären im Restaurant, und der Besitzer sagt stirnrunzelnd: »Wollen Sie wirklich das Steak nehmen? Ich finde es nicht gut. Überhaupt gibt es woanders bestimmt besseres Essen, ich bin nämlich ein schlechter Koch.« Ebenso unklug wäre es, wenn der Restaurantbesitzer jeden Tag drei Werbe-E-Mails verschicken und die Passanten vor seinem Restaurant anbetteln würde, hereinzugehen. In manchen Landstrichen sind solche Werbemethoden zwar üblich, sprechen aber erfahrungsgemäß nie für die Qualität eines Hauses. Jeder weiß sofort: »Der hat es nötig. Hier ist etwas faul, mit dem stimmt was nicht.«

So ähnlich ist es bei Karl, der seine Partnerin immer wieder anruft, um sich ihrer Liebe und Nähe zu vergewissern. Einmal pro Tag wäre für sie völlig ausreichend, und auf lange Sicht ist ihr die Frage, ob sie Karl vermisse und noch liebe, selbst einmal täglich zu viel. Die Partnerin ist vielleicht beruflich stark eingebunden oder mit Freunden unterwegs und fühlt sich von den wiederholten Anrufen gestört. Die daraus resultierende Ungeduld bestärkt Karl in seinem Argwohn, er werde nicht mehr geliebt.

Wunderbar beschreibt eine solche Situation Zeruya Shalev in ihrem Roman *Mann und Frau.* Ihre Romanfiguren Udi und Na'ama haben eine schwere Beziehungskrise und wollen zusammen baden, um sich zu entspannen. Doch schnell kommen wieder die alten Missstimmungen auf:

> *Ich fülle die Badewanne (...) und Udi steigt hinter mir hinein, zufrieden, mir eine neue Chance geben zu können, und schon bedeckt uns der Schaum, rein wie frisch gefallener Schnee, er betrachtet mich prüfend, mit einem niedergeschlagenen, fast hilflosem Blick (...) Wenn ich ein neuer Mann wäre, würdest du dich mehr anstrengen, beklagt er sich leise, es geht mir auf die Nerven, für dich immer so selbstverständlich zu sein, ich möchte, dass du dir auch Mühe gibst, und ich murmele, ich gebe mir genug Mühe, warum muss man sich bei allem anstrengen, und er sagt, es verletzt mich, dass du mich nicht wirklich willst, sondern mir nur einen Gefallen tust, damit sich meine Laune bessert oder aus irgendeinem anderen Grund, der dir einfällt. Aber natürlich will ich dich wirklich, sage ich, ich will keinen anderen, reicht dir das nicht? Und er macht die Augen zu, dir würde das an meiner Stelle auch nicht reichen, und ich habe schon Lust, den Stöpsel aus der Wanne zu ziehen, soll er doch allein bleiben mit dem Rest Schaum, mit der ewigen, quälenden Last der Benachteiligung, aber die heutige Fahrt bedrückt mich, schließlich sind wir nicht hergekommen, um uns zu streiten, sondern um uns zu lieben und um das geschwächte Tier unserer Liebe zu füttern, dessen Magen vor lauter Fasten schon geschrumpft ist.*

Könnte man in der Badewanne etwas Gelassenheit statt Misstrauen einkehren lassen? Für Udi und Na'ama wären Stefan und Mona ein gutes Beispiel. Mona war bereits seit einigen Tagen gereizt. Ihre Mutter hatte sich in Gretas Erziehung eingemischt, und Greta selbst war mitten in einer Trotzphase, die an Lautstärke nicht zu überbieten war. Mona war genervt und wortkarg. Stefan wusste zunächst nicht, ob ihre Stimmung mit ihm zu tun hatte. Er dachte nach und versetzte sich in Monas Lage. Dabei erkannte er, dass Mona derzeit vielen Turbulenzen ausgesetzt war, die sie mehr aufrieben als sonst. Stefan brachte daraufhin Greta ins Bett und schlug Mona ein gemeinsames Bad vor. In der Badewanne wartete er ab, bis Mona sich etwas entspannt hatte, und fragte dann: »Willst du rüberkommen?« Mona seufzte zufrieden und setzte sich an Stefans Seite, der ihr ruhig die Schultern massierte. Sie lehnte sich an ihn, und er meinte nur: »Alles etwas viel für dich gerade, oder?« Mona seufzte wieder, schloss die Augen und ließ sich einfach massieren. Eine Badewanne und die einfühlsamen Hände des Partners können also bestens dazu beitragen, sich und die Beziehung spürbar zu stabilisieren.

Humor ist bei Stefan und Mona übrigens auch ein bewährtes Mittel, um aufkeimende Missverständnisse sofort zu beseitigen. Wenn Mona mit Stefan an seinem Arbeitsplatz telefoniert, kann es vorkommen, dass er sehr zerstreut und einsilbig antwortet. Nebenbei klickt seine Tastatur leise, und Mona weiß sofort, dass seine Wortkargheit nichts mit ihr zu tun hat. Sie bemerkt trocken: »Oh, mein Liebster, ich kann gar nicht fassen, dass du so aufmerksam bist und jedes Wort von mir mitschreibst. Willst du es für die Nachwelt als Ausdruck unserer Liebe festhalten?« Dann muss Stefan grinsen, Mona grinst ebenfalls, und beide können ihr Gespräch problemlos auf einen späteren Zeitpunkt verschieben. Mittlerweile ist der Ausspruch »Ah ja, führst du heute wieder Protokoll?« ein geflügeltes Wort zwischen den beiden.

Karl wäre in einer ähnlichen Situation nicht so unkompliziert. Wenn seine Freundin am Telefon abwesend wirkt, ist er verunsichert und bleibt es mitunter tagelang. Er interpretiert das als Ablehnung und kann diese nur schlecht ertragen. Karl ist außerdem nicht gern allein und wünscht sich insgeheim, dass seine Partnerin ihre Abende und Wochenenden allein mit ihm verbringt. Er würde dies freilich niemals aktiv fordern, und so merkt sie von seinem inneren Kampf meist nur wenig. Aber Karl leidet unter Verlustängsten und fühlt sich verlassen. Es gibt viel, was ihn beunruhigt: Der glückliche Blick, als seine Freundin von der Italienreise mit ihrem früheren Freund erzählt, ihre Schweigsamkeit beim Frühstück oder ihre Kritik an seiner Kleidung. Instabile Menschen reagieren auf solche Signale jeweils unterschiedlich. Sie schweigen verunsichert, weinen, suchen nach Bestätigung oder versuchen, es dem Partner in allen Belangen recht zu machen. Oft breitet sich das Problem auch körperlich aus und verursacht psychosomatische Schmerzen und Verspannungen.

Sensibel-instabile Menschen empfangen mit ihren Antennen bevorzugt die Frequenzstörungen in ihrer Beziehung. Die daraus resultierenden Stimmungsschwankungen sind nicht nur ein typisches Merkmal für sie, sie sind auch eine endlose Qual.

Bei Leuten, deren Selbstwertgefühl nicht besonders ausgeprägt ist, besteht auch eine erhöhte Neigung zur Eifersucht. Wer sich seines eigenen Wertes nicht bewusst ist, lebt notgedrungen in der Angst, dass der Partner etwas Besseres sucht und findet. Darum wittern sensibel-instabile Menschen überall Gefahren. Ist der Partner zum Beispiel lustlos oder mit anderen Dingen beschäftigt, fragen sie sich sofort, ob jemand anderes im Spiel ist. Diese Verlustangst hat zwar auch eine gute Seite, denn der Partner wird als besonders kostbarer Besitz betrachtet, der aufmerksamer Pflege bedarf. Jedoch steht der Partner nicht selten ohne jeden konkreten Anlass unter Verdacht.

Eifersüchtige Menschen neigen dazu, ihre Partner zu kontrollieren. Sie durchsuchen Portemonnaies, das Handy oder die Kleidung nach verdächtigen Hinweisen. In extremen Fällen lassen sie den Partner sogar beschatten, oder es kommt zum berüchtigten Stalking. Ohne den Partner scheint ihnen das Leben sinnlos, und diese Qual führt dazu, dass sie durch solch verzweifelte Bemühungen irgendeine Form von Nähe herzustellen versuchen.

Nicht nur in der Partnerschaft, sondern bereits bei der Partnersuche tritt diese Empfindlichkeit in Erscheinung. Denken wir zurück an Sylvia, die den Pianisten Daniel auf der Benefiz-Party kennenlernte. Sie fieberte dem ersten Treffen mit ihm nervös entgegen. Daniel hatte bei ihr einen wirklich guten Eindruck hinterlassen, und so waren Ihre Erwartungen entsprechend hoch.

Der Abend begann vielversprechend. Daniel brachte Blumen mit. Sie gingen erst zu einer Vernissage und anschließend in eines der neuen, angesagten Restaurants der Stadt. Das passte für Sylvia ins richtige Bild, denn sie wünscht sich einen gutsituierten Mann mit einem Lebensstandard, wie sie ihn von ihren Eltern kannte. Der Abend mit Daniel verging wie im Flug. Er spielte seinen Witz aus, beide lachten viel, und Sylvia spürte das berühmte Kribbeln im Bauch. Der vielversprechende Kuss, den Daniel ihr vor der Haustür gab, tat sein Übriges. Drei Tage später rief Daniel an, und sie unterhielten sich angeregt am Telefon. Er schlug gleich ein nächstes Treffen vor, allerdings erst in zwei Wochen, da er beruflich viel zu tun habe. Sylvia merkte, dass ihre Stimmung sofort kippte. Die Begeisterung verwandelte sich in

Enttäuschung, die wie ein Gewitter auf sie niederschlug. Sylvia suchte einen Mann, der immer für sie da war und für den sie an erster Stelle stand. Jetzt fühlte sie sich wie ein enttäuschtes Mädchen, dessen Eltern verreisen und sie alleine zu Hause lassen. Doch trotz dieser Gefühle zeigte sie ihre Enttäuschung ganz anders. »Du, es ist ja nicht so wichtig«, antwortete sie kühl. »Melde dich einfach, wenn du wieder Zeit hast.«

Daniel war überrascht und enttäuscht. Er fühlte sich durch ihre Worte abgewiesen. Schließlich hatte er alles getan, um sie von seinem ernsthaften Interesse zu überzeugen. Sie hatte sich allerdings nur wenig für seinen Beruf interessiert, und er hätte ihr gern näher erklärt, warum er derzeit so eingespannt war.

Verletzliche Menschen lassen sich leicht verunsichern. Sie gehen deshalb oftmals nicht die Risiken ein, die man schlichtweg auf sich nehmen muss, um einen Partner zu finden. So ist es für sie schwerer, sich zu einem Tanzkurs anzumelden, eine attraktive Fremde anzusprechen oder jemandem offen seine Gefühle zu gestehen. Stattdessen stehen die Zweifel im Vordergrund: Wie finde ich jemanden, der mich wirklich liebt und für mich da ist? Und wie kann ich sicher sein, dass er mich nicht sehr bald wieder verlässt?

Gelassene Menschen haben im Vergleich dazu in der Regel mehr Freude am Experimentieren. Wenn ein Date nicht ihren Vorstellungen entsprochen hat, kommen sie leicht darüber weg. Sie vertrauen einfach darauf, dass es das nächste Mal besser klappt. So war es bei Anna, deren letzte Verabredung über eine beeindruckende sportliche Figur verfügte. Seine einzige wahre Leidenschaft offenbarte er jedoch beim Besuch einer Zoohandlung. Nachdem er dort mehrere lebende Mäuse erstanden hatte, war für Anna klar, dass dieser Mann, der im Besitz mehrerer Terrarien voller Schlangen war, nicht für sie in Frage kam. Immerhin würde er eine schöne Anekdote für das nächste Date abgeben ...

## Wodurch wird man instabil?

Manchmal beginnt der Stress bereits im Mutterleib. Entwicklungspsychologen gehen davon aus, dass die Gefühlswelt der Mutter das Seelenleben des Ungeborenen beeinflusst. Wie ausgeglichen oder stressgeplagt eine Mutter die Schwangerschaft erlebt, entscheidet darüber, wie das Kind später mit belastenden Erfahrungen zurechtkommt.

Nach der Geburt geht diese Prägung weiter. Oft haben Menschen, die sehr sensibel auf Kritik und Ablehnung reagieren, Erfahrungen in der Kindheit gemacht, die diese Sensibilität auslösen. Das sind meist Erlebnisse, die das Urvertrauen des Kindes erschüttert haben, zum Beispiel eine längere Trennung von den Eltern. Je kleiner das Kind ist, desto mehr ist es auf die beständige liebevolle Fürsorge der Eltern angewiesen. Wie Sie im Kapitel *Sicher gebunden* gelesen haben, brauchen Kinder Berührungen, Trost und Schutz. Wenn ein Kind diese Geborgenheit und Sicherheit nicht erfährt, kann es keine sichere Bindung zu den Eltern entwickeln. Das kann dazu führen, dass man als Erwachsener keine sichere Bindung zum Partner erzeugt, nur ungern allein ist und sich an den Partner klammert.

Auch andere Einflüsse können für die Empfindlichkeit eines Menschen von Bedeutung sein. Wenn Eltern ihr Kind kontinuierlich kritisieren und ihm seelische oder sogar körperliche Gewalt zufügen, kann das Selbstwertgefühl des Kindes nachhaltigen Schaden erleiden. Kinder stellen sich dann sehr schnell auf die veränderlichen Launen ihrer Eltern ein, haben damit aber keine Möglichkeit, ihr Selbstwertgefühl zu entwickeln und zu stabilisieren. Im Erwachsenenalter achten sie mehr auf ihren Partner als auf sich selbst und zeigen in ihren Partnerschaften eher unterwürfiges Verhalten. Es kann mitunter aber auch das Gegenteil eintreten, nämlich dass aus diesen unterdrückten Kindern später herrische, kontrollierende oder sogar gewalttätige Erwachsene werden, um den gefühlten Mangel an Selbstwert zu kompensieren.

Weitere Faktoren für ein vermindertes Selbstwertgefühl können eklatante Erlebnisse wie körperliche und psychische Misshandlungen, sexueller Missbrauch oder instabile Familien sein. Wenn die Eltern dauernd streiten, eine Trennung ständig im Raum steht oder ein Elternteil immer wieder fremdgeht, schwinden für das Kind die Chancen auf ein stabiles Selbstbild. Ein Erwachsener mit solchen Erfahrungen erlebt Konflikte in der eigenen Beziehung ebenso schutzlos wie früher in seiner Kindheit. Die Angst vor dem Zerbrechen der eigenen Familie wird zur Furcht vor einer Trennung vom Partner.

Verletzlichkeit und geringes Selbstwertgefühl entwickeln sich jedoch auch in stabilen Familien mit harmonischem Zusammenleben. Der Grund für die Überempfindlichkeit ist hier meist der »Prinz«- bzw. »Prinzessinnen-Effekt«. Sylvia etwa wurde von ihrem Vater in materieller Hinsicht außerordentlich verwöhnt. Ihr wurde nahezu jeder Wunsch erfüllt, und sie lernte daraus: »Das ist Liebe.« Doch ein Partner setzt meist andere Schwerpunkte als die Eltern. Dann weichen die Erwartungen an ihn von der Realität ab, und selbst die leiseste Kritik wird als Zeichen mangelnder Liebe interpretiert.

Auch die ersten Liebesbeziehungen können die nachfolgende partnerschaftliche Empfindlichkeit verstärken. Wenn man gleich zu Beginn seines Liebeslebens betrogen oder ohne Erklärung plötzlich verlassen wurde, kann das ein nachhaltiges Misstrauen gegen potentielle Partner auslösen und Verletzungen verursachen, die nicht so einfach verheilen.

**TIPP!**
**Wenn Sie in Ihrer Partnerschaft gelassener werden wollen**

Die emotionale Empfindlichkeit wird in der Wissenschaft als *Neurotizismus* bezeichnet und hat sich als stärkster Risikofaktor für eine unglückliche Beziehung oder eine Trennung herausgestellt. Daher geben wir im Folgenden logischerweise keine Empfehlungen ab, wie Sie Ihre partnerschaftlichen Empfindlichkeiten verstärken können. Hilfreich sind vielmehr Tipps und Übungen für mehr Robustheit:

- Betrachten Sie Ihre bisherige Partnerwahl. Hatten Sie Partner, die Ihr Selbstwertgefühl gestärkt haben? Oder waren es eher gleichgültige oder abwertende Partner? Waren Ihre Partner Ihnen treu, oder sind Sie schon mehrmals betrogen worden? Prüfen Sie einen potentiellen Partner, bevor Sie mit ihm eine Beziehung eingehen. Geben Sie sich unbedingt genügend Zeit fürs Kennenlernen – bis Sie Vertrauen gefasst haben!

- Machen Sie sich die negativen Gedanken bewusst, die als Auslöser für Ihre unangenehmen Empfindungen fungieren. Kommen Sie der inneren Stimme auf die Schliche, die Sie ständig beleidigt. Schreiben Sie diese Sätze auf einen Zettel und lesen Sie sie dann durch. Wie wirken diese Aussagen auf Sie? Möchten Sie wirklich weiter mit dieser Stimme leben?
- Überlegen Sie sich anschließend neue Sätze, die Sie sich immer wieder sagen möchten. Ersetzen Sie zum Beispiel »Der will mit dir bestimmt nichts zu tun haben« durch »Probier doch mal aus, ob ihr ins Gespräch kommt, und sieh, was dann passiert«.
- Überprüfen Sie Ihre Ansprüche an Liebesbeziehungen. Muss ein Partner alles an Ihnen akzeptieren, oder darf er auch berechtigte Kritik üben? Darf ein Partner gelegentlich auch einmal missmutig sein oder einen schlechten Tag haben? Was bedeutet es, wenn Ihr Partner etwas kritisiert? Was will er Ihrer Meinung nach damit bezwecken? Möchte er Ihnen damit vielleicht sogar eine Hilfestellung geben?
- Befassen Sie sich mit einer Entspannungsmethode. Diese Techniken sind sehr sinnvoll, um innere Stärke aufzubauen und aufrechtzuerhalten. Dazu sind strukturierte Übungen und Anleitungen unerlässlich. Volkshochschulen bieten Kurse in Autogenem Training oder Progressiver Muskelentspannung nach Jacobson an. Für einen ersten Einstieg eignen sich auch Bücher, CDs und DVDs. Ein Kurs oder ein Coaching ist jedoch empfehlenswerter, da es oft eine Weile dauert, bis die Entspannung spürbar einsetzt.

- Beobachten Sie genau, wie Sie mit Kränkungen umgehen. Wie fühlt sich Ihr Körper dabei an? Welcher Körperteil ist am stärksten beeinträchtigt? Versuchen Sie, sich durch die folgenden Techniken zu beruhigen:
  a) Atmen Sie ruhig und gleichmäßig in den Bauch, begeben Sie sich real oder wenigstens in Gedanken an einen sicheren Ort.
  b) Beruhigen Sie sich mit Worten wie »Halb so wild«, »Es wird sich eine Lösung finden« oder »Erst mal einen klaren Kopf kriegen«.
  c) Gönnen Sie sich Abstand von den Kränkungen. Gehen Sie spazieren, ruhen Sie sich aus, versuchen Sie, sich abzulenken.
- Wenn Sie in Ihrer Kindheit sehr viel Ablehnung erfahren haben, kann eine Psychotherapie hilfreich sein, um diese Ereignisse aufzuarbeiten.
- Entspannen Sie bei viel Stress Ihren Tagesablauf. Legen Sie regelmäßige Pausen ein, achten Sie auf ausreichenden Schlaf, probieren Sie Yoga oder andere Entspannungsmethoden aus. Meiden Sie Dinge, die Sie aus dem Gleichgewicht bringen könnten.
- Beginnen Sie, einen guten Kontakt zu sich selbst zu bekommen. Je unabhängiger Sie sich innerlich von Ihrem Partner fühlen und je stärker Sie bei sich selbst sind, desto leichter können Sie Angriffe verarbeiten. Überlegen Sie, in welchen Situationen Sie sich sicher fühlen. Was macht Ihnen Spaß? Wo und womit können Sie am besten entspannen? Führen Sie regelmäßig Tagebuch, um sich ungefiltert und ohne Bewertung kennenzulernen. Werden Sie selbst Ihr bester Freund.

TEIL 3

# DER TEST ZUR BEZIEHUNGSPERSÖNLICHKEIT

# So testen Sie Ihre Beziehungspersönlichkeit und erstellen Ihr Persönlichkeitsprofil

Sie sind bestimmt schon neugierig auf Ihre Beziehungspersönlichkeit. Jetzt ist es so weit: In etwa einer Stunde können Sie Ihr Beziehungspersönlichkeitsprofil in der Hand halten. Es zeigt Ihnen auf einen Blick, welche der neun getesteten Facetten bei Ihnen besonders stark bzw. besonders schwach ausgeprägt sind. Dieser exklusiv für dieses Buch entwickelte Test liefert Ihnen wichtige Hinweise über Ihre Art zu lieben und damit auch für Ihr Glück in der Liebe. Denn Ihre Beziehungen gelingen umso besser, je klarer Sie wissen, wie Sie selbst sind und wer gut zu Ihnen passt.

In diesem Test geht es darum, wie Sie sich *allgemein* in Partnerschaften verhalten, wie Ihre *typischen* Erlebnisweisen in der Liebe aussehen und welche *Wünsche und Erwartungen* Sie an eine Liebesbeziehung haben. Dabei sollten alle Erfahrungen, die Sie in der Liebe gesammelt haben, berücksichtigt werden. Es geht also nicht darum, nur eine bestimmte oder Ihre aktuelle Partnerschaft zu beschreiben.

Deshalb ist der Test für Singles ebenso geeignet wie für Menschen, die in einer Partnerschaft leben. Voraussetzung ist allerdings eine ausreichende Beziehungserfahrung. Am aussagekräftigsten ist der Fragebogen für Menschen, die schon mehrere Partnerschaften durchlebt haben.

Sexuelle Orientierung spielt in diesem Test keine Rolle. Heterosexuell, bisexuell oder homosexuell orientierte Menschen können gleichermaßen mit dem Fragebogen arbeiten.

## Bitte beachten Sie folgende Punkte

- Sie brauchen ca. 30 Minuten, um die Testfragen zu beantworten. Wir empfehlen, dass Sie die Fragen in aller Ruhe beantworten, damit Sie ein möglichst genaues Ergebnis erhalten.
- Wichtig: Überlegen Sie bitte nicht erst, welche Antwort vielleicht den »besten Eindruck« machen könnte, sondern antworten Sie offen und ehrlich so, wie es tatsächlich für Sie zutrifft. Dabei geben Sie die Antwort, die Ihnen unmittelbar in den Sinn kommt.
- Natürlich können in den kurzen Sätzen des Fragebogens nicht alle Besonderheiten berücksichtigt werden. Vielleicht treffen deshalb einige Aussagen nicht direkt auf Sie zu. Kreuzen Sie bitte trotzdem immer eine Antwort an, und zwar die, welche noch am besten auf Sie zutrifft.
- Bitte nutzen Sie bei den verschiedenen Aussagen möglichst alle fünf Antwortmöglichkeiten und legen Sie sich nicht vorschnell auf bestimmte Antworten fest (beispielsweise nur oder überwiegend auf die mittlere »teils, teils«-Antwort). Für die fachgerechte Auswertung Ihres Ergebnisses ist es wichtig, dass Sie alle fünf Abstufungen benutzen.
- Bitte beantworten Sie die Fragen allein und ohne Hilfe anderer, um das Ergebnis nicht zu verfälschen. Sie selbst kennen sich ohnehin am besten!

Noch etwas: Dieser Test ist urheberrechtlich geschützt. Das Copyright liegt bei Prof. Dr. Burghard Andresen von der Universität Hamburg. Dies der guten Form halber – denn Sie wollen den Test ja ohnehin nur privat veranstalten.

Und jetzt geht es los! Der Test besteht aus fünf Schritten.

## 1. Beantworten Sie die Testfragen

Sie werden auf den folgenden Seiten eine Reihe von Selbstbeschreibungen über das Thema Beziehung und Partnerschaft finden. Sie können jede dieser Aussagen entweder mit »völlig falsch«, »eher falsch«, »teils, teils«, »eher richtig« oder »völlig richtig« beantworten. Geben Sie sich für jede Antwort eine bestimmte Punktzahl und tragen Sie die zutreffende Punktzahl in das jeweilige Kästchen ein.

| Antwort | | Punkte |
|---|---|---|
| »völlig falsch« | = | 1 Punkt |
| »eher falsch« | = | 2 Punkte |
| »teils, teils« | = | 3 Punkte |
| »eher richtig« | = | 4 Punkte |
| »völlig richtig« | = | 5 Punkte |

| Nummer | Skala | Beschreibungen und Fragen zu Beziehung und Partnerschaft | Punkte |
|---|---|---|---|
| 1 | A | Ich fühle mich bei dem Partner geborgen. | 3 |
| 2 | C | Ich möchte fast immer mit dem geliebten Partner zusammen sein. | 4 |
| 3 | E | Ich spiele gern in Gedanken mit der Möglichkeit, fremdzugehen. | 1 |
| 4 | G | Beim Sex möchte ich innigen Kontakt, ein zärtliches Vorspiel und auch viel Kuscheln danach. | 5 |
| 5 | I | Mein nachdrücklicher Wunsch ist, dass man in einer Partnerschaft die Aufgaben Hand in Hand erledigt. | 4 |

| | | | |
|---|---|---|---|
| 6 | K | Ich muss in einer Beziehung viel reden, um zu erzählen, was ich erlebt habe. | 4 |
| 7 | M | Mein Partner sollte hinsichtlich Ordnung und Sauberkeit all meinen Ansprüchen genügen. | 4 |
| 8 | O | Für mich ist es leicht, mich einem Partner unterzuordnen, der gerne die Führung übernimmt. | 3 |
| 9 | Q | In meinen Beziehungen ging und geht es gefühlsmäßig hoch her. | 5 |
| 10 | S | Ich lasse in einer Beziehung meinen Zorn heraus, wenn ich das Gefühl habe, ungerecht behandelt zu werden. | 2 |
| 11 | A | Ich kann mich einem Partner gegenüber öffnen, ohne das Gefühl zu haben, ausgeliefert zu sein. | 4 |
| 12 | C | Ich bin im Allgemeinen eine sehr nähebedürftige Person mit großer Angst vor Trennungen. | 4 |
| 13 | E | Ich flirte gern und oft mit anderen, auch wenn ich in einer Beziehung bin. | 2 |
| 14 | G | Ich liebe vielsagende, verheißungsvolle Blicke und Gesten, bevor es intim wird. | 4 |
| 15 | I | Ich engagiere mich aktiv für die Partnerschaft und erwarte das auch von meinem Partner. | 4 |
| 16 | K | Ich finde es nicht gut, wenn ein Partner mir nicht zuhört, weil ich ein starkes Mitteilungsbedürfnis habe. | 3 |
| 17 | M | Ich lege bei der Partnerwahl großen Wert auf gutes Benehmen. | 4 |
| 18 | O | Ich liebe starke Partner an meiner Seite, auf die ich zurückgreifen kann, wenn ich unsicher bin. | 3 |
| 19 | Q | Ich habe in meinen Beziehungen meine Gefühle oft nicht unter Kontrolle. | 4 |

| | | | |
|---|---|---|---|
| 20 | S | Ich kritisiere meinen Partner häufig und nehme dabei kein Blatt vor den Mund. | 2 |
| 21 | A | Ich kann Partnern problemlos etwas sehr Persönliches von mir preisgeben. | 4 |
| 22 | C | Ich träume von einer romantischen Beziehung, in der ich mich wirklich sicher aufgehoben fühle. | 4 |
| 23 | E | Ein Liebesleben mit mehreren Partnern würde sehr gut zu meinen Bedürfnissen passen. | 1 |
| 24 | G | Oft träume ich von intensiven, romantischen Momenten zu zweit. | 4 |
| 25 | I | Ich lasse es nicht durchgehen, dass ein Partner sich vor unangenehmen Aufgaben drückt, während ich mich abmühe. | 3 |
| 26 | K | Ich möchte mich mit einem Partner ständig durch Worte und Gesten austauschen. | 3 |
| 27 | M | Ich habe eine verantwortungsbewusste und ernste Lebenseinstellung und erwarte dies auch von einem Partner. | 3 |
| 28 | O | Ich spiele gerne die Hintergrundrolle und überlasse es dem Partner, in den Vordergrund zu treten. | 3 |
| 29 | Q | Mein Idealbild von Liebe ist pure Leidenschaft. | 3 |
| 30 | S | Ich lasse mir in einer Partnerschaft nichts gefallen, auch wenn es dadurch richtig Ärger geben kann. | 3 |
| 31 | A | Dass ein Partner mich in intimsten Situationen kennt, ist für mich kein Grund zur Sorge. | 5 |
| 32 | C | Ich bin so liebesbedürftig, dass es manchmal richtig weh tut, wenn ich allein bin. | 3 |
| 33 | E | Ich liebe den Reiz der Eroberung und der Verführung fremder Personen. | 2 |

| | | | |
|---|---|---|---|
| 34 | G | Zartes erotisches Streicheln und langes Küssen finde ich wunderbar. | 5 |
| 35 | I | Ich fordere im Alltag viel von einem Partner, denn er kann auch viel von mir verlangen. | 3 |
| 36 | K | Ich kann es nicht ertragen, wenn man in einer Beziehung länger schweigt. | 5 |
| 37 | M | Ich brauche einen Lebenspartner, der durch und durch ehrlich und anständig ist. | 4 |
| 38 | O | Ich passe mich gern einem Partner an. | 3 |
| 39 | Q | Liebe ist für mich vor allem mit intensiven Gefühlen (Angst, Glück, Schmerz, Eifersucht) verbunden. | 4 |
| 40 | S | Ich verhalte mich in einer Beziehung manchmal sehr widerspenstig und stur. | 2 |
| 41 | A | Ich kann mich in emotionaler und sexueller Hinsicht einem Partner vorbehaltlos hingeben. | 4 |
| 42 | C | Ich neige dazu, in einen Partner hineinzukriechen und die Distanz zwischen uns immer weiter zu verringern. | 3 |
| 43 | E | Das Versteckspielen und das Geheimnisvolle beim Fremdgehen üben einen starken Reiz auf mich aus. | 1 |
| 44 | G | Ich entwickle intensive romantische Phantasien, die mich sehr heiß machen. | 5 |
| 45 | I | Ich würde auf Dauer mit keinem Partner leben wollen, der wenig Verantwortung übernimmt. | 4 |
| 46 | K | Mein Partner sollte sehr kommunikativ und mitteilsam sein. | 4 |
| 47 | M | Ich bevorzuge fleißige und tüchtige Partner. | 3 |
| 48 | O | Ich überlasse am liebsten dem Partner das Geschäftliche. | 2 |

| | | | |
|---|---|---|---|
| 49 | Q | Die Liebe bringt mich häufig ganz durcheinander. | 4 |
| 50 | S | Ich kann in einer Beziehung hart und verletzend kontern. | 2 |
| 51 | A | Ich bringe einem neuen Partner immer einen Vertrauensvorschuss entgegen. | 4 |
| 52 | C | Ich brauche eine ganz innige und tiefe Beziehung und möchte mit dem Partner gefühlsmäßig verschmelzen. | 4 |
| 53 | E | Ich komme oft in Versuchung, untreu zu werden. | 1 |
| 54 | G | Für mich sollte ein Liebespartner viel Sinn für Romantik und Erotik haben. | 4 |
| 55 | I | Ich finde, eine Partnerschaft ist am befriedigsten, wenn man spürt, dass beide am gleichen Strang ziehen. | 5 |
| 56 | K | Ich brauche einen Partner, der oft über Gefühle reden kann und mag. | 5 |
| 57 | M | Die Seriosität eines Partners ist mir wichtig. | 4 |
| 58 | O | Es ist mir ganz recht, wenn ich in einer Partnerschaft nicht zu viel entscheiden muss. | 2 |
| 59 | Q | Beziehungserfahrungen sind für mich immer wieder etwas zutiefst Aufwühlendes und im Innersten Bewegendes. | 4 |
| 60 | S | Ich ärgere mich recht oft über einen Partner. | 2 |
| 61 | B | Ich halte mich einem Partner gegenüber gerne bedeckt, was meine Gefühle angeht. | 2 |
| 62 | D | Ich bevorzuge Partner, die ihr eigenes Leben führen und sich nicht an mich klammern. | 4 |
| 63 | F | In Beziehungen trete ich in sexueller Hinsicht meistens als der Aktive und Fordernde auf. | 3 |
| 64 | H | Ich stelle meine Wünsche und Bedürfnisse zurück, um meinen Partner zu unterstützen. | 4 |

| | | | |
|---|---|---|---|
| 65 | J | Ich möchte einen Partner, der viel mit mir unternimmt. | 5 |
| 66 | L | Ich habe ein sehr anspruchsvolles Bild von dem Partner, mit dem ich zusammenleben möchte. | 3 |
| 67 | N | In einer Partnerschaft übernehme ich die schwierigen Angelegenheiten und Verhandlungen. | 4 |
| 68 | P | Selbst kleinere Konflikte mit dem Partner belasten mich. | 4 |
| 69 | R | Wenn mich etwas am Partner stört, überlege ich, wie ich es ihm am schonendsten erklären kann. | 4 |
| 70 | B | Meine intimsten Gefühle gehen auch einen Partner nichts an. | 1 |
| 71 | D | Auch in einer Partnerschaft brauche ich viel freie Zeit für mich. | 3 |
| 72 | F | Ich suche einen Partner, der sexuell genauso erlebnisfähig ist wie ich. | 4 |
| 73 | H | Ich bin sehr großzügig und gebe einem Partner gerne mein Geld oder meine Zeit. | 4 |
| 74 | J | Ich möchte mit einem Partner vor allem viel Partyspaß und gemeinsame stimulierende Erlebnisse haben. | 3 |
| 75 | L | Ich gewinne bei einem Partner leicht den Eindruck, dass ich doch etwas Besseres verdient hätte. | 2 |
| 76 | N | Meistens treffe ich die wichtigen Entscheidungen in einer Partnerschaft, z. B. wenn es um viel Geld oder die Lebensplanung geht. | 3 |
| 77 | P | Ich bin in einer Liebesbeziehung oft so verwundbar, dass eine kleine Zurückweisung schon reicht, um in Tränen auszubrechen oder mich schlecht zu fühlen. | 3 |
| 78 | R | Heftige, verletzende Streitigkeiten habe ich in meinen Beziehungen so gut wie nie erlebt. | 4 |

| | | | |
|---|---|---|---|
| 79 | B | Ich gehe auf Distanz, wenn ein Partner mir zu nahe kommt. | 1 |
| 80 | D | Es gibt wichtige Bereiche (z. B. Freundeskreis, Reisen, Hobbys), in die ich Partner nicht so gerne einbeziehe. | 1 |
| 81 | F | Es kann gut sein, dass meine Triebstärke fast alle Partner überfordern würde. | 2 |
| 82 | H | Ich kenne die alltäglichen Wünsche des Partners genau und versuche sie zu erfüllen. | 4 |
| 83 | J | Ich brauche in einer Beziehung das Gefühl von Lebendigkeit und Aktivität. | 4 |
| 84 | L | Ich habe schon Beziehungen beendet, weil der Betreffende meinen hohen Ansprüchen an ihn nicht genügen konnte. | 2 |
| 85 | N | Ich kann gut organisieren und bestimme dadurch den Ablauf vieler Dinge in einer Partnerschaft. | 3 |
| 86 | P | In einer Liebesbeziehung bringt mich die kleinste Kritik des Partners aus dem Gleichgewicht. | 3 |
| 87 | R | Wenn mich in Beziehungen etwas stört, spreche ich das ruhig an, um die Atmosphäre nicht zu vergiften. | 3 |
| 88 | B | Mir wurde schon häufiger von einem Partner vorgeworfen, ich sei distanziert. | 3 |
| 89 | D | Ich möchte wegen eines Partners nicht meine freie Zeit und meine Interessen zu sehr einschränken. | 2 |
| 90 | F | Ich muss fast immer auch an Sex denken, wenn ich einen Partner bewusst betrachte. | 4 |
| 91 | H | Ich höre gerne zu, wenn ein Partner bei mir Trost und Verständnis sucht. | 4 |
| 92 | J | Ich möchte keinen Partner, die ich zu jedem Freizeitspaß erst überreden muss. | 4 |

| | | | |
|---|---|---|---|
| 93 | L | Beim Kennenlernen habe ich eine heimliche Checkliste, mit der ich den Kandidaten beurteile. | 1 |
| 94 | N | Ich bin meinen Partnern in der Durchsetzungsfähigkeit durchweg überlegen. | 2 |
| 95 | P | Liebe ist für mich manchmal Stress pur, da ich auf alles so sensibel reagiere und dabei kaum entspannen kann. | 3 |
| 96 | R | Ich kann einen Beziehungskonflikt friedlich auf sich beruhen lassen, wenn keine Lösung möglich scheint. | 3 |
| 97 | B | Es ist mir unangenehm, wenn ein Partner von mir Gefühle einfordert. | 2 |
| 98 | D | Sehr enge Beziehungen, in denen man alles gemeinsam macht, haben für mich etwas Beklemmendes. | 2 |
| 99 | F | Die Sexualität nimmt in meinem Beziehungsleben einen zentralen Platz ein. | 4 |
| 100 | H | Ich kümmere mich intensiv um den Partner, wenn es ihm schlechtgeht. | 5 |
| 101 | J | Ich treffe mich gerne mit Freunden und möchte einen Partner, der dabei ebenso gerne mitmacht. | 4 |
| 102 | L | Ich habe feste Vorstellungen, wie ein optimaler Partner sein müsste. | 3 |
| 103 | N | Ich habe eine Begabung zur Führungsstärke, was meine bisherigen Partner auch anerkannt haben. | 2 |
| 104 | P | Ich bin in einer Liebesbeziehung leicht störbar und reagiere schnell nervös. | 4 |
| 105 | R | Ich entschuldige mich aufrichtig, wenn ich den Partner verletzt habe. | 5 |
| 106 | B | Ich fühle mich tendenziell wohler, wenn ich keine Partnerschaft habe. | 1 |

| | | | |
|---|---|---|---|
| 107 | D | Ich finde es gut und für die Beziehung fruchtbar, bewusst Dinge ohne den Partner zu machen. | 3 |
| 108 | F | Wenn in einer Partnerschaft die Sexualität nachließe, wäre das sehr schmerzlich und frustrierend für mich. | 4 |
| 109 | H | Es ist meine Natur, einem Partner zu helfen und das Leben zu erleichtern, wo ich nur kann. | 4 |
| 110 | J | Ich brauche kontaktfreudige und temperamentvolle Partner. | 4 |
| 111 | L | Mir wurde schon öfters vorgeworfen, dass ich zu viel von meinem Partner erwarte. | 2 |
| 112 | N | Ich kann gut und schnell überzeugen und dadurch den gemeinsamen Weg in einer Partnerschaft stark bestimmen. | 2 |
| 113 | P | Beziehungskonflikte gehen mir unter die Haut und machen mich depressiv. | 3 |
| 114 | R | Ich vermeide es, über Probleme mit dem Partner verbissen zu streiten. | 4 |

## 2. Ermitteln Sie Ihr Ergebnis

Bitte tragen Sie jetzt fortlaufend von links nach rechts in dem folgenden Antwortbogen für jede Frage die Punktzahl ein, die Sie im obigen Testbogen eingetragen haben. Rechnen Sie danach für jeden Buchstaben den Gesamtwert aus und tragen Sie ihn unten in der entsprechenden Spalte ein.

## 3. Passen Sie die Werte an

Dieser Test hat einen großen Vorteil: Durch die ihm zugrunde liegende Studie an 586 Personen liegen schon reale Ergebnisse vor, die wir zum Vergleich heranziehen können. Das ist sehr wichtig, denn nicht jede Eigenschaft fällt gleich aus. Wenn Sie z. B. bei der Eigenschaft A *(Sicher gebunden)* 18 Punkte haben, bedeutet das etwas ganz anderes, als wenn Sie in der Skala E *(Polygamie)* 18 Punkte haben. Die Bindungsskala hat im Durchschnitt viel höhere Werte, das heißt, 18 Punkte sind ein eher niedriger Wert. Die Polygamieskala hatte im Durchschnitt wenige Punkte, das heißt, 18 Punkte wären hier schon ein ziemlich hoher Wert.

Deshalb ist es wichtig, dass Sie Ihre Werte mit der folgenden Tabelle angleichen, damit Sie richtige Ergebnisse erhalten. Bitte tragen Sie jetzt Ihren Wert für jede Skala unterhalb des betreffenden Buchstabens ein und lesen Sie dann in der ganz linken Spalte ab, wie hoch die Ausprägung dieses Wertes ist.

| | | | | | | | | | | | | | | | | | | | |
|---|---|---|---|---|---|---|---|---|---|---|---|---|---|---|---|---|---|---|---|
| Frage | 1 | 61 | 2 | 62 | 3 | 63 | 4 | 64 | 5 | 65 | 6 | 66 | 7 | 67 | 8 | 68 | 9 | 69 | 10 |
| Frage | 11 | 70 | 12 | 71 | 13 | 72 | 14 | 73 | 15 | 74 | 16 | 75 | 17 | 76 | 18 | 77 | 19 | 78 | 20 |
| Frage | 21 | 79 | 22 | 80 | 23 | 81 | 24 | 82 | 25 | 83 | 26 | 84 | 27 | 85 | 28 | 86 | 29 | 87 | 30 |
| Frage | 31 | 88 | 32 | 89 | 33 | 90 | 34 | 91 | 35 | 92 | 36 | 93 | 37 | 94 | 38 | 95 | 39 | 96 | 40 |
| Frage | 41 | 97 | 42 | 98 | 43 | 99 | 44 | 100 | 45 | 101 | 46 | 102 | 47 | 103 | 48 | 104 | 49 | 105 | 50 |
| Frage | 51 | 106 | 52 | 107 | 53 | 108 | 54 | 109 | 55 | 110 | 56 | 111 | 57 | 112 | 58 | 113 | 59 | 114 | 60 |
| Summe | A | B | C | D | E | F | G | H | I | J | K | L | M | N | O | P | Q | R | S |

| Skala | A | B | C | D | E | F | G | H | I | J | K | L | M | N | O | P | Q | R | S |
|---|---|---|---|---|---|---|---|---|---|---|---|---|---|---|---|---|---|---|---|
| 1 | 6–9 | 6–8 | 6–8 | 6–9 | 6–7 | 6–8 | 6–9 | 6–9 | 6–9 | 6–9 | 6–9 | 6–8 | 6–9 | 6–8 | 6–8 | 6–8 | 6–7 | 6–9 | 6–8 |
| 2 | 10–12 | 9–10 | 9–11 | 10–12 | 8–9 | 9–11 | 10–12 | 10–12 | 10–12 | 10–12 | 10–12 | 9–10 | 10–12 | 9–11 | 9–11 | 9–11 | 8–10 | 10–12 | 9–11 |
| 3 | 13–16 | 11–12 | 12–14 | 13–15 | 10–11 | 12–14 | 13–16 | 13–16 | 13–16 | 13–16 | 13–16 | 11–12 | 13–16 | 12–14 | 12–14 | 12–14 | 11–12 | 13–15 | 12–14 |
| 4 | 17–19 | 13–14 | 15–16 | 16–18 | 12–13 | 15–16 | 17–19 | 17–19 | 17–19 | 17–19 | 17–19 | 13–14 | 17–20 | 15–16 | 15–16 | 15–16 | 13–14 | 16–18 | 15–16 |
| 5 | 20–22 | 15–16 | 17–18 | 19–21 | 14–15 | 17–18 | 20–22 | 20–22 | 20–22 | 20–22 | 20–22 | 15–16 | 21–23 | 17–18 | 17–18 | 17–18 | 15–16 | 19–21 | 17–18 |
| 6 | 23–24 | 17–18 | 19–21 | 22–23 | 16–18 | 19–21 | 23–24 | 23–24 | 23–24 | 23–24 | 23–24 | 17–18 | 24–25 | 19–21 | 19–21 | 19–21 | 17–18 | 22–23 | 19–21 |
| 7 | 25–26 | 19–22 | 22–23 | 24–25 | 19–23 | 22–23 | 25–26 | 25–26 | 25–26 | 25–26 | 25–26 | 19–22 | 26–27 | 22–23 | 22–23 | 22–23 | 19–22 | 23–25 | 22–23 |
| 8 | 27–28 | 23–25 | 24–26 | 26–27 | 24–27 | 24–26 | 27–28 | 27–28 | 27–28 | 27–28 | 27–28 | 23–25 | 28–29 | 24–26 | 24–26 | 24–26 | 23–25 | 26–27 | 24–26 |
| 9 | 29–30 | 26–30 | 27–30 | 28–30 | 28–30 | 27–30 | 29–30 | 29–30 | 29–30 | 29–30 | 29–30 | 26–30 | 30 | 27–30 | 27–30 | 27–30 | 26–30 | 28–30 | 27–30 |

## Erstellen Sie Ihr Beziehungspersönlichkeitsprofil

Um nun im nächsten Schritt Ihr Beziehungspersönlichkeitsprofil zu bestimmen, tragen Sie bitte Ihre Ausprägung von 1 bis 9 für jeden Buchstaben auf dem Profilbogen ein. Verbinden Sie anschließend diese Werte durch eine Linie. Damit ist Ihr Profil fertig!

*Hinweise zum Profil der Beziehungspersönlichkeit*

1. Sie sehen in dem Profil auf einen Blick, wie stark Ihre Ausprägung in den verschiedenen Facetten der Beziehungspersönlichkeit ist. Dabei sind vor allem Extremwerte interessant, also die besonders hohen oder besonders niedrigen Ausprägungen. Bitte konzentrieren Sie sich auf die Werte oberhalb von 7 bzw. unterhalb von 3.
2. Die Auswertung auf den nächsten Seiten erklärt, was eine hohe bzw. niedrige Ausprägung des jeweiligen Merkmals bedeutet und welche Stärken und Risiken damit verbunden sind. Bitte lesen Sie diese Auswertung vor allem für die Facetten durch, die bei Ihnen besonders stark (Wert 7, 8, 9) bzw. besonders schwach (Wert 1, 2, 3) ausgeprägt sind.
3. Es gehören immer zwei Skalen zusammen (beim Thema *Sexualität* ausnahmsweise drei); sie bilden ein übergeordnetes Thema. Zum Beispiel gehören die Skalen A *(Sicher)* und B *(Vermeidend)* zum Thema *Bindung*. Manchmal beschreiben die beiden Skalen, die zu einem Thema gehören, ähnliche Merkmale.
4. Es gibt neun übergeordnete Themen, die im zweiten Teil des Buches als *Lovely Nine* beschrieben werden. Sie erfah-

## Ihr Persönlichkeitsprofil

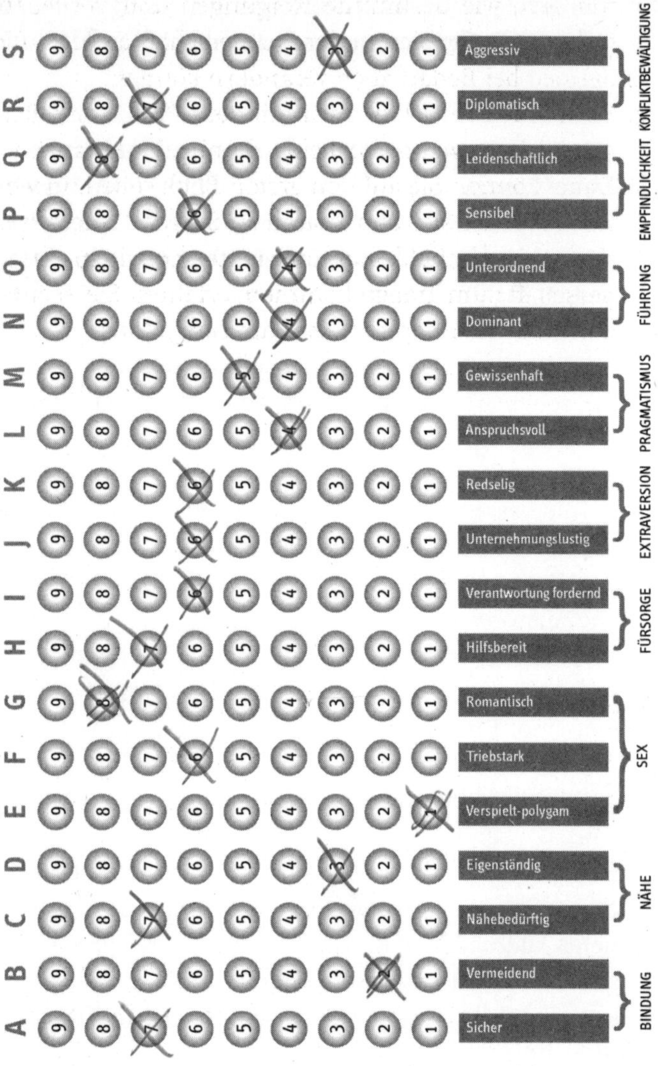

ren dort, wie bestimmte Neigungen und Vorlieben entstehen, wie Sie sich in der Partnerschaft äußern und wie Sie sich bei Bedarf auch verändern können.

5. Sie können Ihr Profil auch mit dem Profil Ihres Partners vergleichen, wenn Sie beide damit einverstanden sind. Dabei können Sie auf den ersten Blick sehen, in welchen Bereichen Sie sich ähneln und wo Sie sehr unterschiedlich sind. Wie Ähnlichkeiten und Unterschiede in Ihrer Partnerschaft zum Tragen kommen, erfahren Sie ebenfalls in den einzelnen Kapiteln über die *Lovely Nine.*

# Die Beschreibung und Auswertung der Merkmale

Aus den für Sie zutreffenden Beschreibungen wird deutlich, dass Sie eine unverwechselbare Kombination von Beziehungspersönlichkeitsmerkmalen aufweisen. Dabei können durchaus Widersprüche in den Beschreibungen auftreten – das liegt daran, dass das Verhalten in Liebesbeziehungen von hoher Emotionalität geprägt ist. Wenn Sie in mehreren Bereichen extreme Werte haben, ist Ihr Liebesstil flexibler und vielseitiger, möglicherweise auch konfliktreicher und widersprüchlicher als bei Menschen, die eher durchgehend im mittleren Bereich bleiben.

## Bereich *Bindung*

### A. Merkmal *Sicher*

*Hohe Ausprägung* X
In Beziehungen können Sie Nähe und Geborgenheit geben und annehmen. Wahrscheinlich haben Sie in Ihrer Kindheit verlässliche Bindungen erfahren und Urvertrauen entwickelt. Sie können Ihrem Partner leicht persönliche Dinge anvertrauen und sich in intimen Situationen ganz unbefangen zeigen. Sie haben dabei keine Angst, etwas preiszugeben. Für Sie gehört zu einer Partnerschaft, dass man

sich gegenseitig braucht. Ihr Vertrauen führt dazu, dass Sie kaum Ängste kennen, verlassen zu werden.

*Niedrige Ausprägung*
Sie sind in Beziehungen immer auf der Hut. Vermutlich haben Sie schon einige Verletzungen und Verluste erfahren. Es fällt Ihnen deshalb schwer, an eine von Geborgenheit, Nähe und Dauer geprägte Beziehung zu glauben, und Sie leiden unter Verlustängsten. Auch wenn Sie eine Beziehung führen, haben Sie mit Nähe und Geborgenheit Probleme. Es fällt Ihnen schwer, intime Dinge von sich zu erzählen oder Ihrem Partner zu zeigen, dass Sie ihn brauchen. Lieber bleiben Sie eher verschlossen und kämpfen darum, auch in einer Beziehung auf eigenen Füßen zu stehen.

### B. Merkmal *Vermeidend*

*Hohe Ausprägung*
Beziehungen sind Ihnen im Grunde Ihres Herzens unheimlich. Ihnen ist es unangenehm, Intimes von sich zu erzählen oder Ihren Partner an Ihren Gefühlen teilhaben zu lassen. Oft ziehen Sie sich zurück, und gelegentlich wird Ihnen vorgeworfen, distanziert und undurchschaubar zu sein. Wenn Sie keine Partnerschaft haben, fühlen Sie sich weniger verwundbar, als wenn Sie in einer Partnerschaft leben, denn Nähe ist für Sie gefährlich.

*Niedrige Ausprägung*
Sie können sich überhaupt nicht vorstellen, in Ihren Beziehungen distanziert und geheimnisvoll zu sein. Es kommt Ihnen gar nicht in den Sinn, dass ein Partner intime Dinge,

die Sie erzählen, gegen Sie verwenden könnte. Sie fühlen sich wohl, wenn Sie Ihren Partner an Ihren Gefühlen teilhaben lassen können.

## Bereich *Nähe und Distanz*

### C. Merkmal *Nähebedürftig*

*Hohe Ausprägung*

Für Sie kann es in der Liebe gar nicht genug Nähe geben. Sie fühlen sich am wohlsten, wenn zwischen Ihnen und Ihrem Partner eine innige und tiefe Verbindung besteht, und möchten Ihrem Partner Ihre Gefühle zeigen. Nicht selten suchen Sie bei Kummer in seinen Armen Trost und weinen sich aus. Wenn Ihr Partner gerade innerlich oder äußerlich abwesend ist, geraten Sie in Panik. Dann leiden Sie und fühlen sich alleine und verloren. Schnell stellen sich dann auch Verlust- und Trennungsängste ein. Der Vorteil: Sie bringen viel Innigkeit und Intensität in Beziehungen und lassen nicht zu, dass Ihre Beziehung oberflächlich ist oder dass Sie nur nebeneinanderher leben. Auf der anderen Seite leiden Sie an Ihrer eigenen Nähebedürftigkeit. Wenn der Partner nicht verfügbar ist oder seine Ruhe braucht, läuten bei Ihnen gleich die Alarmglocken. Das macht Sie abhängig und überfordert ihn wahrscheinlich.

*Niedrige Ausprägung*

Sie können gut damit umgehen, wenn die Beziehung manchmal etwas distanzierter ist. Denn grundsätzlich fühlen Sie sich auch außerhalb der Partnerschaft sicher und ruhen in sich. Sie sind gerne alleine und wollen nicht unbedingt alles mit Ihrem Partner zusammen unternehmen. Sie suchen und wollen auch keinen ständigen Gefühlsaustausch mit dem Partner. Wenn Sie etwas bewegt, machen Sie das zuweilen auch mit sich alleine aus. Die Angst, dass Ihr Partner Sie eines Tages nicht mehr lieben oder verlassen könnte, ist Ihnen ziemlich fremd. In extremer Form kann Ihre Eigenständigkeit auch bedeuten: Sie lassen niemanden wirklich an sich heran und vertrauen lieber sich als anderen.

### D. Merkmal *Eigenständig*

*Hohe Ausprägung*
Auch in einer Partnerschaft möchten Sie ein eigenständiger Mensch bleiben und nicht nur als Paar gesehen werden. Ihre Freiheit und Selbstbestimmtheit ist für Sie ein kostbares Gut, das Ihnen keiner nehmen darf. So haben Sie gerne Ihren eigenen Freundeskreis, Ihre eigenen Hobbys und Ihre eigene Wohnung. Wenn Ihr Partner Sie häufig sehen möchte oder Rechenschaft über Ihren Terminkalender fordert, wird es Ihnen zu eng und Sie ziehen sich zurück. Mit einem ähnlich veranlagten Partner können Sie eine Beziehung mit großen Freiräumen führen. Jedoch reagieren andere Partner verunsichert; sie fühlen sich abgewiesen und ausgeschlossen. Entscheidend ist, wie viel beständige emotionale Nähe und Vertrauen Sie bei aller äußeren Abgrenzung entstehen lassen.

*Niedrige Ausprägung*
Sie können sich eine Partnerschaft gut als Symbiose vorstellen: Zusammen wohnen, zusammen den Haushalt führen,

zusammen Freunde besuchen und möglichst gemeinsame Hobbys haben sind für Sie ein erstrebenswerter Zustand. Es stört Sie überhaupt nicht, wenn ein Partner Sie häufig sehen möchte, denn Sie wollen es in der Regel ebenfalls. Für Sie ist es auch kein Problem, Ihre bisherigen Unternehmungen einzuschränken oder gar aufzugeben, damit Sie viel Zeit mit Ihrem Partner verbringen können. Wenn Ihr Partner hingegen häufig seinen eigenen Interessen nachgeht oder sich Ihnen entzieht, sind Sie verunsichert. Es kann auch sein, dass Sie manchmal in einer Partnerschaft so aufgehen, dass Sie sich selbst verlieren.

## Bereich *Sexualität, Romantik und Treue*

### E. Merkmal *Verspielt-polygam*

*Hohe Ausprägung*
Sie lieben es, zu flirten, jemanden zu verführen und zu erobern. Auch eine feste Partnerschaft kann Sie davon nicht abhalten. Im Gegenteil: Vielleicht ist gerade der Reiz der Heimlichtuerei für Sie ein Nervenkitzel. Auf Dauer treu sein entspricht nicht Ihren Neigungen. Sie können sich eher vorstellen, mehrere Partner nebeneinander zu haben.

*Niedrige Ausprägung*
Für Sie gehört die Treue zur Liebe dazu. Fremdgehen wäre für Sie undenkbar und unangenehm, der Betrug am Partner zermürbend für Ihr Gewissen. Wenn Sie jemanden lieben, möchten Sie *ausschließlich ihn* lieben. Ein harmloser Flirt

am Rand ist möglicherweise noch erlaubt, aber die Grenzen sind ganz klar abgesteckt.

### F. Merkmal *Triebstark*

*Hohe Ausprägung*
Für Sie spielt Sex eine große und zentrale Rolle. Ihr ausgeprägtes Verlangen nach körperlicher Liebe beginnt schon beim Betrachten des Partners. Sie sind aktiv und fordernd und stellen hohe Ansprüche: Der Sex muss wild, intensiv und zudem häufig sein. Es ist fast wie eine Sucht: Wenn sie befriedigt wird, können Sie den Sex sehr genießen. Ein »Entzug« oder ein Nachlassen der Sexualität in einer längeren Beziehung ist für Sie hart und frustrierend. Nicht selten überfordern Sie Ihren Partner mit Ihren sexuellen Ansprüchen.

*Niedrige Ausprägung*
Sex spielt keine zentrale Rolle in Ihrem Verständnis von Partnerschaft. Sie finden andere Bereiche weitaus wichtiger, beispielsweise Gespräche und gemeinsame Unternehmungen. Wenn in gewissen Zeiten kaum Sex stattfindet oder die Sexualität generell nachlässt, ist das für Sie kein Problem. Bei extrem niedriger Ausprägung Ihrer Triebstärke kann es sein, dass Sie generell kein Interesse an Sex haben. Sie könnten auch in einer Beziehung ohne Sex leben. Wenn Ihr Partner jedoch mehr Interesse an Sexualität hat als Sie, kann das zu Spannungen und Frustrationen in Ihrer Beziehung führen.

## G. Merkmal *Romantisch*

*Hohe Ausprägung*

Träume und Sehnsüchte von Liebe und Erotik sind Ihnen wohl vertraut. Ihr Empfinden ist stark beeinflusst vom Wunsch nach der romantischen Begegnung mit einem Partner, der mit Ihnen spirituell, geistig oder künstlerisch auf einer gefühlsmäßig tiefen Ebene verbunden ist und mit dem Sie phantasievoll Ihre Erotik ausleben können. Enges Tanzen, bedeutungsvolle Blicke, intensive Liebeserklärungen – mit alldem können Sie gut umgehen. Sie fühlen sich sicher in Ihrer Rolle als Verführer und überraschen mit schönen Einfällen. Auch sind Sie offen für besondere ästhetische Erlebnisse, zum Beispiel ein Abendessen in einem geschmackvollen Ambiente mit köstlichem Essen. Eine (neue) Beziehung beleben und bereichern Sie durch spielerische Kreativität. Solange Leidenschaft und Intensität für Höhenflüge sorgen, sind Sie in Ihrem Element. Alltagsroutine, Banalität und vor allem Langeweile in einer Beziehung sind für Sie hingegen schwer zu ertragen. Wenn Sie in Beziehungen allerdings stets die Realität an Ihrem romantischen Phantasie-Ideal messen, ist die Enttäuschung vielleicht programmiert.

*Niedrige Ausprägung*

In Liebesdingen bleiben Sie gerne fest auf dem Boden der Realität. Sie suchen einen Partner, mit dem Sie im Alltag und in der Realität leben können, und neigen nicht dazu, sich in Träumen von intensiven, romantischen Begegnungen zu verlieren. Auch die Sehnsucht nach besonderer Erotik und phantasievollen Erlebnissen mit einem Partner, der mit Ihnen geistig tief verbunden ist, ist Ihnen eher fremd.

Sie können sich gut mit dem zufriedengeben, was Sie haben, und bleiben in Ihrer Beziehung lieber bei Vertrautem und Sicherem. Erotische Routine oder gar Langeweile können Sie gut ertragen. Ihr Realitätssinn kann Sie davor schützen, sich kopflos in die Liebe zu stürzen und dabei enttäuscht zu werden. Aber vielleicht trauen Sie sich auch nicht, Ihre romantische Seite kennenzulernen oder sich diese überhaupt einzugestehen?

## Bereich *Hilfsbereitschaft und Fürsorge*

### H. Merkmal *Hilfsbereit*

*Hohe Ausprägung*
Liebe bedeutet für Sie eine warme, vertrauensvolle Zweierbeziehung mit viel Zärtlichkeit. In der Partnerschaft sind Sie bereit, Ihr Herz weit zu öffnen und viel zu geben. Geborgenheit und fürsorgliche Unterstützung sind bei Ihnen selbstverständliche und zuverlässige Zeichen Ihrer Zuneigung. In Ihrer Partnerschaft nehmen Sie viel Rücksicht auf den Partner und legen keinen großen Wert auf Ihre Unabhängigkeit und Eigenständigkeit. Nur an sich selbst zu denken oder gar egoistisch zu handeln bringen Sie nicht übers Herz. Allerdings erwarten Sie eine ähnliche Haltung auch von Ihrem Partner. Wenn Sie sich zurückgewiesen oder gar ausgenutzt fühlen, dann verstehen Sie die Welt nicht mehr – und leiden. Es kann sein, dass Sie sich unvollständig und leer fühlen, wenn Sie gerade nicht in einer liebevollen Partnerschaft sind.

*Niedrige Ausprägung*
Bei Ihnen stehen in der Liebe andere Dinge im Vordergrund als Fürsorge, Hilfsbereitschaft und vertrauensvolle Nähe. Es kann leicht passieren, dass Sie sich eingeengt fühlen, wenn ein Partner zu anhänglich ist oder tatkräftige Unterstützung von Ihnen braucht. Vielleicht wurde Ihnen auch schon vorgeworfen, dass Sie Ihren Partner im Stich lassen oder zu wenig unterstützen. Auf jeden Fall ist es für Sie eine schreckliche Vorstellung, durch einen hilfsbedürftigen Partner in Ihrer Freiheit eingeschränkt zu werden – das löst bei Ihnen Fluchtgedanken aus. Es kann sein, dass Sie öfter an Ihren Gefühlen für Ihren Partner zweifeln: Kann er der Richtige sein, wenn Sie so wenig für ihn tun wollen?

### I. Merkmal *Verantwortung fordernd*

*Hohe Ausprägung*
Für Sie ist Gerechtigkeit in einer Partnerschaft sehr wichtig. Sie legen großen Wert darauf, dass die Aufgaben und Verantwortungen in Ihrer Partnerschaft fair aufgeteilt sind. Ein Partner, der auf Ihre Kosten lebt und sich vor seinen Aufgaben drückt, erregt Ihren Zorn. Für die gerechte Aufgabenaufteilung setzen Sie sich engagiert ein: Zum einen erledigen Sie Ihr Pensum vorbildlich und ohne Aufforderung, zum anderen scheuen Sie auch keinen Konflikt, wenn Ihr Partner weniger Verantwortung und Aufgaben übernimmt als Sie. Wenn die faire Aufteilung klappt, haben Sie eine ausgewogene und gerechte Basis für die Beziehung. Ein bequemer oder nachlässiger Partner hat bei Ihnen auf Dauer keine Chance.

*Niedrige Ausprägung*

Sie achten nicht genau darauf, wie viel jeder in die Partnerschaft investiert, wer zum Beispiel im Haushalt mehr bezahlt oder mehr Aufgaben erledigt. Das kann gut laufen, wenn Sie und Ihr Partner intuitiv spüren, wann man mit dem Abwasch oder der Bezahlung der Miete an der Reihe ist. Wenn diese »automatische« Abstimmung nicht klappt, trägt ein Partner zu viel Verantwortung für den anderen mit. Dadurch entsteht eine Schieflage in der Beziehung, die man an unterschwelligem Ärger oder einem gereizten Klima spüren kann.

## Bereich *Extraversion*

### J. Merkmal *Unternehmungslustig*

*Hohe Ausprägung*

Bei Ihnen muss immer etwas passieren. Sie sind stark nach außen orientiert, lieben Partys, aufregende Erlebnisse und Besuche bei Freunden. Durch Ihr Temperament und Ihre Kontaktfreudigkeit sind Ihre Liebesbeziehungen sehr lebendig und aktiv. Wenn Sie alleine oder auch nur zu zweit zu Hause sind, fällt Ihnen leicht die Decke auf den Kopf – dann kommen Langeweile und innere Leere auf. Sie wünschen sich einen Partner, der ebenso unternehmungslustig ist wie Sie. Ihr Wunsch ist, dass Sie beide einen großen Freundeskreis haben und sich gegenseitig mit Ideen für Unternehmungen bereichern. Dafür können Sie keinesfalls einen introvertierten Einzelgänger als Partner brauchen, denn dieser würde Sie langweilen und ausbremsen.

*Niedrige Ausprägung*
Sie können sich ganz gut mit sich selbst beschäftigen und brauchen dazu Ruhe. Wenn Sie zu viel in Gesellschaft sind, verlieren Sie Ihr inneres Gleichgewicht und werden nervös, oder Sie langweilen sich, weil Ihnen viele Unternehmungen nicht genug Tiefgang haben und Ihnen nichts Neues geben. Auf jeden Fall würde es Sie überfordern, ständig etwas unternehmen oder sich mit vielen Menschen treffen zu müssen. Sie wollen einen Partner, der Ihr Ruhebedürfnis akzeptiert und mit dem Sie ruhige Abende zu Hause oder beispielsweise einen Urlaub in einer einsamen Berghütte verbringen können.

### K. Merkmal *Redselig*

*Hohe Ausprägung*
Sie brauchen viele Worte, um Kontakt zu Ihrem Partner aufzubauen. Für Sie gilt: Schweigen ist nichts, Reden ist Gold. Sie möchten Ihre Gefühle mitteilen und legen Wert darauf, dass Ihr Partner Ihnen dabei gut zuhört. Deshalb brauchen Sie einen kommunikativen Partner, mit dem Sie oft nicht nur über Ihre Gefühle, sondern auch über Gott und die Welt reden können. Mit einem schweigsamen oder sachlich-wortkargen Partner fühlen Sie sich schnell ungeliebt, denn Sie drücken Ihre Liebe und Zuneigung wortreich aus und möchten auch von Ihrem Partner häufig hören, dass er Sie liebt.

*Niedrige Ausprägung*
Sie müssen nicht immer über alles reden – schon gar nicht, wenn es nichts Wichtiges oder Neues zu sagen gibt. Wenn

Sie mit Ihrem Partner schweigend essen oder wortlos spazieren gehen, ist das in Ihren Augen kein Zeichen für eine Beziehungsstörung. Es gefällt Ihnen, wenn jeder seinen eigenen Gedanken nachhängen darf. Es kann sein, dass es Ihnen unangenehm ist oder schwerfällt, über Ihre Gefühle zu reden. Ein Partner, der ständig Gefühlsäußerungen oder Liebeserklärungen von Ihnen hören möchte, wird wahrscheinlich enttäuscht. Wenn etwas nicht stimmt, machen Sie das eher zuerst mit sich ab und lassen Ihren Partner nur wenig an Ihrer Gedankenwelt teilhaben.

## Bereich *Pragmatismus*

### L. Merkmal *Anspruchsvoll*

*Hohe Ausprägung*
Sie haben hohe Ansprüche an einen Partner. Schön, sportlich, erfolgreich, reich und von tadellosem Charakter sind die minimalen Anforderungen, die Sie an ihn stellen. Ihnen ist bewusst, dass diese Ansprüche übertrieben sein könnten. Dennoch messen Sie potentielle Partner anhand heimlicher Checklisten und beenden sogar die Beziehung, wenn Sie das Gefühl haben, etwas Besseres verdient zu haben. Es kann freilich sein, dass Ihnen vor lauter Checklisten der Spaß an der Beziehung vergeht und Sie es schwer haben, Zufriedenheit mit dem zu entwickeln, was Sie haben. Im Zweifelsfall kommen Sie nie an, sondern befinden sich ständig auf der Suche nach etwas vermeintlich Besserem.

*Niedrige Ausprägung*
Ein Beurteilen oder Messen bei der Partnerwahl ist nicht Ihre Art. Sie verlieben sich mit dem Herzen und achten nicht darauf, ob Ihr Partner womöglich nicht gut genug ist für Sie. Es kann dabei passieren, dass Sie gewisse Probleme, die ein Partner mitbringt, unterschätzen oder übersehen. In diesem Falle haben Sie später schwer an den Folgen zu tragen. Es ist meistens richtig, sich einen Partner mit dem Herzen *und* dem Verstand zu suchen.

### M. Merkmal *Gewissenhaft*

*Hohe Ausprägung*
Sie legen Wert auf die klassischen Tugenden und erwarten das auch von Ihrem Partner. Sauberkeit, Ehrlichkeit, gute Manieren, Fleiß, Ordnung, Zuverlässigkeit sind Ihnen wichtig, und es wäre für Sie schwer vorstellbar, auf eine dieser Eigenschaften bei Ihrem Partner zu verzichten. Menschen, die sich gehenlassen, lehnen Sie ab. Durch die Betonung von Anständigkeit und Gewissenhaftigkeit wollen Sie sich vor bösen Überraschungen schützen. Es kann jedoch passieren, dass zwei Menschen, die in hohem Maße tugendhaft und kontrolliert sind, eher angespannt miteinander umgehen.

*Niedrige Ausprägung*
Sie sind unkonventionell und lassen sich gern ein wenig gehen. Schlips und Kragen sind genauso wenig Ihr Stil wie Benimmregeln oder eine blitzblanke Wohnung. Sie empfinden solche Merkmale als einengende Zwänge. Deshalb würde ein Partner nicht zu Ihnen passen, der großen Wert auf Sauberkeit, Fleiß, Ordnung und gute Manieren legt.

## Bereich *Führung*

### N. Merkmal *Dominant*

*Hohe Ausprägung*
Sie sind sehr entscheidungsfreudig und übernehmen in einer Partnerschaft gerne die Verantwortung für Finanzen, Freizeitgestaltung und Lebensplanung. Da Sie Organisationstalent und Weitblick haben, fällt es Ihnen leicht, Dinge nicht nur für sich, sondern auch für Ihren Partner gleich mit zu planen. Dazu kommt, dass Sie in Krisen ebenfalls sehr selbstsicher sind und sofort Lösungsmöglichkeiten auftun. Kein Wunder, dass der Partner sich häufig auf Sie verlässt und sich nur zu gern bei Ihnen anlehnt. Sie erwarten allerdings von ihm eine gewisse Anpassungsbereitschaft. Solange er sich auf Ihre Wünsche einstellt und sich selbst hintanstellt, läuft alles gut. Wenn Sie sich allerdings selbst einmal unterordnen müssen, ist es mit dem Frieden aus: Sie sind dann beleidigt oder kämpfen, um Ihren Willen durchzusetzen.

*Niedrige Ausprägung*
In der Gestaltung Ihrer Beziehung lassen Sie sich gerne etwas treiben. »Leben und leben lassen« heißt Ihre Devise. Deshalb sind Sie auch offen für die Vorschläge Ihres Partners, und Sie können sich gegenseitig bereichern: Sein Sessel vom Flohmarkt darf zum Beispiel neben Ihrer Designercouch stehen. In Entscheidungen sind Sie kooperativ und kompromissbereit. Jeder darf mal führen, jeder darf sich mal führen lassen. Mit Ihnen kann ein Partner gut auskommen und braucht keine Angst zu haben, untergebuttert zu werden. Andererseits kann es Ihnen manchmal

schwerfallen, Entscheidungen zu treffen oder sich durchzusetzen.

### O. Merkmal *Unterordnend*

*Hohe Ausprägung*
Sie treffen nicht gerne Entscheidungen. Ob es die Wahl der Geldanlage oder des Urlaubsortes ist: Sie sind heilfroh, wenn Ihr Partner die Verantwortung für solche Dinge übernimmt. Niemals kommt bei Ihnen der Gedanke auf, dass Sie vom Partner bevormundet werden. Wenn Sie doch einmal selbst entscheiden müssen, dann fragen Sie Ihren Partner mehrmals um Rat. Sie brauchen einen starken und entscheidungsfreudigen Partner, an den Sie sich anpassen können. Wenn Sie im Hintergrund bleiben können, fühlen Sie sich am wohlsten.

*Niedrige Ausprägung*
Sie nehmen gern die Zügel in die Hand. Wenn Ihr Partner eine wichtige Entscheidung über Ihren Kopf hinweg treffen würde, wären Sie verärgert. Es ist für Sie in Ordnung, die Verantwortung für bestimmte Bereiche in ihrer Partnerschaft zu übernehmen und dort eigenständig zu entscheiden. Sie fühlen sich auch ohne Rückversicherung des Partners sicher. Sich an einen Partner anzupassen geht Ihnen gegen den Strich.

## Bereich *Empfindlichkeit*

### P. Merkmal *Sensibel*

*Hohe Ausprägung*
Liebe ist für Sie oft ein Drama. Ihre Erfahrung hat gezeigt, dass Sie sehr verwundbar sind: Schon häufig haben Sie unter Liebeskummer und Konflikten in der Beziehung gelitten. Das liegt auch daran, dass Sie ziemlich empfindlich sind und sich viele Sorgen machen, sobald Misstöne auftreten. Sie haben Schuldgefühle, wenn Sie sich vermeintlich falsch verhalten haben. Man könnte sagen, dass Sie manchmal das Gras wachsen hören. Auf Kritik oder Ablehnung des Partners reagieren Sie schnell empfindlich und entwickeln bisweilen quälende Trennungsängste. Ihre Stimmungsschwankungen können die Partnerschaft ziemlich belasten.

*Niedrige Ausprägung*
In der Liebe sind Sie ausgeglichen und gelassen. Meistens fühlen Sie sich selbstsicher und wissen, wie Sie sich verhalten müssen. Auch Kritik Ihres Partners nehmen Sie relativ locker und sachlich auf. Nach einem Streit können Sie gut wieder zur Ruhe kommen, dramatisches oder übersensibles Verhalten erlebt man bei Ihnen selten. Ihre innere Sicherheit führt dazu, dass Sie selten Trennungsängste haben und auch in einer kriselnden Partnerschaft noch ruhig schlafen können. Insgesamt haben Sie in Ihrer Vergangenheit eher positive Erfahrungen in der Liebe gemacht. Manchmal kann Ihre Gelassenheit freilich dazu führen, dass Sie Schwierigkeiten herunterspielen und dadurch nicht die Chance haben, etwas zu verändern, oder dass Sie Zeichen einer ernsten Krise nicht sensibel genug wahrnehmen.

## Q. Merkmal *Leidenschaftlich*

*Hohe Ausprägung*
Ihr Idealbild von der Liebe ist pure Leidenschaft. Sie sind ein wahrer Künstler darin, intensive Momente und Gefühle zu erzeugen. Dabei ziehen Sie alle Register: Sie inszenieren innige Begegnungen, heftige Streits und dramatische Versöhnungen. Kein Wunder, dass die Liebe für Sie wie eine Achterbahnfahrt ist: aufregend, aufwühlend, bewegend. Gesteigert wird das dadurch, dass Sie Ihre Gefühle nicht richtig unter Kontrolle haben. Angst, Lust, Schmerz und Glück erleben Sie ungefiltert. So haben Sie schon viel gelitten, aber auch unvergesslich leidenschaftliche Erfahrungen gesammelt, von denen andere nur träumen können. Wo sich Routine oder Bequemlichkeit einschleichen (wie der wöchentliche Spieleabend mit anderen Pärchen), hört für Sie die wahre Liebe auf. Wenn Sie und Ihr Partner die leidenschaftlichen Dramen genießen können, kann die Beziehung als sehr impulsiv und spannend erlebt werden. Es kann aber auch zermürbend und anstrengend sein, ständig wie auf einem brodelnden Vulkan zu leben.

*Niedrige Ausprägung*
Für Sie ist die Liebe ein eher ruhiges Gewässer. Sie akzeptieren, dass die Leidenschaft mit der Zeit nachlässt und andere Qualitäten in den Vordergrund treten: Vertrautheit, Geborgenheit und auch etwas Alltagsroutine. Sie haben Ihre Gefühle ganz gut unter Kontrolle und vermeiden mit Ihrer Vernunft so manchen Sturm. Dramatische Leidenschaft kennen Sie eher aus Filmen als aus eigener Erfahrung, und meistens finden Sie das auch gut so. Vielleicht haben Sie manchmal dennoch das Gefühl, dass Ihr Liebes-

leben etwas zu nüchtern ist und eine Belebung vertragen könnte.

## Bereich *Konfliktbewältigung*

### R. Merkmal *Diplomatisch*

*Hohe Ausprägung*
In Beziehungen bemühen Sie sich sehr um Diplomatie. Wenn Sie etwas am Partner stört, wägen Sie ab: Besteht keine Aussicht auf eine erfolgreiche Klärung, sehen Sie schweigend darüber hinweg. Ansonsten passen Sie einen günstigen Zeitpunkt ab und sprechen in schonenden Worten an, was Sie stört. Dabei geht es Ihnen darum, die Gefühle des Partners zu verstehen und nach einer guten Lösung zu suchen. Sie können auch einlenken oder sich entschuldigen, wenn es angebracht ist. Heftige Streitereien versuchen Sie zu vermeiden, indem Sie in Wortwahl und Ton ruhig bleiben. Wenn ein Thema geklärt ist, streben Sie danach, schnell wieder ein Ende zu finden.

*Niedrige Ausprägung*
Für Sie sind Meinungsverschiedenheiten in Beziehungen ein unangenehmes Thema. Sie sind nicht sicher, wie Sie damit umgehen sollen, und dementsprechend schwankt auch Ihr Verhalten. Manchmal versuchen Sie, sich nicht anmerken zu lassen, wenn Sie etwas am Partner stört. In anderen Situationen können Sie sich nicht zurückhalten und machen ihm Vorwürfe, oder Sie reagieren auf Anklagen des Partners mit gleicher Münze. Häufig eskaliert der Konflikt,

und es kommt weder zu gegenseitigem Verständnis noch zu einer Lösung. Im Eifer des Gefechts fällt es Ihnen schwer, sich die Gefühle und Motive Ihres Partners verständnisvoll anzuhören oder sich gegebenenfalls auch mal zu entschuldigen. Nach einem solchen Erlebnis kommen Sie zu der Überzeugung, dass Streiten nichts bringt – und schlucken das nächste Mal Ihren Ärger herunter. Bis es mal wieder kracht.

## S. Merkmal *Aggressiv*

*Hohe Ausprägung*
Zorn und Wut sind Ihnen gut vertraut. Schon Kleinigkeiten wie bestimmte Gesten und Blicke Ihres Partners lösen bei Ihnen Ärger aus. Besonders schlimm ist es, wenn Sie sich übervorteilt oder zurückgewiesen fühlen. Wenn Sie sich ärgern, sind Sie im wahrsten Sinne des Wortes ungehalten. Sie beschwichtigen sich selten mit Sätzen wie »Alles halb so wild« oder »Niemand ist perfekt«, sondern Sie kochen innerlich, und es ist für Sie fast unmöglich, sich abzulenken oder den Ärger einfach verrauchen zu lassen. Sie begegnen Ihrem Partner mit heftiger Kritik und Wut und lassen den Konflikt gerne eskalieren, weil Sie an die vorteilhafte Wirkung eines reinigenden Gewitters glauben. Ihren Partner haben Sie damit schon oft verletzt. Wenn er ähnlich veranlagt ist wie Sie, fliegen in Ihrer Beziehung häufig die Fetzen. Wenn er hingegen Streit vermeiden will, geht er wahrscheinlich in Deckung, sobald er Ihren Ärger bemerkt. Die Beziehung kann trotzdem glücklich sein und hängt davon ab, ob Zärtlichkeit, Zustimmung und Lob noch häufiger und leidenschaftlicher gezeigt werden als Kritik und Ärger. Wenn nicht, haben Sie

und Ihr Partner schlechte Karten. Mindestens einen Vorteil hat Ihre Art jedoch: Sie neigen nicht dazu, Konflikte in sich hineinzufressen.

*Niedrige Ausprägung*

Sie empfinden selten Wut oder Ärger aus heiterem Himmel. Wenn Ihr Partner etwas tut, was Ihnen nicht gefällt, merkt man es Ihnen so schnell nicht an. Sie spüren zwar ein Unbehagen, aber Sie erkennen das selten als Ärger. Zunächst suchen Sie stets nach Wegen, um Streit zu vermeiden: Sie machen Kompromisse oder probieren, mit Ihrem Partner ein ruhiges Gespräch zu führen. Das hat durchaus Vorteile: Sie zerschlagen kein Porzellan in der Beziehung und verletzen auch selten durch harsche Kritik oder gar Beleidigungen Ihren Partner. Wichtig ist jedoch, dass Sie bei entscheidenden Konfliktpunkten nicht Ihren Ärger resigniert hinunterschlucken und denken: »Es bringt eh nichts, das nach außen zu tragen.« Es kann in einigen Situationen nämlich wichtig sein, seine Wut offen zeigen zu können, zum Beispiel, wenn Ihr Partner die Beziehung durch einen Seitensprung oder durch ständige Abwesenheit gefährdet.

# Happy End

Während der Lektüre dieses Buches haben Sie Ihren geheimen Code der Liebe entschlüsselt. Vielleicht haben Sie auch das Liebes-Ich Ihres Partners kennengelernt. Wir würden uns freuen, wenn Sie mit unserer Hilfe Ihre Beziehungspersönlichkeit erkannt haben und Ihre Art zu lieben nun besser verstehen. Eventuell sehen Sie auch Ihren Partner jetzt in einem anderen Licht und finden den Mut zu klaren Entscheidungen – in jederlei Hinsicht.

Das Wesentliche in der Liebe sind die Taten. Jede Tat, die aus dem Herzen kommt, ist richtig. Liebe zeigt sich in diesen Taten, und wer seinen Partner gut umsorgen und sich ihm öffnen kann, ist auf einem guten Weg.

Bleiben Sie sich selbst treu. In der Liebe kann man nichts wirklich richtig oder falsch machen. Darum müssen Sie sich auch nicht unter Druck setzen oder setzen lassen. Perfektion und Liebe stoßen sich kategorisch ab, und genau darum bleibt Liebe immer ein Wagnis. Niemand kann sich sicher sein, dass sie ein ganzes Leben lang hält. Man muss viel dafür tun und viel für sie ertragen. Aber es ist den Aufwand wert, denn erst die Liebe macht das Leben lebenswert.

In diesem Sinne wünschen wir Ihnen eine glückliche Zeit auf Ihrem Liebesweg. Und falls Sie hier und da am Sinn dieses Weges zweifeln, dann denken Sie an ein sehr zutreffendes Bonmot von Goethe: *Wer nicht mehr liebt und nicht mehr irrt, der lasse sich begraben.*

## Quellenverzeichnis

Erna Burger: *Wie gewinne ich die Liebe eines Mannes?*, Edition Lampertz, Neuauflage 2007, S. 24

Khalil Gibran: *Der Prophet*. Walter, Zürich und Düsseldorf 1994, S. 23 f.

Truman Capote: *Frühstück bei Tiffany*. Goldmann, München 2009

John M. Gottman/Nan Silver: *Die 7 Geheimnisse einer glücklichen Ehe*. Ullstein, München 2000

Sue Miller: *Die gute Mutter*. Droemer Knaur, München 1988, S. 151

Zeruya Shalev: *Mann und Frau*. Berliner Taschenbuchverlag, Berlin 2002, S. 118

## Literaturhinweise

Klaus E. Grossmann/Karin Grossmann (Hg.): *Bindungen – das Gefühl psychischer Sicherheit*. Klett-Cotta, Stuttgart 2006

Bas Kast: *Die Liebe und wie sich Leidenschaft erklärt*. Fischer, Frankfurt/M. 2006

Jan Kabat-Zinn: *Stressbewältigung durch die Praxis der Achtsamkeit*. Arbor, Freiburg 1999

Lukas Moeller: *Die Wahrheit beginnt zu zweit: Das Paar im Gespräch*. Rowohlt Taschenbuch, Reinbek b. Hamburg 1992

Ethel S. Person: *Lust auf Liebe. Die Wiederentdeckung des romantischen Gefühls*. Rowohlt, Reinbek b. Hamburg 1990

Virginia Satir: *Selbstwert und Kommunikation*. Klett-Cotta, Stuttgart 2009

David Schnarch: *Die Psychologie sexueller Leidenschaft*. Piper, München 2009

# Register

Ulrich Clement

# Guter Sex trotz Liebe

Wege aus der verkehrsberuhigten Zone

ISBN 978-3-548-37221-1
www.ullstein-buchverlage.de

Das große Dilemma vieler Paare: Wir lieben uns, wir verstehen uns gut – aber wo ist die Erotik geblieben? Sexuelle Langeweile bestimmt die Zweisamkeit. Aber auch in einer langjährigen Partnerschaft können Begehren und Lust aktiv gestaltet werden. Aus seiner langjährigen Erfahrung als Paartherapeut gibt Ulrich Clement konkrete Anregungen, wie Sie den Teufelskreis der Unlust überlisten und eine neue aufregende Phase der Partnerschaft beginnen können.

»Clement hat einen anregenden Ratgeber verfasst, der Paaren praxisnah zu einer erfüllten Sexualität verhelfen kann.« *dpa*